序　文

　本書は、当研究所が平成29年に公表した『日本の将来推計人口－平成29年推計』について、それらがよりよく理解され、有効に活用されるよう、推計の基本的性質や推計結果に見られる人口変動のメカニズム、さらに仮定設定の考え方などについて解説を行ったものである。また、その後に実施された各種の条件付推計の結果についてもあわせて報告し、利用に附すものとする。

　「日本の将来推計人口」（平成29年推計）は、近年の人口動向を反映し、わが国が今後長期にわたる人口減少過程に入るとともに著しい人口高齢化を経験することを描き出している。それらの結果は、わが国の社会経済を再構築するための基礎資料として、すでに各方面において大いに活用されているところである。しかし、一方で、将来推計人口はその捉え方に難しい側面も有しており、効果的な利用にあたっては、その基本的性質や人口変動の仕組みについての理解が欠かせない。そこでこれらに関する基礎的事項について、解説をまとめることにした。

　また、将来推計人口の仮定値の持つ意味や効果について分析するために、いくつかの条件付推計を実施してその結果を示した。ここで条件付推計とは、平成29年推計をもとに、出生、死亡の仮定値を一定とした推計（仮定値一定推計）、国際人口移動をゼロとした推計（封鎖人口推計）、平成78（2066）年以降について出生率が100年後に人口置換水準に到達する推計（人口置換水準到達推計）及び出生・外国人移動仮定の変動に対する将来推計人口の感応度分析のため、出生率と外国人純移入数に複数の仮定を設けた推計のことであり、いずれも人口推移の分析や仮定値となる人口動態率の効果測定などに応用するための推計である。

　本書は、公的な将来推計人口に付随する説明責任の遂行に資することを目的としたものであり、これによって結果の利用の幅が広がり、よりよい日本社会の将来を展望するための基礎資料として、大いに活用がなされることを期待している。

　「日本の将来推計人口」の作成にあたっては、活発な議論によって科学的な指針を賜った社会保障審議会人口部会（部会長　津谷典子）をはじめ、必要な資料等について協力を得た厚生労働省政策統括官（総合政策担当）付社会保障担当参事官室、同政策統括官（統計・情報政策担当）、総務省統計局に対し、ここに再び感謝の意を表したい。

　本報告書の作成は、石井太（人口動向研究部長）を中心に、岩澤美帆（人口動向研究部第１室長）、守泉理恵（人口動向研究部第３室長）、別府志海（情報調査分析部第２室長）、是川　夕（国際関係部第２室長）、余田翔平（人口動向研究部研究員）、中村真理子（人口動向研究部研究員）、佐々井司（福井県立大学地域経済研究所教授、前企画部第４室長）の８名が担当し、金子隆一（副所長）の指導のもとに行われた。

　平成30年3月

国立社会保障・人口問題研究所長

遠藤　久夫

目　　次

はじめに ･･･ 1

Ⅰ．日本の将来推計人口－平成29年推計について ･･･････････････････････････ 1

1．将来推計人口の基本的性質と見方 ･････････････････････････････････ 1
(1)「日本の将来推計人口」の概要 ･････････････････････････････････ 1
(2) 将来推計人口の基本的性質 ･･･････････････････････････････････ 2
(3) 将来推計人口の見方 ･･･ 6

2．推計結果の解説 ･･･ 9
(1) 将来の人口規模（減少モメンタム） ･････････････････････････ 9
(2) 将来の人口構造（年齢構造係数・人口ピラミッド） ･･･････････ 13
(3) 将来推計人口における仮定値改定の効果－推計結果の比較分析 ･･･ 17
(4) 外国人人口の動向が出生および人口の年齢構造に与える影響 ･････ 22

3．仮定の解説と将来推計人口の国際比較 ･･････････････････････････ 27
(1) 出生仮定 ･･･ 27
(2) 死亡仮定 ･･･ 31
(3) 国際人口移動仮定 ･･･ 35
(4) 将来推計人口の国際比較 ･････････････････････････････････････ 43

Ⅱ．条件付推計 ･･･ 53

1．条件付推計について ･･ 53
(1) 条件付推計とは ･･･ 53
(2) 一定仮定や封鎖人口による将来推計人口 ･･･････････････････････ 53
(3) 出生・外国人移動仮定の変動に対する将来推計人口の感応度 ･････ 55

2．推計結果表 ･･ 61
(A) 仮定値一定推計、封鎖人口推計：平成27(2015)年〜平成127(2115)年
　　総数、年齢3区分（0〜14歳、15〜64歳、65歳以上）別総人口および年齢構造係数 ･･ 61
　A-1　仮定値一定推計：出生一定（死亡中位） ･････････････････････ 63
　A-2　仮定値一定推計：出生一定（死亡高位） ･････････････････････ 65
　A-3　仮定値一定推計：出生一定（死亡低位） ･････････････････････ 67
　A-4　仮定値一定推計：出生中位（死亡一定） ･････････････････････ 69
　A-5　仮定値一定推計：出生高位（死亡一定） ･････････････････････ 71
　A-6　仮定値一定推計：出生低位（死亡一定） ･････････････････････ 73
　A-7　仮定値一定推計：出生一定（死亡一定） ･････････････････････ 75
　A-8　封鎖人口推計：出生中位（死亡中位） ･･･････････････････････ 77
　A-9　封鎖人口推計：出生高位（死亡中位） ･･･････････････････････ 79
　A-10 封鎖人口推計：出生低位（死亡中位） ･･･････････････････････ 81

－ⅰ－

(B) 仮定値一定推計、封鎖人口推計：平成27(2015)年〜平成127(2115)年比較表 ········ 83
B-1　総人口 ·········· 85
B-2　年少人口(0〜14歳)(総人口) ·········· 87
B-3　年少人口割合(0〜14歳)(総人口) ·········· 89
B-4　生産年齢人口(15〜64歳)(総人口) ·········· 91
B-5　生産年齢人口割合(15〜64歳)(総人口) ·········· 93
B-6　老年人口(65歳以上)(総人口) ·········· 95
B-7　老年人口割合(65歳以上)(総人口) ·········· 97

(C) 出生・外国人移動仮定による感応度分析：平成27(2015)年〜平成127(2115)年、
総数、年齢3区分（0〜14歳、15〜64歳、65歳以上）別総人口および年齢構造係数 ···· 99
C-1　出生率1.00(2065年)、外国人移動本推計仮定（死亡中位） ·········· 101
C-2　出生率1.20(2065年)、外国人移動本推計仮定（死亡中位） ·········· 103
C-3　出生率1.40(2065年)、外国人移動本推計仮定（死亡中位） ·········· 105
C-4　出生率1.60(2065年)、外国人移動本推計仮定（死亡中位） ·········· 107
C-5　出生率1.80(2065年)、外国人移動本推計仮定（死亡中位） ·········· 109
C-6　出生率2.00(2065年)、外国人移動本推計仮定（死亡中位） ·········· 111
C-7　出生率2.20(2065年)、外国人移動本推計仮定（死亡中位） ·········· 113
C-8　出生中位、外国人移動　0万人(2035年)（死亡中位） ·········· 115
C-9　出生中位、外国人移動　5万人(2035年)（死亡中位） ·········· 117
C-10　出生中位、外国人移動　10万人(2035年)（死亡中位） ·········· 119
C-11　出生中位、外国人移動　25万人(2035年)（死亡中位） ·········· 121
C-12　出生中位、外国人移動　50万人(2035年)（死亡中位） ·········· 123
C-13　出生中位、外国人移動　75万人(2035年)（死亡中位） ·········· 125
C-14　出生中位、外国人移動100万人(2035年)（死亡中位） ·········· 127

(D) 出生中位〜人口置換水準到達（死亡中位）推計：平成27(2015)年〜平成127(2115)年 ··· 129
D-1　総数、年齢3区分(0〜14歳、15〜64歳、65歳以上)別総人口および年齢構造係数···· 131
D-2　総数、年齢4区分(0〜19歳、20〜64歳、65〜74歳、75歳以上)別総人口および
年齢構造係数 ·········· 133
D-3　総数、年齢4区分(0〜17歳、18〜34歳、35〜59歳、60歳以上)別総人口および
年齢構造係数 ·········· 135
D-4　総数、高年齢区分(70歳以上、80歳以上、90歳以上、100歳以上)別総人口およ
び年齢構造係数 ·········· 137
D-5　人口の平均年齢、中位数年齢および年齢構造指数(総人口) ·········· 139
D-5A 年少人口および老年人口に対する潜在扶養指数：出生中位〜人口置換水準到達
（死亡中位）推計 ·········· 141
D-6　総数ならびに年齢3区分(0〜14歳、15〜64歳、65歳以上)別総人口の増加数
および増加率(1年) ·········· 143
D-7　総数ならびに年齢3区分(0〜14歳、15〜64歳、65歳以上)別総人口の増加数
および増加率(5年) ·········· 145
D-8　出生、死亡および自然増加の実数ならびに率(総人口) ·········· 147

日本の将来推計人口
－平成29年推計の解説および条件付推計－

はじめに

　国立社会保障・人口問題研究所は、平成29年4月に平成27年国勢調査の結果を基にした「日本の将来推計人口」を公表した。日本の将来推計人口は、わが国の将来の出生、死亡、ならびに国際人口移動について仮定を設け、これらに基づいてわが国の将来の人口規模、ならびに年齢構成等の人口構造の推移について推計を行ったものである。その推計結果、ならびに推計手法や基礎データ等については、すでに刊行した報告書において明らかにしているところである[1]。これに対し、本報告書では、第Ⅰ章においてそれら将来推計人口を利用する際に有用と考えられる解説を収録するとともに、第Ⅱ章ではその後に実施された、付随するいくつかの応用的人口推計（条件付推計）の結果について報告するものである。

Ⅰ．日本の将来推計人口－平成29年推計について

1．将来推計人口の基本的性質と見方

(1)　「日本の将来推計人口」の概要

　国立社会保障・人口問題研究所（旧人口問題研究所）は、戦前より各方面からの要請に応えて日本の人口の将来推計を行ってきた。戦後においては昭和30年以降ほぼ定期的に行なうようになり、とりわけ近年では国勢調査結果の公表に合わせて5年ごとに、全国人口、都道府県別人口、世帯数などの将来推計を行っている。全国人口については、平成29年4月に、戦後公表した第15回目の将来推計人口にあたる『日本の将来推計人口－平成29年推計』を公表した。

　「日本の将来推計人口」は、これまで政府の社会保障制度の設計を始めとして、各種経済社会計画の基礎資料として用いられてきた。また、上述の地域別人口・世帯数の推計をはじめ、労働力人口や進学・就学人口の推計、あるいは各種の施策対象人口の推計など、広範な応用分野においてその基礎数値として用いられている。

　『日本の将来推計人口－平成29年推計』の推計対象は、外国人を含め、日本に常住する総人口である。これは国勢調査における総人口の定義と同一である。推計期間は、平

---

1) 国立社会保障・人口問題研究所（2017）『日本の将来推計人口―平成28(2016)～77(2065)年―附：参考推計　平成78(2066)～127(2115)年』（平成29年推計）人口問題研究資料第336号。

成27(2015)年国勢調査を出発点（基準人口）として、平成77(2065)年までの50年間とし、各年10月1日時点の人口について推計している。これを基本推計とよんでいるが、長期人口推移の分析の参考とするため、平成77(2065)年以降動態率等の仮定値を一定として、平成127(2115)年までの人口（各年10月1日時点）を算出して報告している（長期参考推計）。

推計方法は、人口の変動要因である出生、死亡、国際人口移動について年齢別に仮定を設け、コーホート要因法により将来の男女別、年齢別人口を推計するものである。仮定設定は、それぞれの要因に関する実績統計に基づき、人口統計学的な投影手法によって行った（詳しくは『日本の将来推計人口』報告書[2]「Ⅲ 推計の方法と仮定」ならびに本報告書、本章「3．仮定の解説と将来人口推計の国際比較」を参照されたい）。

(2) 将来推計人口の基本的性質

1) 公的推計の要件

将来人口推計（population projection）とは、どのようなものであろうか[3]。上述のとおり、「日本の将来推計人口」は、わが国の将来の出生、死亡、および国際人口移動について仮定を設け、これらに基づいて将来の人口規模ならびに年齢構成等の人口構造の推移について推計を行ったものである。それは国や自治体による諸制度ならびに諸施策立案の基礎資料として用いられるのをはじめとして、広範な分野において利用されている。すなわち、それは多様な目的をもって用いられるものであるから、推計が特殊な意図や考え方に基づいて作成されたものであることは望ましくない。したがって、公的な将来推計人口には、可能な限り恣意性を廃した客観性、中立性が求められる。

それでは、いかにしたら客観的で中立な推計が可能となるであろうか。一言でいえば、そのためには、正確な実績データを用い、科学的な手法によって推計を行わなくてはならない。現状で求め得る最良のデータと最良の手法を組み合わせて用いることができれば、現時点における最も客観的な推計が行えることになるだろう。そして、こうした推計を実施するためには、一方では国際的視野に根ざした高い専門技術の応用と、他方では推計結果とその根拠を利用者に正確に伝える説明責任の遂行が求められる。こうしたことを確実に行うことが、公的な推計を行う上での一つの目指すべき方向であると考えられる。

---

2) 脚注1)参照。
3) 用語「将来推計人口」は推計された人口を指し、これを推計することを将来人口推計という。将来人口推計は、技術的観点からは将来の人口規模と構造の変化に関する計量的情報を提供する数値シミュレーションの一種と考えられるが、それらは大きく分けると、公的利用のための推計と、研究等の目的で恣意的な前提を与えて行う実験的推計の二種類がある。本書では前者に限定して説明することにする。

2) 予測としての将来人口推計

　一方で、将来推計人口は、「当たる」ことが最も重要な特質なのではないかという見方もあるだろう。将来の社会経済の計画を立てる上で、基礎となる人口が外れていたら、誤った選択をすることになるだろう。だから将来人口推計は、できるだけ正確に将来を言い当てることを目指すべきではないか。これは自然な見方だが、推計の指針として適切かどうかは、もう少し考えてみる必要がある。このことを論じるためには、まず社会科学にとって予測とは何かという問題にふれる必要がある。

　人口変動を含め、社会科学が対象とする事象について「予測」を行うということは、未来を言い当てるという種類の予測、すなわち予報（forecast）をするということとは異なる。天体の軌道や天候などと違って、社会経済は人間が変えて行くものであるから、われわれの今後の行動しだいで無数の展開の可能性を持っており、現在において定まった未来というものは存在しない。したがって、科学的にそれを言い当てるという行為もあり得ないだろう。すなわち、将来の社会経済を予測するということは、標本データから母集団の未知の平均値を推定するといった作業とは本質的に異なるものである。すなわち、推定すべき真の値はわからないのではなく、（まだ）存在しないのである。そして、何よりわれわれ人間は、しばしば望ましくない予測がその通りに実現しないように行動するのであるから、この場合の予測に求められる正確性とは、その通りに実現するという性質ではないということがわかる。

　したがって、一般に社会科学における科学的予測とは、結果として将来を言い当てることに役割があるのではなく、科学的妥当性のある前提の下に、今後に何が起こり得るかを示すことを目的としている。将来人口推計についても同様であり、人口動態事象（出生、死亡、ならびに人口移動）の現在までの趨勢を前提として、それが帰結する人口の姿を提示することを役割としている。

3) 投影としての将来人口推計

　ちなみに、各国の将来人口推計についてみると、ともに正式な名称には、projection（投影）という言葉が用いられている。本来この言葉は、手元にある小さな物体に光を当て、前方のスクリーンに拡大投影して細部を明らかにするという行為を指す。すなわち、将来人口推計は、直近の人口動態に隠された兆候を、将来というスクリーンに拡大投影して詳細に観察するための作業であるということを意味している。実際「日本の将来推計人口」においても、人口動態の現状と趨勢を実績データの分析によって詳細に把握し、これを将来に向けて投影することによって仮定値を得ている。この仮定値に基づいて推計されたのが「日本の将来推計人口」である。すなわち、「日本の将来推計人口」は、現在わが国が向かっている方向にそのまま進行した場合に実現するであろう人口の

姿を示しているといえる。そして、これを一つの基準として、多様な将来への対応を考える際の基礎としている。つまりそれは、もし予期せぬ事態（災害、経済変動等）が起きず、さらにわれわれがこれまでの流れを変えるような新たな行動をしなかった場合に実現する人口の将来といえるだろう。

なお、実際の人口推移が明らかとなったときに、仮にそれが将来推計人口と異なる動きを見せ始めたとすると、それは前提に含まれない新たな変化か、あるいは趨勢の加速、または減速といった状況変化が存在することを示している。こうした変化をいち早く見出すことも、実は将来推計人口の重要な役割の一つである（本章第2節(3)においてこれに関連した分析を紹介している）。

4) 「日本の将来推計人口」の二面性

さて、以上では無条件な将来の予測（言い当て型の予測）と、一定の前提に基づいた推計、とりわけ投影との違いについて考えた。しかしそれでは、将来推計人口は予測として用いることはできないのであろうか。推計を実現の可能性が高い予測としてみることができるか否かは、実はすべてその前提（仮定）の捉え方に依存している。すなわち、前提が予測として認められるのであれば、その帰結である将来推計人口も予測であり、逆に前提が単なる仮想に過ぎないのであれば、結果としての推計人口も仮想のものとなる。それでは「日本の将来推計人口」の前提はどのように捉えられるであろうか。

すでに述べてきたように「日本の将来推計人口」の前提は、主要な人口変動要素の趨勢を可能な限り正確な実績データを基づいて把握し、これを将来に投影する方法によって得ている[4]。したがって今後生ずる可能性のある経済変動や政治的転換、自然災害などこれまでの趨勢に含まれない事象は反映されていない。こうした可能性を無視した前提を厳密に無条件予測として認めることは難しいだろう。その点では将来推計人口は予測とはいえない。

しかし、現在の社会科学では上記のような趨勢に含まれない事象について、時期、影響力を含めて予見することは事実上不可能であり、これを前提に反映させようとすれば必ず恣意性を含むことになる。すなわち、現在われわれは社会科学的な予測について「客観性」を超える望ましい基準を有していないと考えられる。とすれば、恣意性を廃して実績の趨勢を投影する方法は、現状では最良の予測として見ることができるのではないだろうか。とすれば、そうした前提を有する将来推計人口は、現状で持ち得る最良の予測を与えるものと見ることができるだろう。少なくとも多様な用途で共有すべき予測と

---

4) どのような指標あるいは変量の趨勢を投影すべきかについては一定の指針を考えることができる。すなわち対象となる現象について既知の法則性や実績データに含まれる規則性を効率的に記述するモデルを用い、法則性を含む時間に依存しない量（不変量）と時間的に変化する量を分離し、後者をさらに時間的変化傾向を持つ量とランダムに変化する量に分離し、前者の変化傾向を趨勢として抽出することになる。

しては最良な性質のものといえるだろう（多様な用途で将来推計人口を共有することは、社会の将来像について整合性を図る上で重要である）。

　したがって「日本の将来推計人口」は、一方では実績データの趨勢が示す方向に社会がそのまま進行した場合という条件つきの将来人口の姿を与えるものであるが、他方、科学的に無条件予測を得ることができないという現状の下で、これに代わる最良の予測としての位置づけも論理上併せ持つことになる。このことから、各種公的施策等の計画策定の基礎として、この推計結果を用いることには、整合性を図るという以上の合理性があるといえるだろう。

5）社会経済動態との関係

　将来人口推計では、仮定として出生率、死亡率、ならびに人口移動数・率などのいわゆる人口学的変数、データのみを用いている。その際、景気の変動や人々の意識の変化などは考えなくてよいのだろうか。言い換えれば、社会経済動態と将来人口推計との関係はどのようになっているのだろうか。

　これについては、まず、「日本の将来推計人口」は社会経済的な動態を反映していないと考えることは誤りである。将来推計人口の前提となる人口動態事象（出生、死亡、ならびに人口移動など）の仮定推移は、それらの実績推移に基づいた投影であるが、これらの実績推移はすでに社会経済的な環境変化を総合的に反映している。したがって、これを投影した結果は、やはり社会経済環境の変化を反映したものといえるのである。

　しかし、そのような間接的な反映ではなく、もっと明示的に景気変動や意識変化を人口推計に取り入れることはできないだろうか。これは主に3つの理由から、既存の公的推計では行われていない。第一に、多数ある社会経済要因をすべて取り入れることはできないから、要因の選択が必要となるが、この際にどれを用いてどれを用いないのかという要因の選別から生ずる恣意性は、公的な将来人口推計の要件である客観性、中立性と相容れない。第二に、現在までのところ、人口動態事象といかなる社会経済変数の間にも十分に普遍的な定量モデルは確立されていない。したがって、これについて不十分なモデルを用いれば、推計の不確実性が増すことになる。とりわけ人口と社会経済との間には相互作用の関係があるが、双方を内生化した実用的なモデルは十分発達していない。第三に、社会経済変化を人口変化に反映させるということは、その社会経済変化の将来推計を行わなくてはならないが、通常これを十分な精度で行うことは、人口変数の投影を単独で行うよりはるかに困難である。たとえば、数十年後にいたる景気の動向や人々の意識を推計することは、合計特殊出生率や平均寿命を投影するより難しいと考えられる。以上の課題が解決しないかぎり、社会経済変化を明示的に将来人口推計に取り

入れることは必ずしも推計の目的に寄与しないと考えられる[5]。実際、諸外国や国際機関による将来推計人口の例でも、社会経済変化を明示的に取り入れているものは見あたらない。

(3) 将来推計人口の見方

1) 将来推計人口の基本的な捉え方

　以上にみてきた将来推計人口の基本性質を踏まえて、その見方についてまとめてみよう。一般に将来推計人口は、将来社会を構想する際の基準ないし指針を得るものとして用いるものである。その際、「日本の将来推計人口」は、現在社会が向かっている方向にそのまま進行した場合に実現するであろう人口の姿として捉えることができる。また、その前提が予測として認められるのであれば、将来推計人口は、将来実現すべき人口の予測として捉えることもできる。逆に認められないのであれば、将来推計人口は一つのシミュレーション結果に過ぎない。ただし、推計の前提は実績データの趨勢を投影したものであるから、恣意性が少ないという観点からは、現状において最も自然で客観的な人口の将来像であるといえる。

　したがって、将来推計人口は、さまざまな展開の可能性のある将来について考える上での共通の基準、または拠り所として扱うことが、最も適切な利用法であると考えられる。社会における多くの施策計画や市場計画の立案が、共通の将来人口に基づいてなされることは、それらの間の整合性を図り、また比較可能性を保つ上で、それ自体たいへん有益なことと考えられるのである。

2) 推計の不確実性と複数仮定による推計の見方

　将来推計人口には不確実性が付随するが、その原因は多様である。大きく分けると、基にした実績データや統計的手法に由来する不確実性と、推計された人口推移の実現性に関する不確実性の2種類がある。まず、前者についてみよう。「日本の将来推計人口」の仮定値は、実績データの趨勢を投影して得たものであるが、趨勢の捉え方などによって投影結果は必ずしも一意には定まらず、一定の幅として捉えられる。これが出生3仮定、死亡3仮定が生ずる理由である。

　出生仮定については、女性の世代ごとに結婚、出生行動に関する4つの指標（平均初婚年齢、50歳時未婚率、夫婦完結出生児数、および離死別再婚効果係数）の趨勢が測定され、将来に向けて投影されるが、それぞれについて幅が設けられ最も高い出生率を帰結する値の組み合わせによって高位仮定が定められ、逆に低い出生率を帰結する組み合

---

5) ただし、人口動態と社会経済が一つのシステムをなしていることは事実であるから、それらの間の相互作用を明らかにし、3つの課題の克服を目指した研究を進めて行くことは重要である。

わせによって低位仮定が決められている（表Ⅰ-1-1）。

**表Ⅰ-1-1　日本の将来推計人口（平成29年推計）における
出生率要素４指標の仮定値**

女性の出生率要素の指標	実績値 1964年 生まれ	将来推計人口の出生仮定値 2000年生まれ		
		中位仮定	高位仮定	低位仮定
(1) 平均初婚年齢	26.3 歳	28.6 歳	28.2 歳	29.0 歳
(2) 50歳時未婚率	12.0 %	18.8 %	13.2 %	24.7 %
(3) 夫婦完結出生児数	1.96 人	1.79 人	1.91 人	1.68 人
(4) 離死別再婚効果係数	0.959	0.955	0.955	0.955
コーホート合計特殊出生率	1.63	1.40	1.59	1.21

注：出生率要素の指標は、すべて日本人女性の結婚・出生に関する値（日本人男性を相手とする
　　外国人女性の結婚・離婚、ならびに日本人男性を父とし、外国人女性を母とする出生を含ま
　　ない）。離死別再婚効果係数とは、離死別・再婚による出生児数の変動を表わす係数で、離死
　　別・再婚が一切ない場合に1.0となる。

資料：国立社会保障・人口問題研究所（2017）「日本の将来推計人口（平成29年推計）」（脚注1参照）

　一方、死亡仮定についても不確実性を表現するために３つの仮定設定を行っている。具体的には、死亡水準を表す時系列指標[6]の実績推移に内在する統計的誤差の分布にしたがって当該指標が確率99％で存在する区間を算出し、高死亡率側の境界を高位仮定、低死亡率側の境界を低位仮定としている。

　上記、出生３仮定、死亡３仮定の組み合わせにより、平成29年推計では、９つの推計結果が提供されている。これらを用いることによって、ある程度の推計結果の不確定性に対処することができる。すなわち、仮定に用いた変数の現状の趨勢から投影される推計結果の幅を見ることにより、利用者も目的に応じて一定の幅を考えることができる。

　ここで、異なる仮定の組み合わせによる推計結果を比較すると、人口規模については出生高位・死亡低位推計が最も多く推移し、出生低位・死亡高位推計が最も少なく推移する。2065年における人口規模の幅は、1,611万人であり、出生中位・死亡中位推計結果の18.3％に相当するものであった。しかし、人口高齢化の程度を示す高齢化率（65歳以

6）リー・カーター・モデルにおけるパラメータ（一般にk_tと表されるもの）のこと。

上人口割合）については、出生低位・死亡低位推計が最も高く推移し、逆に出生高位・死亡高位推計が最も低く推移する。2065年における高齢化率は、前者で42.2％、後者では34.6％であり、7.6ポイントの幅があった[7]。すなわち、人口規模と高齢化率では、最大・最小を与える仮定の組み合わせが異なっている。このように、人口指標によっては最大・最小を示す推計が異なっているので、幅を見る場合には、推計を使用する目的に応じた確認が必要である。

　なお、複数推計については、それらの比較によって、仮定値の違いがもたらす将来人口への影響を評価するという機能がある。とくに本書第Ⅱ章に掲載した仮定値一定推計、ならびに封鎖人口による推計（国際人口移動をゼロとした推計）をすでに公表された9推計と合わせて比較することによって、それぞれの仮定値が推計人口に対して持つ意味を理解し、また効果を測定することができる。第Ⅱ章ではこれらの比較を出生中位・死亡中位推計を用いて行うほか、新たに国際人口移動について複数の可能性を取り上げ、それらの将来人口の規模・構造への影響などについて検討する。

7）出生中位・死亡中位推計の高齢化率は、38.4％である。

２．推計結果の解説

(1) 将来の人口規模（減少モメンタム）

　わが国の総人口は、明治期以降年平均１％の成長率で増加の一途をたどってきたが、現在、人口増加から人口減少へと転じたところであり、今後はマイナス成長となって長期的な減少過程に入って行く。「日本の将来推計人口」（平成29年推計）出生中位・死亡中位推計によれば、2015年時点１億2,709万人の人口は、2053年に１億人を割り、2065年には8,808万人となる。これは2015年現在より約3,900万人（30.7％）の減少となり、日本はこの50年間に約３割の人口を失うことになる。さらに参考値ながら100年後の2115年には5,056万人と、当初の４割程度にまで縮小することになる。わが国では、歴史上このような長期にわたって恒常的に人口減が起きたことはなく、わが国の21世紀は、まさに人口減少の世紀と言えるだろう。

　もちろん、50年あるいは100年といった遠い将来のことを見通すことは難しく、上記のような推移をたどることは確実とはいえないはずである。しかし、最も人口が多く推移すると想定した出生高位・死亡低位推計によっても、2065年の人口は24％の減、2110年は47％の減となっており、かなりの人口減少を免れていない。実は、わが国では今後21世紀の大半を通して人口減が続くことは、非常に確度の高いことであるといえるのである。なぜであろうか。その理由を理解するためには、まず人口減少のメカニズムに関係した出生率の人口置換水準と人口モメンタムという二つの概念を理解する必要がある。

1）人口置換水準

　人口の増減は、出生、死亡、ならびに人口移動（移入、移出）の多寡によって決定される。ここで移出入がないとすると[8]、長期的な人口の増減は、出生と死亡の水準で決まることになる。そして、ある死亡の水準の下で、人口が長期的に増えも減りもせずに一定となる出生の水準を「人口置換水準」と呼んでいる。たとえば、現在のわが国における死亡の水準[9]を前提とした場合、合計特殊出生率の人口置換水準は、概ね2.1程度となっている。

　図Ⅰ－2－1は、わが国の出生数、合計特殊出生率、ならびに合計特殊出生率の人口置換水準の過去の推移を示したものである。これからわかるようにわが国の出生率は1974

---

8) わが国では国際人口移動数は総人口に対して非常に少なく、たとえば2015年10月１日～2016年９月30日の間のわが国の入国超過率（移入数から移出数を差し引いた数を人口で割った率）は、0.105％, すなわち１千人に１人程度の割合であった。したがって、現在の日本の場合、移出入をゼロとする仮定は実態から遠いものではない。

9) たとえば2015年の死亡水準は、平均寿命によって表わせば、男性80.75年、女性86.98年（国立社会保障・人口問題研究所「日本版死亡データベース」）となっている。

年以降、40年以上もの間、人口置換水準を下回りながら低下を続けてきており、まさにその帰結として日本人口は減少を迎えたのである。

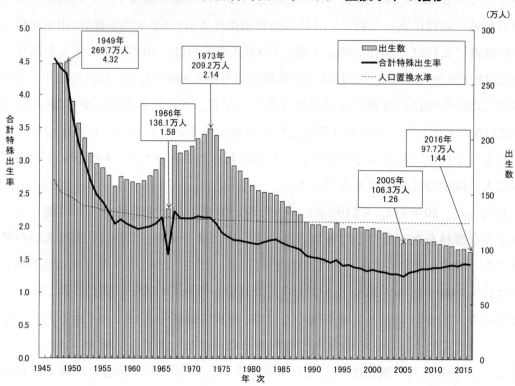

図I-2-1　出生数・合計特殊出生率・人口置換水準の推移

資料：厚生労働省「人口動態統計」、国立社会保障・人口問題研究所「人口統計資料集」

　しかし、出生率が人口置換水準を下回ったことによって人口減少が生ずるのであれば、この図からは別の疑問が生ずるはずである。すなわち、わが国の出生率は過去40年以上にもわたって人口置換水準を下回っていたのであれば、なぜもっと早くに人口減少が生じなかったのであろうか？実は、このメカニズムが今後の人口減少についての理解を深める鍵となる。そのメカニズムの正体は、人口構造の持つ人口モメンタムという特性である。

2) 人口モメンタム

　出生率が人口置換水準よりも高く、人口増加が継続してきた人口について考えよう。わが国の人口もかつてはそうであったし、現在でも発展途上国の多くはそうした状況にある。このような人口において、ある時、出生率が直ちに人口置換水準まで低下しても、その時点で人口規模が即座に一定になることはなく、しばらくは増加が続いて、かなり大きな規模に至ってから一定になるという現象がみられる。これは増加傾向にある人口が持つ慣性ともいうべき特性であるが、この特性を専門的には「人口モメンタム」と呼んでいる。

その正体であるが、人口モメンタムは、人口構造、すなわち人口の年齢構成の中に潜在している。すなわち、人口は長期に人口置換水準を上回る出生率が続いた場合、若い世代ほど人口が多くなり、しばらくの間は親となって子どもを生む人口（再生産年齢人口）が増え続けるため、仮に一人ひとりが生む子ども数が減ったとしても、生まれてくる子どもの総数は減らないのである。だからそれぞれの世代の出生率（子どもの生み方）が、自身の世代を置き換えられない水準に低下しても、人口構造がそれを補ってすぐには人口減少を生じないということが起こる。

　実は、わが国の場合でも、この人口モメンタムが働いていたのである。このことを反実仮想のシミュレーションによって確認しよう。**図Ⅰ-2-2**は、わが国の人口について、過去のいくつかの時点から出生率が直ちに人口置換水準となった場合（死亡率一定、国際人口移動はゼロとする）の仮想の人口推移を示したものである。このうち、最も上側にあるグラフは、1985年時点で出生率が人口置換水準となった場合の人口の推移である。これによれば、人口は1985年時点の水準で一定になるのではなく、しばらく増加を続け、かなり高い水準に達してから一定状態へと収束している。

図Ⅰ-2-2　出生率が人口置換水準となった場合の人口見通し

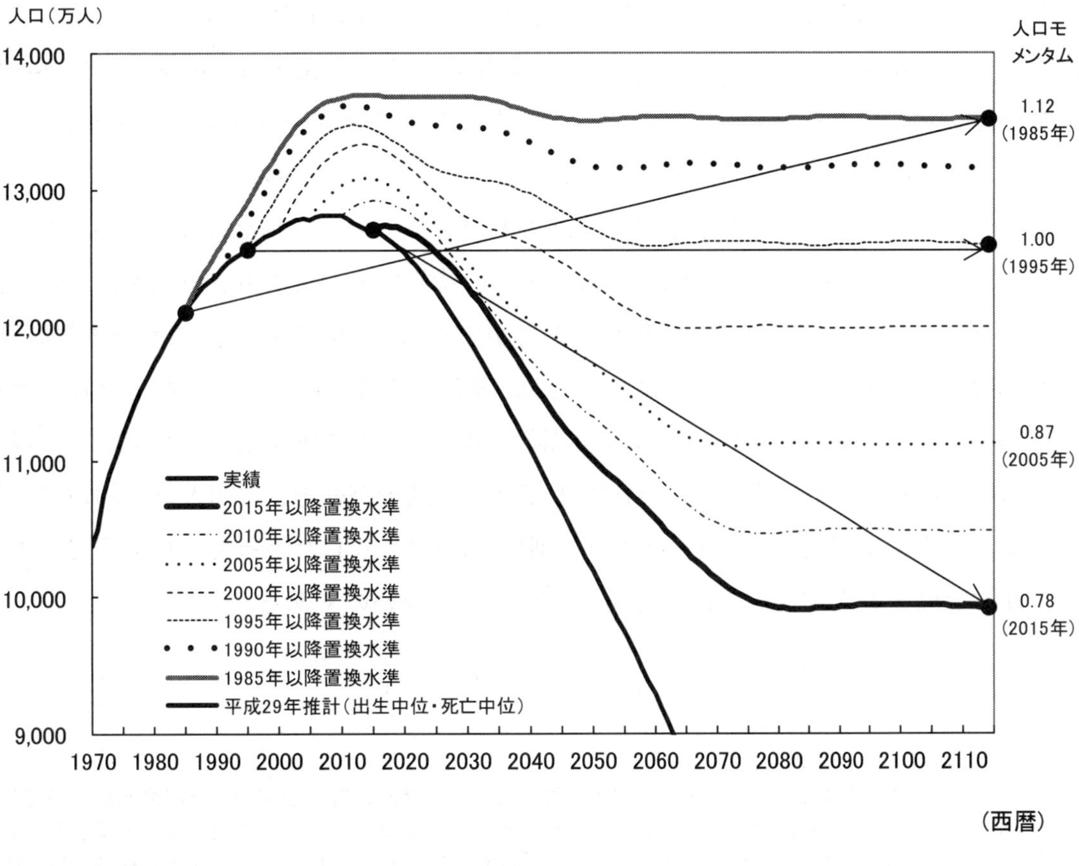

（西暦）

こうした慣性を持った人口の推移は、他の時点で置換水準となった場合も同じように観察される。つまり、わが国の人口は、この間、出生率が下がって人口置換水準を下回ったとしても、年齢構造に組み込まれた増加方向の慣性によって人口増加が続いていたのである。わが国では、40年以上も以前から出生率が人口置換水準を下回っていたのに、最近まで人口増加が続いていたのは、こうしたメカニズムによるものである。

　ところで、図Ⅰ-2-2によれば、置換水準に設定した人口推移は、その時点が遅くなればなるほどその後に到達するピークや最終的な収束水準が低くなることがわかる。これは遅い時点ほど、人口増加の慣性の強さ、すなわち人口モメンタムが少なくなっていたことを示す。そして1995年より後の時点では、出生率を人口置換水準に設定したにも関わらず、最終収束水準は出発時点の水準よりも低くなっている。これはわが国の人口が、この時点以降は、マイナスの慣性を持つに至ったとみることができるのである[10]。

3) 減少モメンタムの時代

　表Ⅰ-2-1には、1955年以降の人口と置換水準を設定したときの静止人口、そして人口モメンタム（脚注10）参照）の推移を示した。人口モメンタムはこの期間を通して低下を続けており、1990年代後半には1を下回り急速に低下を示している。これは、長期にわたって低出生率が続いた結果、若い世代ほど人口規模が縮小しており、一人ひとりの出生数が回復しても、全体としての出生数が増えない状態にあることを示している。このように現在のわが国の人口は、その年齢構造の中に従来とは逆の減少方向への慣性を根付かせてしまっているのである。これをここでは減少モメンタムと呼ぼう。

　こうした減少モメンタムを持つ人口は、たとえ出生率が置換水準まで回復したとしても、その規模は最終的に縮小してしまうこととなる。すでにみたように、わが国の人口は、1990年代後半からすでに減少モメンタムの時代に入っており、出生率に一定の回復があったとしても、人口減少は免れることができない状況にある。これが本節冒頭に、21世紀の大半を通して人口減が続くことは、非常に確度の高いことであると述べた理由である。事実、極端な例として2015年以降、出生率が人口置換水準に復帰して、以降その水準を保ったとしても、2070年代頃までは人口減少が続き、当初人口の約78%に縮小してようやく安定化することがわかる（図Ⅰ-2-2）。したがって、わが国では人口の長期的な減少を決定的な事態と捉えなければならないのである。

---

10)　このようにある時点の人口のモメンタムの強さは、その時点以降出生率を人口置換水準に設定したときに最終的に収束する人口の水準を求め、これを当初人口で割った比によって表すことができる（この指標は静止人口比、または人口モメンタムの名称で呼ばれている）。これが1より大きければ人口は増加方向の慣性を持っており、1より小さければ減少方向への慣性を持っていることになる。

**表Ⅰ-2-1　年次別にみた総人口、静止人口規模、
および静止人口比（人口モメンタム）**

年　次	総人口 （百万人）	静止人口の規模 （百万人）	静止人口比 （人口モメンタム）
昭和　30（1955）	89.3	128.8	1.44
35（1960）	93.4	129.4	1.38
40（1965）	98.3	130.7	1.33
45（1970）	103.7	133.2	1.28
50（1975）	111.9	137.6	1.23
55（1980）	117.1	136.5	1.17
60（1985）	121.0	135.2	1.12
平成　2（1990）	123.6	131.7	1.07
7（1995）	125.6	126.0	1.00
12（2000）	126.9	119.9	0.94
17（2005）	127.8	111.2	0.87
22（2010）	128.1	104.9	0.82
27（2015）	127.1	99.3	0.78

注）　各時期の日本の人口が持つ人口モメンタムを、静止人口比（人口置換水準の出生率に
　　　よって到達する静止人口規模の総人口に対する比、単に人口モメンタムとも呼ぶ）で
　　　表したもの。

(2) 将来人口の年齢構造（年齢構造係数・人口ピラミッド）

　今後、大きく変化していく人口の年齢構造を俯瞰するにあたり、人口ピラミッドは有
用なツールであろう（**図Ⅰ-2-3**）。2015年現在の人口ピラミッドは、60歳代後半およ
び40歳前半が両側に大きく突き出た姿を示しているが、今後も持続する低い出生率を反
映し、ピラミッドの裾はしだいに狭まった形状へと変化していく。そして50年後には非
常に重心が高く、いかにも安定を欠いた逆三角形のピラミッドへと変貌する。この間、
2015年では40歳代前半にみられる第2次ベビーブーム世代の突出が、2040年には60歳代
後半に、2065年には90歳代前半へと移っていく。死亡率の低下によって、ピラミッドが
人口の規模・構造を相当程度維持したままで上方へ移行していく様子がわかる。

　ここでは死亡中位仮定に対して、出生中位、高位、低位仮定を組み合わせた3通りの
推計の結果を示している。死亡仮定は共通であるから、2040年の26歳以上、2065年の51
歳以上の人口については、3推計とも共通となる[11]。したがって、人口ピラミッドの老
若のバランスを変えるもの、すなわち人口高齢化の度合いを決めるものは、今後の出生

11）　死亡仮定の違いによる効果をみると、2040年における26歳以上人口は、死亡高位、低位推計でも大き
　　くは変わらず、死亡中位推計に対してそれぞれ-1.5%、1.5%異なるだけである。2065年における51歳以上
　　人口も、-2.3%、2.2%の違いに留まっており、いずれの年次も死亡仮定の違いによって人口ピラミッドの
　　様相は**図Ⅰ-2-3**とほとんど違わないといえる。

— 13 —

率推移であることがわかる。図では、出生３仮定にしたがってピラミッドの裾の部分が分岐しており、外側から高位推計、中位推計、低位推計の順となっている。これらによって決まる2065年の老年人口割合（65歳以上人口割合）は、出生中位推計が38.4％、高位推計は35.6％、低位推計では41.2％と全体で約６ポイントの幅が生じている。しかし、いずれの場合でも概ね４割程度の水準に到達することは変わらない。

　人口ピラミッドの変遷からわかるわが国の高齢化の特徴は、この50年間に総人口は減少するにもかかわらず、超高齢人口はむしろ増加することである。このことは、それ以下の年齢で著しい減少が生じていることを示す。出生中位（死亡中位）推計によれば、総人口は2015年から2065年にかけて約3,900万人、当初人口の約３分の１に相当する人口が減少する。この間の変化を年齢別にみると、15歳未満の年少人口は約700万人の減、15歳から64歳の生産年齢人口では約3,200万人の減がある一方で、65歳以上の老年人口は６万人の減少に留まる。したがって人口の減少は特に65歳未満であることがわかる。65歳未満人口は、50年間に４割減少する。他方、75歳以上人口は約616万人の増加、85歳以上では657万人の増加を示す。この結果、総人口に占める75歳以上の割合は2015年の12.8％から2040年に20.2％、2065年には25.5％へ、同様に85歳以上の占める割合も、2015年の3.9％から2040年に9.2％、2065年には13.1％へと上昇する。このように、今後は高齢者の中でも75歳以上、85歳以上といった超高齢者が、数も割合も増えていくことになる。

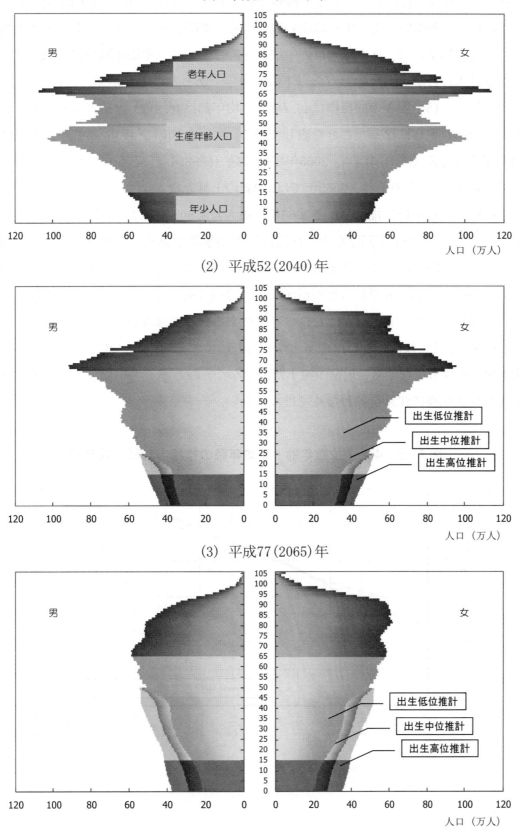

人口高齢化を示す指標は他にもいくつかあるが、その一つに中位数年齢がある（**図Ⅰ-2-4**）。これは、人口を二分する年齢のことであり、人口が若い年齢層に集中していれば低い値に、高齢層に集中すれば高い値となる。実際、人口ピラミッドがまだ山型を示していた1955年には、日本の人口の中位数年齢は23.7歳（平均年齢は27.6歳）であった。これは人口の半分が年齢23.7歳以下の青少年であったことを示す。これに対して、この60年後の2015年現在の同指標は46.7歳（平均年齢は46.4歳）と約20年高まり、若年層の年齢分布が疎らになったことを表している。さらに今後についてみると、同指標は、2040年では54.2歳（同51.4歳）、2065年で55.7歳（同53.4歳）となっており、2015年と比べて2040年は7.5歳の上昇、2065年では9.0歳の上昇となる。

　出生中位（死亡中位）推計による2065年の総人口8,808万人は、60年前の1955年の人口規模8,928万人をやや下回るもののほぼ同程度の水準である。したがって、わが国の人口はこれから50年かけて、ほぼ60年前の規模に戻って行くことになる。しかし、中位数年齢は1955年に23.7歳であったのが2065年には55.7歳となるように、その年齢構造はまったく異なり、決してかつての人口へ逆戻りするわけではない。また、こうした年齢構造の転換は、当然ながら人口中のあらゆる分野に生ずるとみるべきである。たとえば、労働市場、消費市場なども、規模の縮小だけでなく、むしろその中で起こる高齢化という急速な構造転換に注意を払わなくてはならない。

図Ⅰ-2-4　中位数年齢・平均年齢の推移：1950～2065年

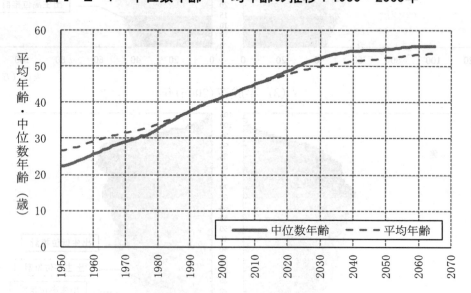

(3) 将来推計人口における仮定値改定の効果－推計結果の比較分析

　将来推計人口は、出生、死亡ならびに国際人口移動の今後の動向を仮定することによって算出される。また、新たに推計を行うにあたっては、まず以前の推計において仮定した各種指標と、推計後に公表された実績値と比較検証を行い、乖離の生じた原因の分析を行い、新たな仮定の設定に反映させることとしている。したがって、新たな仮定値と旧仮定値の差は、その間にみられた実績値の新たな展開を反映したものとなる。

　一方で、仮定値の差は、それらに基づいて推計された将来人口の差となって表れるから、以前の推計結果と新しい推計結果の違いについて分析することは、それら要因の直近の変動が将来人口に対して持つ意味を理解することに役立つ。たとえば、出生率の仮定を近年の実績を反映させて以前よりも上方に修正したとすると、将来の年少人口は以前の推計よりも多くなるとともに、人口高齢化のペースと到達水準はともに低くなり、人口減少も減速することになる。したがって、それらの人口変動を両推計の比較から求めれば、直近における出生率動向の人口変動に対する効果を計量することができる。これらはその他の要因についても同様である。

　ここでは日本の将来推計人口について、平成24年推計（H24年推計と略記）と平成29年推計（同H29年推計）とを比較することによって、それらの間に生じた人口動態率等の新たな展開が持つ将来の人口変動への影響を分析することにしよう。

1）H24年推計とH29年推計の仮定値の比較

　まず、合計特殊出生率（以下出生率）の中位仮定値についてH24年推計とH29年推計の相違点についてみると（**図Ⅰ-2-5**）、H24年推計では、その基準年（2010年）の出生率1.39から、2012年の1.37を除いて2014年まで概ね1.39で推移し、その後2024年の1.33に至るまで緩やかに低下し、以後やや上昇して2060年には1.35へと推移するとされた。2011年から2015年までの実績値はこの仮定値を上回り、その差は2015年で0.07となった。そこで、H29年推計における仮定値は、上記5年間の実績を踏襲し、H24推計の水準よりも高く推移すると仮定された。H24年推計と比較すると、2060年には0.09高く設定された。これはこの5年間に新たに得られた出生率の実績を踏まえて各種の指標が見直されたためである。

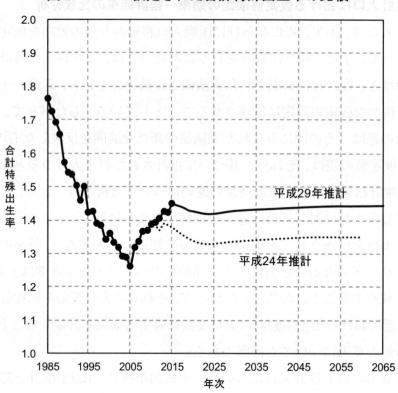

図Ⅰ-2-5　仮定された合計特殊出生率の比較

　つぎに死亡率の中位仮定について平均寿命によって比較しよう（**図Ⅰ-2-6**）。日本版死亡データベースによれば、平均寿命は男女とも近年一貫して改善を示しており、1995年には男性76.39年、女性82.75年、2005年には男性78.49年、女性85.41年となっていた。H24年推計においてはこのような実績の改善を踏まえ、平均寿命の伸長は将来も進むものとし、2015年では男性80.34年、女性87.05年、推計最終年次の2060年では男性84.19年、女性90.93年となるものと推計された。H24年推計以降の実績値を見ると、女性については概ね中位推計値と同様の傾向である一方、男性については中位推計値よりも高い改善を示しており、2015年の平均寿命実績値は男性80.75年、女性86.98年と、中位推計値に対して、男性で+0.41年、女性で-0.07年となっている。このような実績値の動向を踏まえ、H29年推計の平均寿命はH24年推計と比較して、男性ではやや高め、女性では概ね同様の傾向となっている。さらに、推計最終年次が2065年となったことにより、最終的な平均寿命は2065年の男性84.95年、女性91.35年となった。

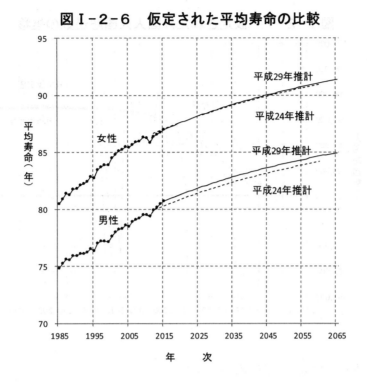
図Ⅰ-2-6　仮定された平均寿命の比較

　国際人口移動の仮定値は、日本人では年齢別入国超過率を、外国人では入国超過数を、それぞれ別々に設定している。ここでは外国人の入国超過数に関する比較を見てみよう（**図Ⅰ-2-7**）。外国人の国際人口移動の実績は、不規則な上下動を繰り返しつつも、概ね入国超過数が増加する傾向が続いてきた。例えば、H24年推計の直近の年次においてはリーマンショックや東日本大震災に起因する大規模な出国超過が生じたものの、その後、数年で元の増加基調に回帰し、現在は過去最高の水準を更新しつつあることなどが例として挙げられるだろう。そこで、今回の推計においてもH24年推計時と同様の手法に基づき、外国人の国際人口移動が顕在化した1970年から2015年までの外国人入国超過数（男女合計）の実績値のうち、社会経済事象・災害等の影響により一時的に大きく変動したとみなされる年次のデータを除いたうえで、趨勢を将来に投影することによって2035年までの長期的な仮定を設定した。その結果、外国人入国超過数は2035年に6万9千人と、前回の推計時（2030年において7万1千人）と概ね同水準の仮定値を得た。

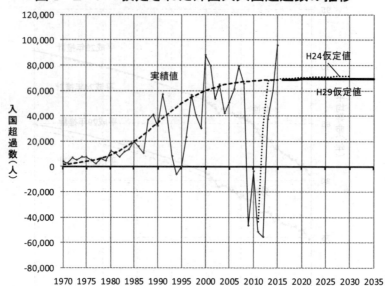

図I-2-7 仮定された外国人入国超過数の推移

2) 仮定値の推計人口に対する影響について

　各要因の仮定値の相違が将来の人口に及ぼす影響については、以下のように計測した。まず、H24年推計の全ての仮定を変えないまま、本来の2010年ではなく、2015年を基点とした将来推計を行い、元の推計人口との差を求める。すると、この差は、2010～15年の仮定値と実績値の違いによって生じた基準人口の違いに起因するものである[12]。そしてつぎに、この推計の2015年以降に対して、出生率のみをH29年推計の仮定にした推計を行って比較を行えば、その差はH24年推計とH29年推計の出生率仮定の違いによってのみ生じたものと考えられる。さらに、死亡ならびに国際人口移動についても同様の比較を行えば、それぞれの仮定の違いのみの効果を計測できる。ただし、この要因分解法は要因を加える順序によって結果が異なることに注意が必要である。

　具体的にH24年推計とH29年推計の人口の違いについてみてみよう。まず2060年時点の人口をみるとH24年推計による結果は、86,737千人であったのに対し、H29年推計では、92,840千人であり、6,103千人（7.0％）多い結果となっている。すなわち、同じ中位仮定による推計でも新推計の方が多い推計結果となっており、その差は2060年で7％程度となっている。

　この差を生じた要因の内訳をみると、基準人口の違いによる差分は473千人（全差分における割合は7.8％）、出生仮定による差分は2,895千人（47.4％）、死亡仮定が377千人

---

[12] H24年推計における2010～15年仮定値と実績値との差は，必ずしも2015年実績人口（国勢調査人口）に100％反映されるわけではない。それは2010年と2015年の国勢調査間にはわずかながら実態調査として不可避な精度の差が存在するからである。したがって，ここでの差は「基準人口の違いに起因するもの」とした方がより適切であろう。

（6.2％）、国際人口移動の仮定が2,357千人（38.6％）となっており、出生仮定の見直しの効果が、ほぼ推計人口の増加分の半分に相当する。また、国際人口移動が推計人口の増加分その次に大きく寄与しており、新推計との差は主にこの二つの要因が大きな比重を占めている（**表Ⅰ-2-2**）。

表Ⅰ-2-2　新推計と前回（平成24年）推計結果の差とその要因：2060年

	平成72(2060)年総人口		差	基準人口	出生	死亡	国際人口移動		
	平成24年推計	平成29年推計						日本人	外国人
総数	86,737	92,840	6,103	473	2,895	377	2,357	2,366	-8
0～14歳	7,912	9,508	1,596	36	1,115	6	439	446	-7
15～64歳	44,183	47,928	3,746	337	1,780	111	1,518	1,491	27
65歳以上	34,642	35,403	761	100	0	261	400	429	-29
（寄与率）									
総数			100.0%	7.8%	47.4%	6.2%	38.6%	38.8%	-0.1%
0～14歳			100.0%	2.3%	69.9%	0.4%	27.5%	27.9%	-0.4%
15～64歳			100.0%	9.0%	47.5%	3.0%	40.5%	39.8%	0.7%
65歳以上			100.0%	13.1%	0.0%	34.3%	52.6%	56.4%	-3.8%
（構成割合）									
0～14歳	9.1%	10.2%	1.1%	0.0%	0.9%	0.0%	0.2%	0.2%	0.0%
15～64歳	50.9%	51.6%	0.7%	0.1%	0.3%	-0.1%	0.3%	0.3%	0.0%
65歳以上	39.9%	38.1%	-1.8%	-0.1%	-1.3%	0.1%	-0.6%	-0.5%	0.0%
（寄与率）									
0～14歳			100.0%	-0.7%	84.4%	-3.2%	19.5%	20.0%	-0.6%
15～64歳			100.0%	16.0%	48.8%	-13.4%	48.5%	43.6%	4.9%
65歳以上			100.0%	5.7%	70.9%	-7.1%	30.5%	29.0%	1.5%

注：要因分解は、左の要素から順に追加していく事により算出しており、順序によって結果は変わる。

　つぎに、人口の年齢構造の違いについてみていこう。まず、2060年の年少（0～14歳）人口は、7,912千人から9,508千人に改定され、総人口中の年少人口割合は、9.1％から10.2％になった。この変化に対しては、実数も割合もともに出生と国際人口移動仮定の見直し効果が大きく、寄与率は実数ではそれぞれ69.9％、27.5％、割合では84.4％、19.5％となっている。

　生産年齢（15～64歳）人口は、44,183千人から47,928千人へ改定されたものの、人口割合は50.9％から51.6％と概ね同水準であった。人口実数の差の要因についてみると、出生仮定改定の効果が47.5％、そして国際人口移動仮定の見直し効果が40.5％となっている。

　続いて老年（65歳以上）人口については、34,642千人から35,403千人へと761千人の増加となっている。一方、老年人口割合は、39.9％から38.1％へと1.8％ポイント低下した。まず実数の増加に寄与した要因をみると、国際人口移動仮定の効果が52.6％とほとんどを占める。なお、65歳以上の人口に対しては、出生仮定はまったく関与していない（出生仮定に基づいて生じた世代が、2060年においてはまだ65歳に達していないため）。

— 21 —

しかし、老年人口割合の違い（-1.8%ポイント）については状況が異なり、出生仮定を見直した効果が最も大きく、70.9%の寄与を示している。これは、老年人口の実数に大きな差がなかったとしても、今後の出生率の見通しの違いによって高齢化の水準が異なることを示している。

(4) 外国人人口の動向が出生および人口の年齢構造に与える影響

外国人の国際人口移動の仮定値に関しては、最終的な毎年の入国超過数で見れば前回推計から大きな差はないものの、1990年代に外国人入国超過数が急増して以来20年以上の年月が経ったこと、及び日本が人口減少期に入ったことなどから、人口全体に与える相対的な影響は強まっているといえよう。以下ではこの影響について、出生及び人口構造という観点から見ていきたい。

1) 出生に対する影響：合計特殊出生率変動に対する外国人女性の出生の影響

本推計では総人口を推計対象としていることから、コーホート要因法で必要となる将来の出生動向について、外国人も含んだ動向を対象とする必要がある。しかしながら、外国人は日本人より人口規模が小さく、日本人と同様の手法で推計を行うことが困難である。そこで、出生率の仮定設定にあたっては、日本人女性から生まれた日本国籍児を分子とし、日本人女性を分母にして算出された「日本人女性についての出生率」を基礎としつつ（**表Ⅰ-2-3**によれば[1]/[a]）、「外国人女性についての出生率」（（[2]+[3]）/[b]）は、日本人女性出生率と外国人女性出生率の年齢パターンの違い等の情報をもとに、日本人女性の出生率に連動する形で求めている。

ここで、外国人女性が生む子どもの国籍について注意が必要な点が存在する。それは、外国人女性が日本人の夫との間で子どもを生んだか否かにより、その子の国籍に違いが生じる点である。日本人の夫との間に生まれた場合には、子どもは日本国籍児になる[2]が、それ以外の条件で生まれた場合は外国籍児[3]となる。

表Ⅰ-2-3　出生児の国籍と母の国籍の構造

出生児の国籍	[1]日本国籍児	[2]日本国籍児	[3]外国国籍児
母の国籍	[a]日本人女性	[b]外国人女性	

人口動態統計の合計特殊出生率の定義

$$（合計特殊出生率）= \sum_{\text{年齢(15〜49歳)合計}} \frac{\left(\begin{array}{c}\text{日本人女性}\\\text{の出生数}\end{array}\right)+\left(\begin{array}{c}\text{外国人女性の生んだ}\\\text{日本国籍児の数}^{※}\end{array}\right)}{（\text{日本人女性人口}）}$$

※外国人女性の生んだ日本国籍児とは、日本人を父とする児である.

これは、コーホート要因法による推計にあたって、外国人女性から生まれた出生数を日本国籍児と外国国籍児に分ける必要があることを示しており、本推計では、外国人女性から生ずる日本国籍児数の年齢別発生割合（[2]/([2]+[3])）を仮定設定することにより推計を行っている。なお、設定にあたっては、近年の実績値の平均値を取り、かつ平滑化した年齢別割合を用いている。**図Ⅰ-2-8**は、2000年から2015年における、外国人女性から生ずる日本国籍児の年齢別割合をおよそ5年ごとに平均値を取って示したものである。これを見ると、2010年まではこの年齢別割合は比較的安定的な傾向を示していたものの、2011年以降はとりわけ20歳代で大きな変化が見られ、外国人女性が生む子どものうち日本国籍児の占める割合が低下していることがわかる。これについては、2006年以降、外国人女性と日本人男性の間での国際結婚件数が減少する一方で、外国人女性人口が増加している事がその背景として存在するものと考えられる。

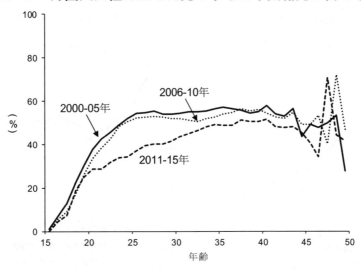

図Ⅰ-2-8　外国人女性の生んだ児のうち日本国籍児が占める割合

　さて、人口動態統計の合計特殊出生率の定義は、日本国籍児を分子とし、日本人女性を分母とした率なので、**表Ⅰ-2-3**によれば（[1]+[2]）/(a)となる。したがって、合計特殊出生率は日本人女性の出生率の変動だけでなく、[2]の規模によっても変動することになる。[2]の規模は、外国人女性の規模に依存し、これはさらに、外国人の入国超過数、国籍移動、外国人女性の出生率の各仮定に依存することとなる。今後、外国人の入国超過が引き続くことによって外国人女性の規模が増大することなどから、本推計では今後外国人女性の日本人女性に対する比率は増加する見通しとなる。**図Ⅰ-2-9**の左図は、日本国籍児の総数と、日本人の母から生まれた日本国籍児数の推移を示している。両者の乖離は外国人女性の生んだ日本国籍児の規模を示しているが、1990年代以降しだ

いに拡大しており、今後もその乖離は拡大が続く見込みである。すなわち、合計特殊出生率の分子における外国人女性の生んだ日本国籍児数の比率が上昇していくことを意味し、それが合計特殊出生率を上昇させる方向に寄与する。図Ⅰ-2-9の右図では、日本人女性の生んだ日本国籍児に限定した合計特殊出生率と人口動態統計と同定義のすべての日本国籍児についての合計特殊出生率の推移を示している。前者は2029年以降、1.39で一定となっているが、後者の人口動態統計と同定義の合計特殊出生率は、平成36（2024）年の1.42に至るまで緩やかに低下したあと、以後やや上昇し、平成47（2035年）の1.43を経て、平成77（2065）年には1.44へと推移する。この上昇は、日本人女性の子どもの産み方に変化があるからではなく、日本における外国人女性の増加に伴い、外国人女性による日本国籍児の比率が増加するという構造的な要因によるものである。

図Ⅰ-2-9　母の国籍別にみた日本国籍児の件数および合計特殊出生率（TFR）の推移（出生中位・死亡中位仮定）

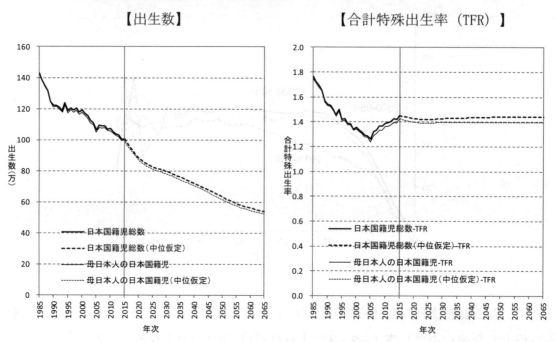

2）人口構造に対する影響

　以上は、特に外国人女性の規模の拡大が出生指標に与える影響を観察したものであるが、次に日本全体における人口構造への影響を見てみよう。

　平成29年推計では、従来からの総人口に関する推計に加え、実績と将来推計の人口動態率を連続的に観察できるようにとの観点から、日本人人口に限定した推計結果を参考として表章しており、両者の差をとることで外国人人口の規模や構造を知ることができ

る。これによれば、2065年には総人口88,077千人の4.7%、4,169千人が外国籍人口になるものと見込まれ、2015年時点の1,775千人、総人口の1.4%と比べて倍以上となると見込まれている（図Ⅰ-2-10）。

　また、外国人の割合は年齢層によって異なり、特に若年層では少子化で人口規模が小さくなる一方、外国人の入国超過数は多いことから、全体に先んじて外国人割合が上昇することが見込まれる。例えば、18～34歳人口では2015年の時点ですでに総人口の3.1%が外国人人口であり、これはすべての年齢層に占める割合のおおよそ倍程度となっている。そしてこの割合は15年後の2030年には4.7%とすべての年齢層に占める外国人人口の割合である2.3%のおよそ2倍、そして2065年には更に6.9%にまで上昇すると見込まれている[13]。

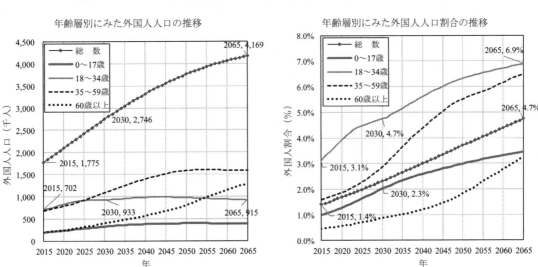

図Ⅰ-2-10　年齢層別にみた外国人人口、及び割合の推移

　このように若年層から人口の多国籍化が進むという傾向は他の先進国でも見られており、学校や職場といった社会的空間においてエスニシティの多様化が最も顕著に見られることが指摘されているが[14]、日本もその例外ではないと言えるだろう。一方、日本では外国人女性の出生力は日本人女性よりも低い水準にあることから[15]、移民を受け入れる他の先進国の場合とは異なり、0～17歳では他の年齢層に比べて多国籍化がさほど

---

13) 文部科学省2017「『日本語指導が必要な児童生徒の受入れ状況等に関する調査（平成28年度）』の結果について」http://www.mext.go.jp/b_menu/houdou/29/06/1386753.htm（最終アクセス日　2017年10月20日）等はこうした状況を受けて行われたものと言える。
14) Lichter, D., 2013, "Integration or Fragmentation? Racial Diversity and the American Future", Demography, Vol. 50, pp.35-91.
15) Korekawa, Y. 2017, "Fertility of Immigrant Women in Japan", Conference Paper, Cross-Border Marriage in Asia, 2017 Annual Meeting, Population Association of America, Chicago, U.S.

進まないのが特徴といえる。

　なお、本推計では日本人と外国人の区別は国籍によってのみ行っており、もともとは外国籍であったものの後に帰化して日本国籍を取得した者や、両親のいずれかが外国籍の者など、外国にルーツを持つ人口は日本人として扱われている。そのため、エスニシティの多様化という観点からはこうした人口が日本人人口の中に一定程度存在するということについても留意する必要があろう[16]。

---

16) こうした外国にルーツを持つ人口について考慮した上で推計を行ったものに是川夕（2018）「日本における国際人口移動転換とその中長期的展望　―日本特殊論を超えて―」『移民政策研究』第10号（刊行予定）。

3．仮定の解説と将来推計人口の国際比較

(1) 出生仮定

　「日本の将来推計人口」（平成29年推計）の出生中位推計では、合計特殊出生率（人口動態統計と同定義）は、実績値が1.45であった平成27(2015)年から、平成36(2024)年の1.42に至るまで緩やかに低下し、以後やや上昇して平成47(2035)年の1.43を経て、平成77(2065)年には1.44へと推移する。

　こうした年次ごとの合計特殊出生率の将来仮定値はどのように設定されたのだろうか。後述するように、本推計では年次ごとの年齢別出生率の趨勢にもとづいて将来の出生率を投影しているのではなく、コーホートの視点から年齢別出生率の動向を観察し、その趨勢を将来に向けて投影している。

　そこで本節では、コーホートごとの年齢別出生率の趨勢とそこから見えてくる出生行動の変容について解説する。

1）少産・晩産型の出生パターン

　本推計ではコーホート要因法によって将来人口を投影しているが、そのためには将来の年次ごとの年齢別出生率が仮定値として必要になる。これらを得る方法は、期間出生率法とコーホート出生率法の2つに大別できる。期間出生率法とは、年次別に年齢別出生率を観察し、その動向を分析して将来の出生率を年次ごとに設定していく方法である。他方、コーホート出生率法とは、コーホート別に年齢別出生率を観察していき、出生過程が完了していないコーホートについては、実績値が得られていない年齢から出生過程が完結する年齢までの年齢別出生率を推計する方法である。

　このうち、本推計で採用しているのはコーホート出生率法である。その理由として第一に、一般に出生行動は生涯で何人の子どもを産むと考えるかなどコーホートでの観察が適しており、かつコーホート間で安定的に指標が推移するためである。第二に、特に晩産化に代表されるように、出生の年齢スケジュールがコーホート間で変化しているときには期間合計特殊出生率は、その数値が見かけ上高くなったり低くなったりする、テンポ効果と呼ばれる影響を受けてしまうためである。

　そこでつぎに、出生率の長期的趨勢をコーホートの観点から見てみよう。**図Ⅰ-3-1**は年齢別出生率の変化をコーホートごとに追ったものである。1950年代以降のコーホートでは20歳代での出生率が大きく低下している。一方、同一コーホートの中で見れば、20歳代での出生率低下と入れ替わるように、30歳代での出生率が上昇していることがわかる。

　ただし、20歳代での出生率低下が30歳代ですべて取り戻されてきたわけではない。**図Ⅰ-3-2**には、コーホート合計特殊出生率の推移を示した。出生過程が完結していない

コーホートについては、本推計における仮定値を表示している。この図より、コーホート合計特殊出生率の実績値は、1950年代以降のコーホートから一貫して低下傾向にあることがうかがえる。

以上を踏まえると、20歳代で低下してきた出生率が一部30歳代で取り戻されているものの、女性が生涯に持つ平均子ども数は減少傾向にあると要約できる。換言すれば、晩産化と少産化が同時に進行してきたと言える。

図Ⅰ-3-1　コーホート年齢別出生率の趨勢

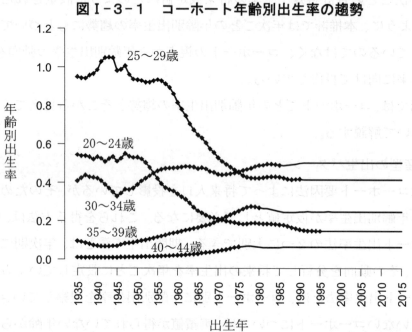

注：15～19歳、44～49歳の年齢別出生率は省略。実績値がない年次は中位仮定値。

図Ⅰ-3-2　コーホート合計特殊出生率の趨勢

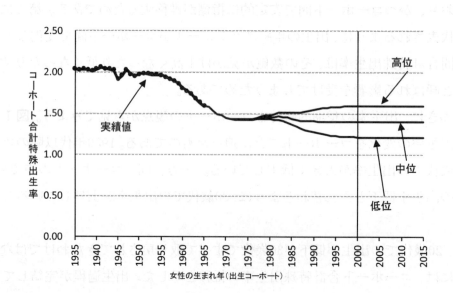

― 28 ―

2) 出生行動の分散化・二極化

　ところが、このような傾向は同一のコーホートの中で一様に広がってきたわけではない。**図Ⅰ-3-3**は1965年コーホートと1980年コーホートの年齢別第1子出生率である。1965年コーホートの年齢別出生率をみると、26・27歳あたりをピークに単峰型のパターンを示していることが分かる。一方で、1980年コーホートの出生スケジュールは、大局的に見れば単峰型と言えるものの、20代前半において「こぶ」のような形状が年齢別出生率カーブに観察されている。

図Ⅰ-3-3　1965年コーホートおよび1980年コーホートの第1子出生率（実績値）

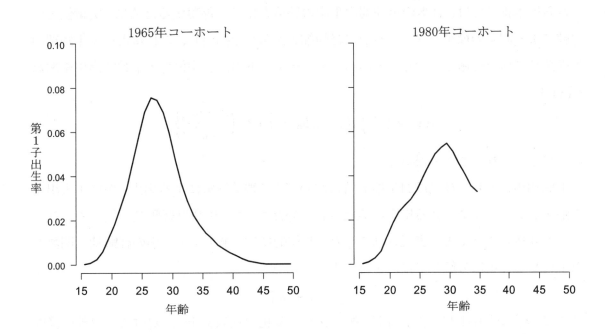

　こうした変化の背景のひとつに、婚前妊娠による出生とその他の出生の動向の違いがある。人口動態統計の出生票データをもとに、「同居開始から7ヶ月以内に出生」したケースを「婚前妊娠による出生」と定義し、「その他の出生」と区別してグラフ化したのが**図Ⅰ-3-4**である。婚前妊娠を伴う第1子出生率の年齢パターンは2時点間で大きく変わらないものの、「その他の出生」は婚前妊娠を伴うそれよりも年齢パターンが大きく変化しており、晩産化を反映して年齢スケジュールが高年齢にシフトしている

　このように、近年の出生行動の特徴として、出生行動の分散化あるいは二極化ともいえる状況が顕在化しつつあるということができよう。若年層においては「婚前妊娠による出生」が安定的に存在しているのに対し、「その他の出生」については、30歳代以上で駆け込みとも呼ばれるような出生パターンが現れており、このような晩産型の出生パターンが一定の定着傾向を見せながら出生分布の高齢化に結びついているのである。

本推計においては、コーホートの出生順位別・年齢別の出生パターンについて、一般化対数ガンマ分布モデルという数理モデルをあてはめている。出生順位n、年齢xの出生率を$f_n(x)$とすると、一般化対数ガンマ分布モデルは以下の式で与えられる。

$$f_n(x) = C_n \cdot g(x; u_n, b_n, \lambda_n)$$

ただし、

$$g(x; u_n, b_n, \lambda_n) = \frac{|\lambda_n|}{b_n \Gamma(\lambda_n^{-2})} (\lambda_n^{-2})^{\lambda_n^{-2}} \exp\left[\lambda_n^{-1}\left(\frac{x - u_n}{b_n}\right) - \lambda_n^{-2} \exp\left\{\lambda_n\left(\frac{x - u_n}{b_n}\right)\right\}\right]$$

である。Γ、$\exp$はそれぞれガンマ関数、指数関数を指し、C_n, u_n, b_n, λ_nは出生順位nの年齢別出生率関数のパラメータを表している。

　さらに本推計では、日本の年齢別出生率の特徴を精密に再現するために、実績値との比較による誤差の標準パターン（ε_n）（経験補正関数）を抽出し、これによって年齢別出生率関数に修正を施している。その結果、コーホートの出生順位別・年齢別出生率関数$f_n(x)$は、

$$f_n(x) = C_n \cdot \left\{g(x; u_n, b_n, \lambda_n) + \varepsilon_n\left(\frac{x - u_n}{b_n}\right)\right\}$$

として与えられることとなる。

　平成18年推計および平成24年推計時においても「婚前妊娠による出生」が第１子出生年齢スケジュールに与える影響は観察されていたが、この影響は経験補正関数の一部として織り込むことにより表現されてきた。具体的には、第１子出生率の経験補正関数を以下の２つの項に分解して推計を行うものである。

$$\varepsilon_1 = \varepsilon_1^* + \rho\varepsilon_1^P$$

ここで、ε_1^Pは婚前妊娠による出生年齢パターン変化の経験補正値、ε_1^*はそれ以外の経験補正値である。ρは婚前妊娠による出生年齢パターン変化の補正強度を示すパラメータであり、コーホートごとに可変である。

　経験補正関数は、純粋な数理モデルとしての一般化対数ガンマ分布モデルと実績値との乖離の平均的なパターンであるため、これをモデルに含めることによって実績値への適合度は改善される。婚前妊娠補正も経験補正関数の一部として反映されているため、平成18年推計および平成24年推計で用いられてきた「経験補正型一般化対数ガンマ分布モデル」も婚前妊娠による出生パターンの変化に対応できる仕組みを兼ね備えている。

　ただし、経験補正とは、あくまで実績値が単一の数理モデルで表現されると考えた場合に、その適合度を高める手法である。一方で、「婚前妊娠による出生」と「その他の出生」の年齢スケジュールの違いが顕著となってきた状況下で、そこに現れているような出生行動の異質性とその趨勢を捉えるためには、両者を分離してモデリングを行うことの有効性が高まると考えられる。

そこで今回の推計では、出生行動のこのような分散化・二極化に対応するため、第1子出生を「婚前妊娠による出生」と「それ以外の出生」とに区別した基礎データを用い、多重減少生命表の原理を応用した競合リスク型の一般化対数ガンマ分布モデルによって年齢別出生率の推定を行った。その結果、**図Ⅰ-3-4**に示したように、婚前妊娠による出生とその他の出生の異なる特徴の表現に優れた年齢別出生率の投影が可能になっている。

図Ⅰ-3-4　「婚前妊娠による出生」と「その他の出生」の年齢別発生率（第1子）

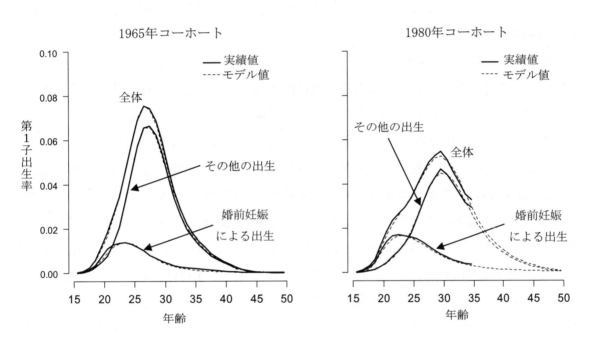

(2) 死亡仮定

　「日本の将来推計人口（平成29年推計）」死亡中位仮定によれば、日本の寿命は今後も延び続け、2065年には男性84.95年、女性91.35年と、2015年現在から男女ともに4年程度延びるとされている[17]。世界的にみてトップクラスの寿命を保ちつつ、なお長寿化が進展するわが国の平均寿命の今後の動向については、これ以上延びを期待できないのではないかとする見方や、将来の医療技術の進歩などによって加速的に延びるだろうとする見方など様々なものがある。本節では「日本の将来推計人口」における死亡率推計の性格と、なぜ本推計で今後も平均寿命が伸長を続けると見込まれているのかなどについて解説する。

---

17)　同推計では死亡水準について3通りの仮定が設けられた。死亡率がより高く推移する高位推計では、2065年における平均寿命は、男性83.83年、女性90.21年であり、延びは3年強にとどまる。より低く推移する低位推計では男性86.05年、女性92.48年まで伸長するものとされており、延びは5年を超える。

1) 人口投影と平均寿命

　公的将来推計人口は、各種施策立案の基礎などをはじめ広範な目的に利用されることから、客観的・中立的に行われることが求められる。このため各種の指標は、人口学的データの実績推移を将来に投影する手法を用いて推計が行われており、平均寿命の推計も、これまでの死亡率データの推移を将来に向けて投影したものという性格を持つ。すなわち、将来の寿命の延びに対して、期待をしたり、しなかったりという恣意的な見方を取り入れたものではない。しかし、一方で、投影の実行にあたっては、過去から現在に至る死亡動向の変化を的確に見極め、一定の理論に沿ってモデル化することが必要となる。その背景には、そもそも人口学的に、寿命というものをどう捉えるのかという視点が求められることとなる。

2) 寿命の限界論と死亡率モデル

　かつて専門家の間では、寿命は生物学的に決まっており、それぞれの種の寿命には一定の限界があるため、人間の平均寿命もやがて限界に近づいて延びが鈍っていくのではないかという見方が有力であった。もし寿命にこのような限界があるとすれば、若い年齢層では死亡がいっさい無くなる一方で、限界近くの高齢層で集中して死亡が起こるため、生命表における生存数曲線は徐々に長方形の形状に近づいていくことになる。このことは生存数曲線の「矩形化」と呼ばれている。**図Ⅰ-3-5**はわが国の女性の生存数曲線の変遷をみたものであるが、たしかに矩形化を示し、平均寿命が延びてきた様子がみられる。こうした推移は、寿命に限界があるという見方を裏付けていたといえる。

　ところが、近年の生存数曲線の動きをみると、高齢層において、生存数が降下する年齢が、高齢側へシフトしていることがわかる。これは死亡の遅延とでも呼ぶべき現象であり、これにより寿命に限界があるという説には疑問が生じてきた。すなわち、寿命には限界を考えることができないとする見方や、存在したとしても現在想定されるよりもずっと高い年齢であるとする見方が有力視されるようになってきたのである。詳しくみると、これまであまり下がらないだろうといわれていた高齢層での死亡率低下が著しいことや、日本やスウェーデンなどの低死亡率の国で、死亡の最高年齢が徐々に記録を更新していることなどからも、これらの説が裏付けられる。

図 I-3-5　生存数曲線の推移（女性）

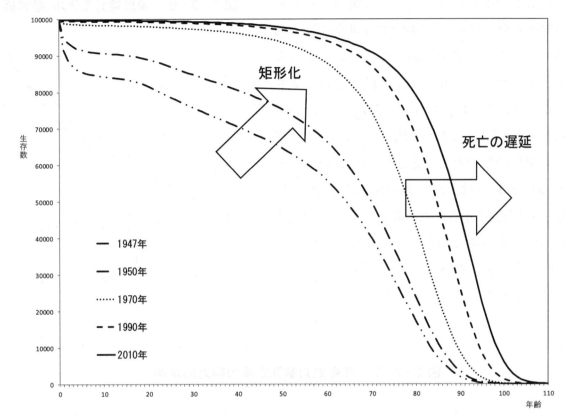

資料：国立社会保障・人口問題研究所「日本版死亡データベース」

　こうした事実や理論は、将来人口推計における寿命の人口学的投影に用いるべきモデルがどのようなものでなくてはならないのかに重要な示唆を与えている。先の観察は、投影にあたって死亡の遅延をよりよく表現できるようなモデルが必要とされることを示しており、将来人口推計においても平成18年推計からこのようなタイプのモデルが採用されている。平成29年推計では、平成24年推計で用いられたモデルにより推計を行った。このモデルは、現在、国際的に標準的に用いられているリー・カーター・モデルを若年層で用いつつ、高齢層では死亡率改善を死亡率曲線の高齢側へのシフトとして表現する線形差分モデルを組み合わせることにより、死亡率改善のめざましいわが国の死亡状況に適合させるモデルである。

3）線形差分モデルの組み込み

高齢部の死亡率モデルとして使用されている線形差分モデルは、高齢死亡率曲線の横方向へのシフトの差分を年齢の線形関数によって記述するモデルであり、$\tau_{y,t} = f'_t + g'_t x$で表される。ただし、$\tau_{y,t}$は年次$t$、対数死亡率$y$の年齢シフト（差分）であり、$f'_t$と$g'_t$はそれぞれ差分を線形関数で表したときの切片と傾きを表す。図Ⅰ-3-6はこれを模式的に表したものであり、横方向で示された年齢シフトを表す矢印を90度回転させて始点をそろえるとその終点が直線上に並んでいることから、年齢シフトが年齢の線形関数として表されていることがわかる。

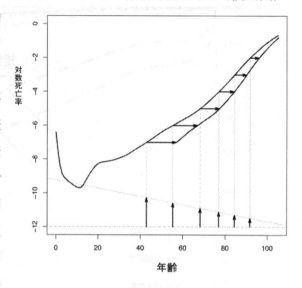

図Ⅰ-3-6　線形差分モデル（模式図）

図Ⅰ-3-7　年齢別対数死亡率の相対的水準

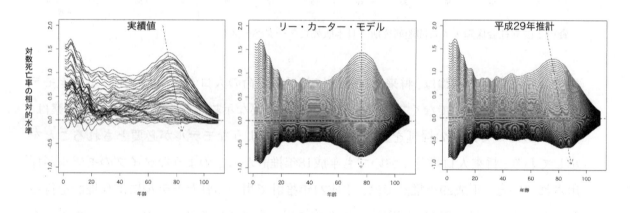

図Ⅰ-3-7は、年次別に見た年齢別対数死亡率の相対的水準の実績値と、リー・カーター・モデル及び平成29年推計による投影結果を示したものである。これを見ると、リー・カーター・モデルでは年齢別の死亡率改善分布が固定されていることから、死亡率改善が垂直的に表現されているのに対して、平成29年推計のモデルでは実績値に見られるような、死亡率改善の大きい部分が高齢側へシフトしてきている動きが表現されていることがわかる。このように、平成29年推計では線形差分モデルを利用することにより、わが国の近年の死亡率改善が死亡の遅延とみられる動きとより整合的な投影を行うことに成功しているのである。

世界トップクラスの平均寿命を誇るわが国の場合、他国や国際機関において採用されている技術に加えて、こうした新しい傾向を正確に捉える技術を開発して行かなくてはならない。平成29年推計においては、新たに得られた実績データと、線形差分モデルを利用した新たなモデルに基づいて寿命を投影した結果、わが国の寿命は今後もいっそう伸長していくとの推計結果が導き出されたのである。しかしながら、このような死亡率改善の新たな展開は、将来のある年次に平均寿命がどこまで延びるのかということに関する不確実性を考慮する必要性を示唆している。そこで、平成24年推計同様、今回の推計においても、中位・高位・低位の三通りの仮定を設け、一定の幅をもって推計を行うことにより、将来の死亡水準に関する不確実性を表現することとしている。

(3) 国際人口移動仮定

国際人口移動については近年、その動向が大きく変化している事から、推計における仮定設定の方法についても、その時々の実績を踏まえ、見直しを行っている。平成9 (1997)年推計以前の仮定設定では、総人口の男女年齢別・入国超過率の実績値(総務省統計局「推計人口」より算出)の直近5年間の平均値を用い、この水準が将来も続くとの仮定設定を行っていたが、平成14(2002)年推計からは、日本人と外国人でそれぞれ異なる仮定設定が行われるようになった。また、平成18(2006)年推計では、これに加え、法務省「出入国管理統計」から入国超過数の多い数カ国について近年の動向を分析し、男女別に傾向を将来に補外するといった手法を用いている。

今回の推計において用いられた手法は、平成24(2012)年推計以降採用されたものであり、日本人については、近年の平均的な男女・年齢(各歳)別入国超過率が継続するものと仮定し、外国人については、過去の入国超過数の動向による長期的な趨勢に従うと仮定するものである。なお、前回の平成24年推計時には、世界同時不況(リーマンショック)ならびに東日本大震災(2011年3月以降)の影響による変動を考慮し、短期的に出国超過の効果を見込む等、特殊事情に対応した仮定設定を行っている。

以下、それぞれの仮定値についての具体的な背景について解説する。

1) 外国人の国際移動(外国人の入国超過数)

外国人の国際移動については、1990年に施行された改正入管法において、在留資格の種類が大幅に増えたことや、この間、世界的に国際人口移動が活発化した事を受けて、日本への入国超過数が一挙に増加した(**図Ⅰ-3-8**)。このようにかつては移民送り出し国であった国々が、外国人の受入れ超過を経験するようになるという現象は、「国際人口移動転換(Migration Transition)」と呼ばれており、同時期に広く世界的に見ら

れ、日本が経験した変化もその一つであると考えられている[18]。こうした中、外国人の入国超過数の仮定設定に際しては、その時々で変化する情勢を踏まえつつも、中長期的には増加するものと見込まれてきたといえるだろう。

　日本人と外国人を分けて推計を行うようになった平成14年推計以降の仮定値の変遷を見ると（図Ⅰ-3-8）、1990年代の堅調な増加基調を反映して、平成14年推計においては最終水準である平成27年以降、年間約9.5万人とこれまでで最も高い仮定値を設定している。その後、平成18年推計では2000年代以降、外国人の入国超過のペースが少し鈍ったことから、最終水準ではやや少ない年間約7.5万人（平成37年以降）という仮定を置いている。その後、平成24年推計時には、直近に見られたリーマン・ショックに端を発する世界経済危機や、東日本大震災の影響を受けて、外国人の国際移動は一時的に大幅な出国超過となったものの、推計時に得られた月次の最新の外国人の出入国の状況から、短期間の内に元の増加基調に戻ると考えられたことから、最終的に年間約7.1万人（平成42年以降）の入国超過数を仮定した。

図Ⅰ-3-8　外国人入国超過数の推移及び仮定値

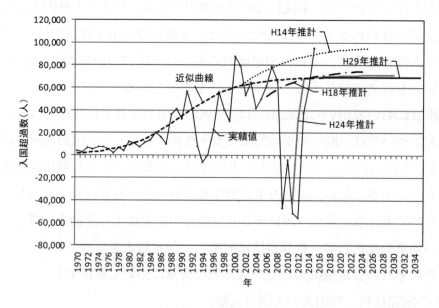

資料：国立社会保障・人口問題研究所「日本の将来人口推計（平成29年推計）」
　　　及び総務省統計局「人口推計年報」

18）世界的な規模での変化についてはCastles, S., H.D. Haas, and M.J. Miller, 2014, *The Age of Migration: Fifth Edition*, Palgrave Macmillanが詳しい。また、日本の経験がこれに該当する事を議論したものとしては石川義孝，2005，「日本の国際人口移動の転換点」　石川義孝編著，『アジア太平洋地域の人口移動』，pp.327-51所収，明石書店や是川夕　2018　「日本における国際人口移動転換とその中長期的展望　―日本特殊論を超えて―」『移民政策研究』第10号、刊行予定等が挙げられる。

こうして設定された仮定値をその後の実績値と比較すると、長期的な増加傾向という観点からはおおむね実績値の動向を表現してきていると評価できるだろう。このような観察に基づき、平成29年推計においてもこれまでと同様の手法を用いて仮定値の設定を行い、最終水準では年間約6.9万人（平成47年以降）と前回推計時とほぼ同程度の水準となったものである。

　また、入国超過外国人の男女別構成割合については、昭和45（1975）年から平成27年（2015）年までの外国人入国超過数の内、男性の割合が35～65％の範囲の年次（46年中37年次）について算出された平均値を以って仮定値としている（図Ⅰ-3-9）。

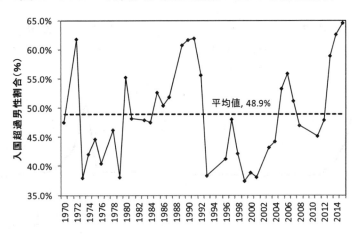

図Ⅰ-3-9　外国人入国超過数に占める男性割合

資料：総務省「人口推計年報」

　こうした背景には、近年、国際的には国際人口移動における女性割合の増加（Feminization of Migrants）現象が指摘されてきており、日本もその例外ではないとされていることがある[19]。実際、外国人の入国超過数が増加する1990年代以降、2000年代初頭にかけては日本人男性と結婚するアジア人女性やエンターテイナーとして来日するフィリピン人女性の増加によって、外国人入国超過数に占める男性割合は50％を切って推移していた。しかしながら、足元では再び、男性の占める割合が増加する傾向が見られる。これは近年の外国人の入国超過の増加要因が、国際結婚やエンターテイナー女性によるものではなく、留学や就労、技能実習を目的としたものによると考えられる。ただし、家事支援や介護など女性が多い職種での外国人の就労が今後増えるとすれば、

---

19) 同現象については、Sassen, S. 2002 "Global Cities and Survival Circuits", In. *Global Women Nannies, Maids, and Sex Workers in the New Economy*, edited by Ehrenreich B. and A.R. Hochschild, pp.254-74, Metropolitan Books/Henry Holt Company. を参照。日本での事例については、落合恵美子, カオ・リー・リャウ, 石川義孝（2007）「日本への外国人流入からみた国際移動の女性化」, 石川義孝編著『人口減少と地域　地理学的アプローチ』, pp.291-319所収, 京都大学出版会を参照。

女性の割合が再び増加する可能性も考えられるだろう。

また、入国超過外国人の年齢構成については、入国超過数の男女、年齢別割合の実績が得られる昭和61年（1986年）から平成27年（2015年）について、男女・年齢別に平均値を求め、これを平滑化したものを仮定値とした。この割合は多少の変化を伴いつつも、おおむね安定的に推移しており、平成29年推計仮定値を平成24年推計と比較すると同様の傾向を示していることが観察できる（図Ⅰ-3-10）。これは新たにに来日する外国人の多くが留学や就労を目的としたものか、あるいはその帯同家族であり、そのパターンが安定的に持続しているためと思われる。

図Ⅰ-3-10　入国超過外国人の年齢構成に関する仮定値

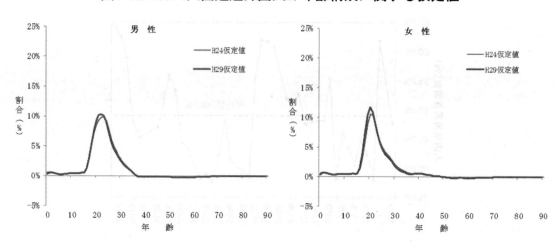

資料：国立社会保障・人口問題研究所「日本の将来人口推計（平成29年推計）」及び「日本の将来人口推計人口（平成24年1月推計）」

2）日本人の国際移動

次に日本人の国際移動について見ていきたい。日本人の入国超過率は1970年代以降、徐々に出国超過に転じ、その傾向が拡大する傾向が見られた（図Ⅰ-3-11）。

2000年代以降、その傾向は強かったものの、2008年に発生したリーマン・ショック、及びその後の世界的な経済危機において反転し、2010年には女性が入国超過、男性もほぼ出国者と入国者が均衡するところまで転じた。その後、男女ともに再び出国超過に転じたもののその勢いはかつてほどではない。

このように、日本人の国際移動については、短期的には強弱が見られており、これには景気情勢等に合わせ、企業が海外進出の計画を変更することなどがその要因として考えらえる。実際、2008年に日本人の出国超過率がピークアウトした背景には、2008年のリーマン・ショックによる世界的な景気後退、及びその後の緩やかな景気回復過程にお

いて、企業の海外進出の意欲が鈍化したことなどがあることが考えられる[20]。

図 I - 3 -11　日本人の入国超過率の推移（男女別）

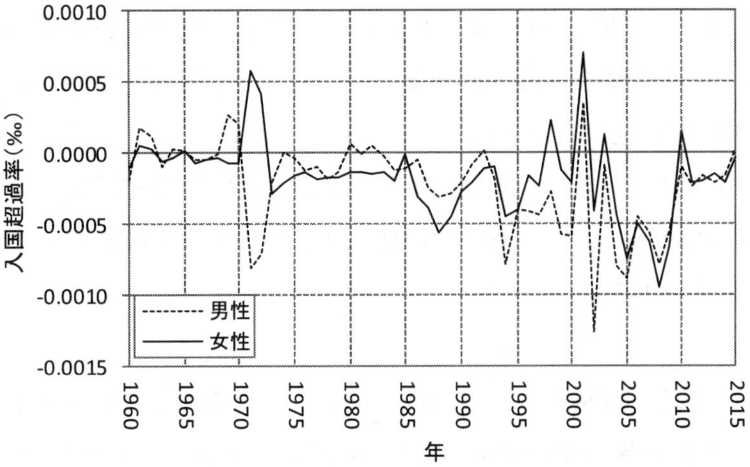

資料：**図 I - 3 - 9**に同じ。

　また、この入国超過率を性・年齢別に見た場合、男女ともに18〜22歳にかけて出国超
過のピークが見られた後、いったん入国超過に転じるものの、その後、30歳代にかけて
再び、出国超過に転じるというパターンが見られる（**図 I - 3 -12**）。これは18〜22歳に
かけて留学を中心とした出国超過、及びその後、30歳代にかけて仕事のために海外に滞
在するといった事が背景にあるものと思われ、時代を通してほぼ変わらないパターンで
あることが確認される。

図 I - 3 -12　日本人の性、年齢別入国超過率

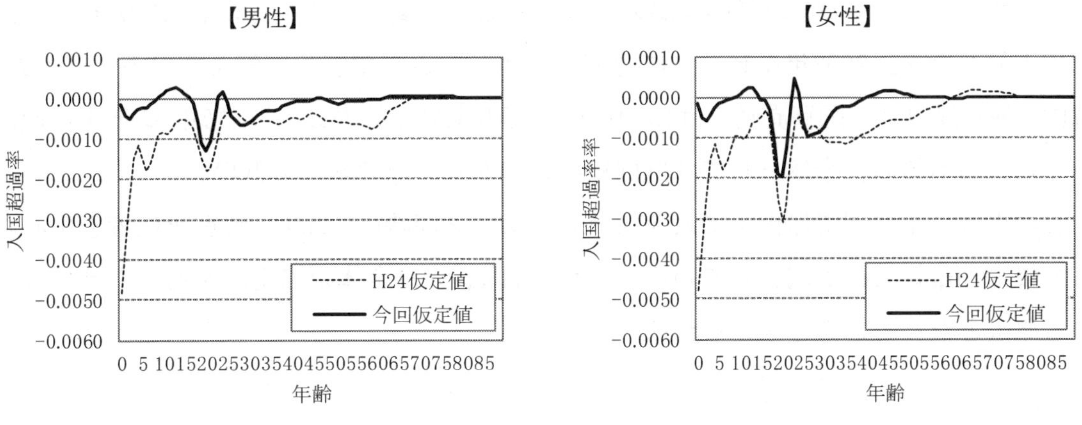

資料：**図 I - 3 -10**に同じ。

20）JETRO『日本企業の海外事業展開に関するアンケート調査〜ジェトロ海外ビジネス調査〜』における
今後（3か年程度）の海外進出方針についての調査結果によるもの。

なお、これらの国際移動は渡航先での永住を目的としたものではなく、多くが留学や企業駐在などの一時的な滞在を目的としたものであるが[21]、このような傾向は先進国に共通してみられており、日本もその例外ではないことを示すものといえる。

　以上の様に、日本人の国際人口移動の総量については長期的には出国超過の拡大傾向にあったものの、直近ではその傾向が弱まっているなど、短期的な強弱は足元の景況感等にも左右され周期性などのトレンドを持つものではない。一方、その年齢パターンは比較的安定して得ることから、従前より直近の水準を用いて仮定設定を行ってきたところ、平成29年推計においても前回推計と同様、直近の日本人入国超過率の平均値を以って仮定値とすることとした。

4) 国籍異動

　国籍異動については、総務省より出されている「人口推計年報」をもとに、以下の式により性、年齢別の国籍異動率を求めた上で2009年〜2015年（前年10月→当該年9月）の7年間の平均値を平滑化し、それを推計期間中の仮定値としている。

　　国籍異動による日本人の純増率＝（日本国籍取得者数－同離脱者数）／外国人人口

　このようにして求められた国籍異動率のこれまでの実績を見ると、90年代以降、いったん上昇した後、ゆるやかに低下してきた（図Ⅰ-3-13）。こうした変化の背景には、特別永住者を中心とした韓国・朝鮮籍人口とそれ以外の外国人人口との動向の差異が存在する。

　法務省より公表されている毎年の帰化許可件数を基に、原国籍別の国籍異動率を求めると、韓国・朝鮮籍の国籍異動率が外国人総数よりも高く、また、同率は1990年代にかけて上昇した後、2003年をピークに急速に低下し、近年で若干反転している[22]。一方、韓国・朝鮮籍以外の国籍異動率は1990年代に若干上昇しその後、わずかに低下する傾向が見られるものの、全体としてはほぼ横ばいであり、その水準も低い。

　このように集団間で帰化率に大きな違いがあると同時に、近年、特別永住者を中心として韓国朝鮮籍人口が減少していることが、外国人人口全体の帰化率を低下させてきている原因となっていると考えられる。

21）　外務省の『海外在留邦人統計』によれば海外に滞在する日本人のおよそ7割が仕事や留学のために一時的に滞在する長期滞在者からなる。
22）　こうした背景を知る上では佐々木てる（2014）「在日コリアンとシティズンシップ―権利と国籍を中心に」，『移民政策研究』，第6巻，pp. 44-57などが詳しい。

図Ⅰ-3-13　原国籍別に見た国籍異動率の推移

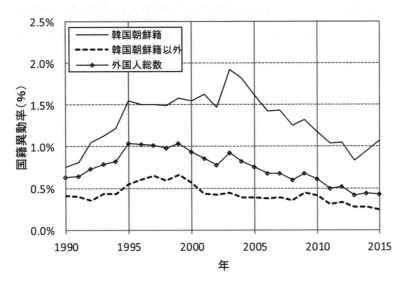

資料：法務省2017「帰化許可申請者数，帰化許可者数及び帰化不許可者数の推移」、
　　　及び「在留外国人統計」

　一方、国籍異動の年齢別パターンを見ると、20歳未満で高く、次に40歳代で再度上昇するという傾向が見られ、水準に違いはあるものの、そのパターンは安定的である（図Ⅰ-3-14）。この背景には、家族単位での帰化が多いこと、また、帰化する家族の親の年齢は40歳代を中心に分布する一方、その子どもの年齢は20歳未満に集中するということがある。したがって、国籍異動率全体が低下すると、中高年層に比べ、20歳未満の層でより大きく水準が低下することとなる。

図Ⅰ-3-14　年齢別に見た外国人の国籍異動率の推移

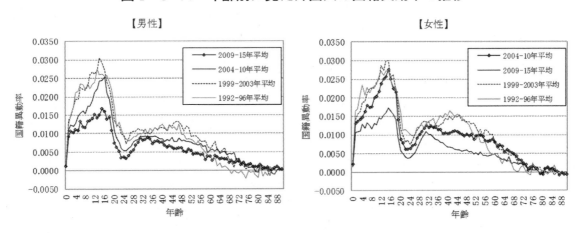

資料：図Ⅰ-3-9に同じ。

以上のような観察を踏まえて今後の外国人国籍移動率の動向を考えると、近年、国籍異動率が比較的安定している韓国・朝鮮籍以外の外国人が全体に占める割合が大きくなってきていることから外国人全体としての国籍異動率の変動が小さくなる傾向が見られており、平成29年推計の仮定値としては、直近の国籍異動率の平均が将来に向けて一定であるとの仮定設定を行ったところである。

（4）将来人口推計の国際比較

　本節では、主要先進諸国で行われている将来人口推計と日本のものを比較し、国際的な観点からわが国の今後の人口推移の特徴を探る[23]。

　将来人口推計は、国の様々な重要政策の決定において基礎資料となることから、各国とも政府統計局や国立の研究機関において推計作業が行われている。新しい人口センサスやセンサス間の推計人口、ないしは登録人口に基づいて１〜５年程度で推計結

23）本稿で取り上げた国とその将来人口推計報告書等の資料は以下のとおりである。また、推計結果のデータ等を掲載した英語の推計サイトがある場合は、URLを記載した。ただし、概要や主要結果表は英語で取得できても、詳細データを取得できるのは各国固有言語のページのみの場合もあるので注意されたい。

日本：国立社会保障・人口問題研究所（2017）『日本の将来推計人口—平成28（2016）〜77（2065）年—附：参考推計　平成78（2066）〜127（2115）年』（平成29年推計）人口問題研究資料第336号。

（http://www.ipss.go.jp/pp-zenkoku/j/zenkoku2017/pp_zenkoku2017.asp）

韓国：韓国統計庁（2016）*Population Projections for Korea: 2015-2065.*（英語サイトでは推計概要PDFのみ　http://kostat.go.kr/portal/eng/pressReleases/1/index.board?bmode=read&aSeq=359108）

イタリア：Instituto Nazionale di Statistica（2017）.*Previsioni regionali della popolazione residente al 2065.*（http://www.istat.it/en/archive/199145。データダウンロードは次のURLからでイタリア語のみ。http://dati.istat.it/Index.aspx?DataSetCode=DCIS_PREVDEM1&Lang=）

ドイツ：Federal Statistical Office of Germany（2017）.*Germany's Population by 2060: Updating the 13th coordinated population projection – base 2015.*（2015年に公表した最新の第13回推計では2013年人口が基準となっているが、その後の移民急増の影響を評価するために、2015年人口を基準とし、出生・死亡・国際人口移動の仮定を見直した推計（第13回推計の枠組みでバリエーションを１つ増やす形）も公表しており、本稿ではこの追加された推計バリエーションの結果を用いている。

https://www.destatis.de/EN/FactsFigures/SocietyState/Population/PopulationProjection/PopulationProjection.html）

オーストリア：Statistik Austria（2016）.*Bevölkerungsprognose 2016-2080 für Österreich und die Bundesländern.*

（http://www.statistik.at/web_en/statistics/PeopleSociety/population/demographic_forecasts/population_forecasts/115139.html。英語は概要のみでデータダウンロードは次のURL（ドイツ語）

http://www.statistik.at/web_de/statistiken/menschen_und_gesellschaft/bevoelkerung/demographische_prognosen/bevoelkerungsprognosen/index.html）

スイス：Bundesamt für Statistik（2015）.*Szenarien zur Bevölkerungsentwicklung der Schweiz 2015-2045.*

（https://www.bfs.admin.ch/bfs/en/home/statistics/catalogues-databases/press-releases.assetdetail.40829.html。英語はプレスリリースのみ。データダウンロードは次のURL（ドイツ語）

https://www.bfs.admin.ch/bfs/de/home/statistiken/bevoelkerung/zukuenftige-entwicklung.gnpdetail.2016-0374.html）

ノルウェー：Statistics Norway（2016）.*Population projections 2016-2100: Main results.*

（http://www.ssb.no/en/folkfram）

イギリス：Office for National Statistics（2017）.*National Population Projections: 2016-based statistical bulletin.*

（https://www.ons.gov.uk/releases/nationalpopulationprojections2016basedstatisticalbulletin）

スウェーデン：Statistics Sweden（2016）.*The future population of Sweden 2016-2060.*（英語はサマリーのみ。http://www.scb.se/en/finding-statistics/statistics-by-subject-area/population/population-projections/population-projections/）

フランス：Institut National de la Statistique et des Études Économique（INSEE）（2016）.*Projections de population 2013-2070 pour la France: méthode et principaux résultats.*

（https://www.insee.fr/fr/statistiques/2496228#graphique-figure2。フランス語）

オーストラリア：Australian Bureau of Statistics（2013）.*Population Projections Australia 2012(base) to 2101.*

（http://www.abs.gov.au/ausstats/abs@.nsf/0/5A9C0859C5F50C30CA25718C0015182F?Opendocument）

アメリカ：U.S.Census Breau（2014）.*Methodology, Assumptions, and Inputs for the 2014 National Population Projections.*（https://www.census.gov/programs-surveys/popproj.html）

果が改訂される。推計期間は多くが50〜60年程度であるが、日本などのいくつかの国では参考推計としてさらに30〜50年ほど先までの長期推計もあわせて公表している。推計方法は、ほとんどの場合、コーホート要因法が用いられる。このとき必要となる出生・死亡・国際人口移動の仮定値は、将来の動向の不確実性に対応するため複数個置かれることが多い。そして、仮定値が複数の場合、その組み合わせにより何通りか推計バリエーション結果が示されるが、その数は2〜30通り以上まで様々である。なお、近年は仮定値の設定を確率推計によって行う国も増えてきている（国連、ニュージーランド、イタリア、オランダなど）。この場合、確率推計中位数がいわゆる「中位仮定」として扱われる。

　まず、出生率の仮定（ここでは合計特殊出生率（TFR）で示されたものをさす）について、日本と主要先進諸国の将来人口推計で用いられている値を比較した（図Ⅰ-3-15）。参考として2010年、2015年の実績値も併せて示し、2015年の出生率が低い国順に並べた。出生仮定が複数置かれている場合は、中位仮定値（ないしは確率推計中位数）を取り上げている。

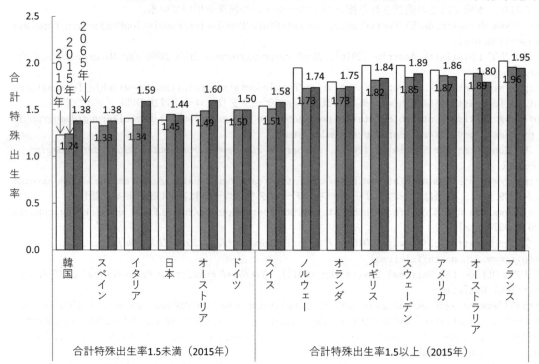

図Ⅰ-3-15　合計特殊出生率の国際比較：2010・2015年（実績値）・2065年（仮定値）

資料：各国将来人口推計報告書（脚注23参照）
注：オランダ、フランス、アメリカ、オーストラリアは2014年以前に行われた推計が最新であるため、2015年の値はその最新推計の仮定値を引用している。また、ドイツ、オランダ、アメリカは推計期間が2060年までであるため、2065年の値は2060年の仮定値である。

出生率の仮定設定は過去の出生動向を分析して将来に延長する人口学的方法が用いられることが多いため、各国ともこれまでの出生率水準を反映した仮定値となっている。図Ⅰ-3-15を見ると、2015年時点でTFRが1.5未満の国々と1.51のスイスでは、2065年の出生率見通しも1.5前後で低い国が多い。一方、2015年にTFR1.7以上の国々では、2065年の出生率見通しも1.8～1.9程度と高い。日本の2015年のTFRは1.45であり、最低値を記録した2005年の1.26からすると回復しているが、2065年のTFR仮定値は1.44となっており、今後も低い水準にとどまるとしている。

次に、死亡率の仮定設定について、平均寿命でその水準の変化を見たのが図Ⅰ-3-16である（2015年の女性の平均寿命が高い国順に並べて示している）。平均寿命の改善はすべての国で見込まれており、男女でみると日本以外の国々では男性の改善率のほうが高く見込まれている（図Ⅰ-3-17）。日本はすでに男女とも世界でトップクラスの高い平均寿命を記録しているが、今後も高年齢層を中心に死亡率の改善が続くと推計されている。2065年の仮定値は、女性で2015年の86.98年から91.35年に延びている。図Ⅰ-3-16で取り上げた国々の中では、これはフランス・スペイン・韓国に次いで高い平均寿命である。男性は2015年の80.75年から2065年には84.95年まで平均寿命が伸長すると示されているが、これは他の国々と比較すると伸び率は低い。

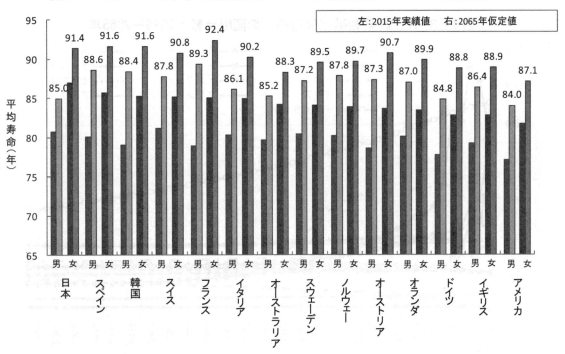

図Ⅰ-3-16　平均寿命の国際比較：2015年（実績値）・2065年（推計値）

資料・注：図Ⅰ-3-15に同じ。

図Ⅰ-3-17 寿命改善の男女差（2065年値 - 2015年値）の国際比較

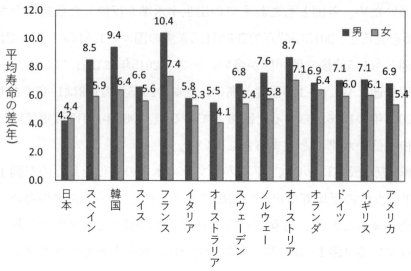

資料・注：図Ⅰ-3-15に同じ。

　国際人口移動仮定について、純移動率の仮定値を比較したのが図Ⅰ-3-18である[24]。近い年次では純移動率の水準に各国でばらつきが大きいが、長期的にはオーストラリアを除き4‰以下の水準におさまっていく。もともと低い純移動率の国々は横ばい、高い純移動率の国々は低下して現状より低い水準となる仮定設定となっている。日本は図Ⅰ-3-18にある国々の中でもっとも低い純移動率を見込んでいる。

図Ⅰ-3-18　純移動率（仮定値）の国際比較：2016～2065年

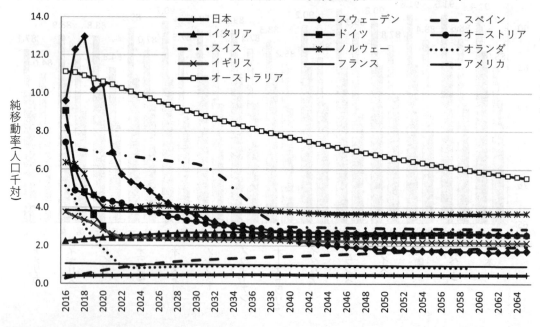

資料・注：図Ⅰ-3-15に同じ。

---

24) 各国報告書の仮定値表に示されている将来年次の純移動数を同年の総人口で除して求めた。

これまで見てきたように、国際的にみても日本は低い出生率、低い死亡率（高い平均寿命）、低い純移動率を見込んでいることがわかる。

　それでは、推計結果について比較してみよう。まず総人口規模の比較である。

　図Ⅰ-3-19は、2015年の総人口を100としたときの2065年の総人口（推計値）を指数化して比較したものである（アメリカ、ドイツ、オランダは2060年の値）。ここで取り上げている国々の中で、2015年に比べて総人口が減少する結果を示しているのは日本、韓国、イタリア、スペイン、ドイツである。日本はその中でも減少幅が最も大きい。この減少の主要因は大幅な自然減である。出生率が低いまま推移するために新しく加わる人口が少なく、一方で高齢人口が増加するため、死亡率が低下していても死亡数自体は増え続け、両者の差（自然減）は大きくなっていく。さらに、日本では社会増加で自然減を相殺する部分がかなり小さいことも、諸外国と比べて人口減少の幅が大きい要因となっている。

　上述した国々以外では、2065年の総人口推計値の規模は2015年に比べて大きくなっており、とりわけオーストラリアでは79％も総人口規模が増加する推計となっている。

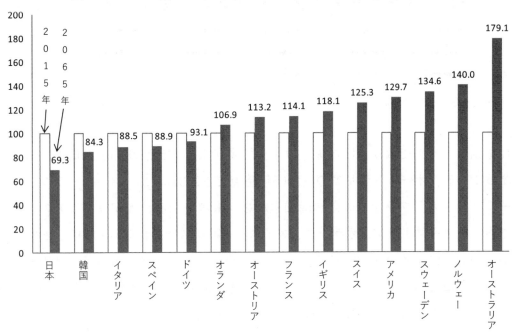

図Ⅰ-3-19　総人口の比較：2015年総人口（実績値）＝100

資料・注：図Ⅰ-3-15に同じ。

　日本やドイツなど出生率が1.5未満と低い国々では、2015年と比較して2065年の総人口規模が減少する見込みとなっていたが、その他の先進諸国も日本と同じく、次世代の人口規模を維持するために必要な出生率の水準（人口置換水準。先進諸国の現状の

死亡率水準ではおよそ2.1となる）を下回る状況が続いている（図Ⅰ-3-15参照）。よって、その速度に差はあれ、どの国も少子高齢化が進行して自然増加率は減少していく。

図Ⅰ-3-20は、総人口の比較でみたのと同じ国々について、自然増加率を折れ線グラフで描いている。

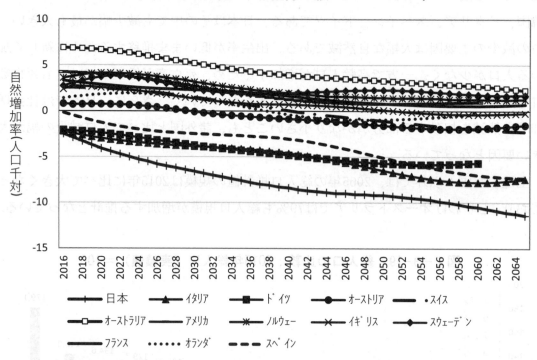

図Ⅰ-3-20　自然増加率の国際比較：2016～2065年

資料・注：図Ⅰ-3-15に同じ。

これを見ると、図で取り上げた国々はすべて現状よりも自然増加率が低下する見込みとなっている。オーストラリアのみ2065年時点でも2.3‰だが、スウェーデン、ノルウェー、アメリカ、フランスは自然増加率が2‰未満となる。当初はプラスの自然増加率であったオーストリア、オランダ、スイス、イギリスはそれぞれ2030年、2038年、2041年、2052年にマイナスに転じる。日本、ドイツ、イタリア、スペインは出発点からすでに自然増加がマイナスとなっているが、その趨勢は今後も続く。とりわけ、日本は将来のマイナスの自然増加率の値がもっとも大きい。

図Ⅰ-3-21は、自然増加だけでなく、社会増加の効果も含んだ人口増加率の推移を示している。日本、スペイン、イタリアは2016年からすでにマイナスである。ドイツは国際人口移動が自然減を相殺して、2020年まで人口増加率がプラスとなっている。他の国々は2065年までの推計期間では人口増加率がマイナスに転じることはないが、1‰未満となっていき、オーストリア、スイス、オランダでは0.1‰未満にまで低下す

ると見込まれている。figⅠ-3-20でみたように、オーストリア、オランダ、スイス、イギリスは自然増加率が2030～2050年代にマイナスに転じるが、社会増加により人口増加率はマイナスにならない。将来推計人口において、出生と死亡の2要因は将来の人口動向を決める際に大きな役割を持つが、国際人口移動もある程度の規模になれば総人口の減少開始を数十年遅らせる効果を持つ。また、移民の出生率が高い場合はその後の国全体の出生率の推移にも影響を与えるなど、国際人口移動は将来の人口動向に少なからぬ影響を与える。

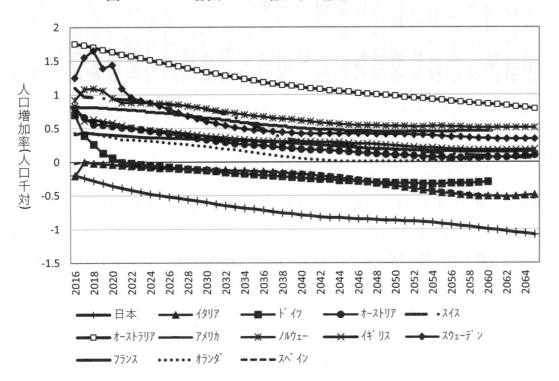

図Ⅰ-3-21　各国の人口増加率の推移：2010～2060年

資料・注：図Ⅰ-3-15に同じ。

　総人口の推移に続いて、人口の年齢構造の推計結果についても比較してみよう。日本は、人口減少だけでなく、人口構造の面でも諸外国と比較して少子高齢化が進む。図Ⅰ-3-22は2015年と2065年の各国の年齢3区分別人口割合を示したものである。左から2015年の65歳以上人口割合（高齢化率）の高い順に国を並べている。日本は、2015年時点でもっとも高齢化率が高いが、2065年の推計値も韓国の42.5％に次いで高い38.4％と見込まれており、人口高齢化が進むことが示されている。14歳未満人口の割合も、日本は2065年に10.2％であり、9.6％の韓国に次いで低い。一方、2015年に日本より出生率が高い国々（図Ⅰ-3-15でTFR1.5以上の国々）では、2065年でも高齢化率

― 49 ―

が30%未満である。イギリス、オランダ、ノルウェー、オーストラリア、アメリカでは、2065年の高齢化率が現在の日本より低い見通しとなっている。

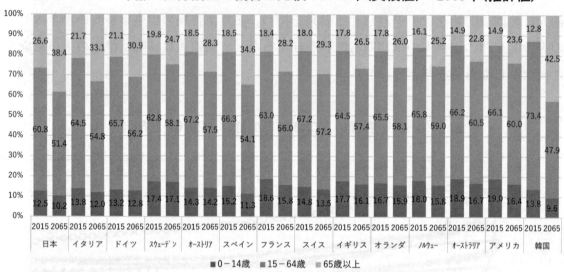

図Ⅰ-3-22　年齢3区分別人口割合の比較：2015年（実績値）・2065年（推計値）

資料・注：図Ⅰ-3-15に同じ。

さらに、現在出生率が1.5未満である日本、スペインと、本稿で取り上げている国々の中でもっとも出生率が高いフランス、オーストラリアの人口ピラミッドの変化もみてみよう（**図Ⅰ-3-23〜26**）。2015年は実績値で、2065年の人口ピラミッドはいずれも出生・死亡・移動の中位仮定を組み合わせたベース推計の結果から作図している。

日本とスペインは、超低出生率と低死亡率の組み合わせによって、2065年には上部がふくらみ、裾が狭まったつぼ型の人口ピラミッドになっていく。日本は裾の狭まりが著しく、2065年に年少人口割合が10.2%と約1割となる。生産年齢人口は人口の約半分（51.4%）を占め、老年人口割合が38.4%と約4割を占める。2065年時点のこの日本の人口構造は、世界で最も少子高齢化が進んだ形を示している。それに対して、現在、出生率の水準が1.89のオーストラリア、1.96のフランスでは、将来も1.8〜1.95の値を見込んでおり、人口の年齢構造は日本やスペインより変化が緩やかである。2065年時点でも、若い年齢層の人口割合が2割弱を占め、高齢化率も30%未満と低く、釣鐘のような形を示している。

各国の将来推計人口を比較してみると、日本の将来人口は、出生率と死亡率の低下、人口減少、年齢構造の少子高齢化のいずれにおいても最先端の状況を示していることがわかる。日本が今後、将来推計人口の描く道筋に沿って進むならば、先進国の中でも突出した人口減少・少子高齢化に直面することになる。

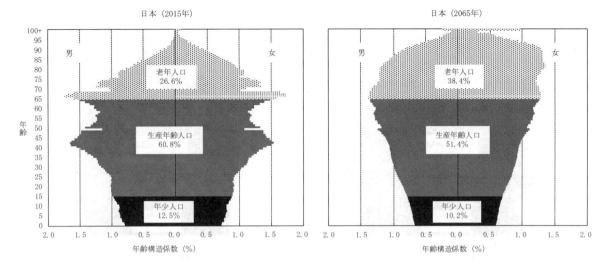

図Ⅰ-3-23 日本の人口ピラミッド：2015年・2065年

資料：2015年データは「平成27年国勢調査」（年齢不詳人口を按分済みのもの）。2065年データは国立社会保障・人口問題研究所（2017）（脚注23参照）。

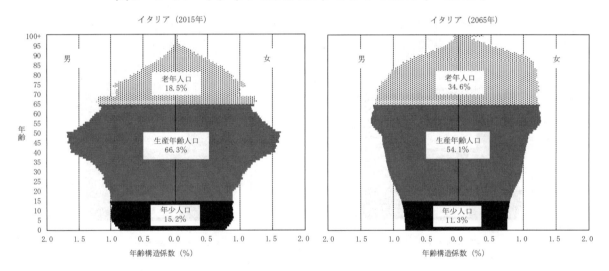

図Ⅰ-3-24 イタリアの人口ピラミッド：2015年・2065年

資料：2015年データはEurostatホームページ掲載のデータ（http://ec.europa.eu/eurostat/data/database）。2065年データはInstituto Nazionale di Statistica（2017）（脚注23参照）

図Ⅰ-3-25 オーストラリアの人口ピラミッド：2015年・2065年

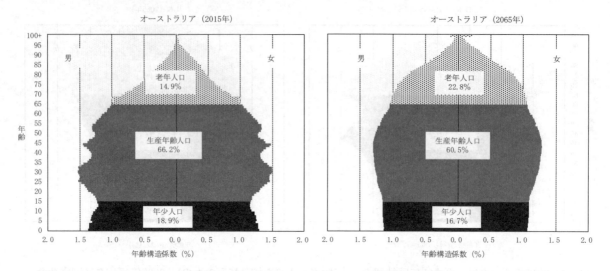

資料：2015・2065年ともAustralian Bureau of Statistics (2013)（脚注23参照）

図Ⅰ-3-26 フランスの人口ピラミッド：2015年・2065年

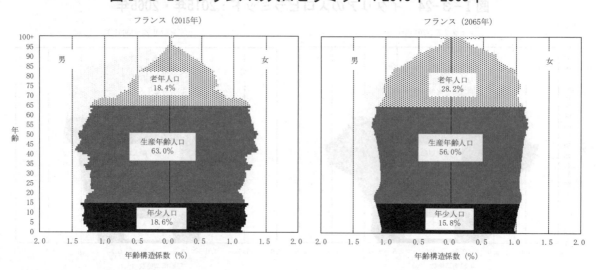

資料：2015・2065年ともInstitut National de la Statistique et des Études Économique(INSEE) (2016)（脚注23参照）

— 52 —

Ⅱ．条件付推計

1．条件付推計について

(1) 条件付推計とは

　「日本の将来推計人口」（平成29年推計）では、わが国の将来の出生、死亡、ならびに国際人口移動について仮定を設け、これらに基づいて将来の人口規模および年齢構成等の人口構造の推移について推計を行っている。特に、出生と死亡については3仮定、および国際人口移動について1仮定を設け、これらの組み合わせによって9つの推計（3×3×1）を行い、これを基本推計と呼んでいる。

　出生、死亡に対する複数の仮定は、それぞれの推移の不確実性の幅を表現しており、中位仮定を中心として、出生率・死亡率が高めに推移する事を仮定する高位仮定、低めの推移を仮定する低位仮定の3仮定によって構成されている。これらの組み合わせによって出生中位・死亡中位推計などとして推計された9つの推計結果は、それら仮定における不確実性の幅を反映しているとともに、推計結果の差異を調べることによって、それぞれの仮定値の持つ将来人口に対する影響力を測ることができる。

　更にこのような観点から、いくつかの基準となる条件下における推計（条件付推計）を新たに行い、上記の既存9推計を含めてそれぞれの結果を比較することによって、各仮定や条件が将来人口に対して持つ影響力をより明確に把握することができる。今回は、前回（平成24年推計）と同様に、出生、死亡のいずれかの将来推移を2015年実績値一定とした推計（仮定値一定推計）、国際人口移動をゼロとした推計（封鎖人口推計）、ならびに2065年以降について出生率が100年後2165年に人口置換水準に到達する推計（人口置換水準到達推計）を行うとともに、前回推計時と同様、出生・外国人移動仮定の変動に対する将来推計人口の感応度分析のため、出生率と外国人純移入数に複数の仮定を設けた推計を行った。これらの結果の詳細については、本章「2．推計結果表」に示したが、ここではその概要について解説する。

(2) 一定仮定や封鎖人口による将来推計人口

　最初に、出生中位・死亡中位仮定と、出生率や死亡率を一定に固定した場合や封鎖人口による将来人口推計結果を比較してみよう。ここでは、「出生一定・死亡中位」、「出生中位・死亡一定」、「出生一定・死亡一定」、および「出生中位・死亡中位で封鎖人口とした仮定」の4通りの仮定に基づく推計結果を「出生中位・死亡中位」と比較することとした。なお、「日本の将来推計人口」の推計期間は50年間であるが、ここでは前提の違いが長期的な人口趨勢に与える影響を見る観点から、参考推計期間を合わせた100年分の推計結果の比較を行っている。

図Ⅱ-1-1 総人口の将来見通し

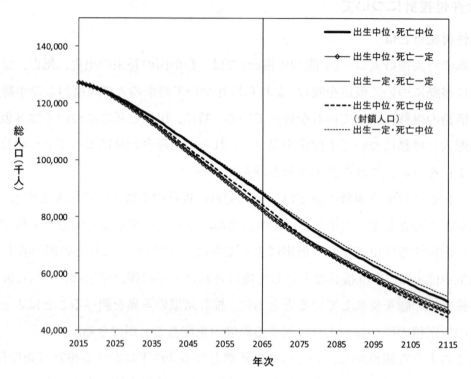

　図Ⅱ-1-1は、総人口の将来見通しを示したものである。まず2065年時点で比較を行うと、出生中位・死亡中位と出生一定・死亡中位はかなり近い軌道を描いている。これは、平成29年推計の出生率中位仮定が2015年の実績値1.45に近い値で推移していることによるものである。一方で、出生中位・死亡一定とは総人口により大きい乖離が観察されるが、これは死亡率については2015年の実績値に比べて将来の改善が織り込まれていることによるものであり、両者の差が死亡率改善の総人口に与える影響を示している。同様の理由で、出生一定・死亡一定は、出生中位・死亡中位とは乖離があるが、出生中位・死亡一定と近い軌道を通っている。また、国際人口移動をゼロとした封鎖人口も、出生中位・死亡一定に相対的に近い推計結果となっており、国際人口移動の推移が出生や死亡と比較しても、総人口に及ぼす影響が小さくないことがわかる。なお、2115年時点では、出生中位と出生一定の間にも次第に乖離が生じてきており、出生仮定のわずかな違いも長期的には総人口に影響を及ぼすことがわかる。
　一方、同じ仮定の下で老年人口割合の推計結果を見たものが図Ⅱ-1-2である。出生中位・死亡中位との軌道の乖離の大きさの傾向については総人口の時と概ね同様であり、2015年の実績値と将来仮定値の違いが、老年人口割合の将来推計値に反映されていることになるが、その方向や乖離の程度については総人口と異なる部分がある。特に、出生

中位・死亡一定仮定の老年人口割合は、2065年で34.5%、2115年で34.2%と、出生中位・死亡中位仮定の老年人口割合（2065年で38.4%、2115年で38.4%）よりも低い水準に留まっており、今後の死亡率改善が老年人口割合の増加に対して、比較的大きな影響を与えていることがわかる。

図Ⅱ-1-2　老年人口割合の将来見通し

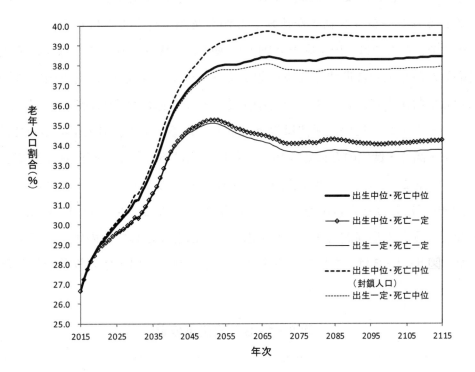

(3) 出生・外国人移動仮定の変動に対する将来推計人口の感応度

　(2)で見た各種の一定仮定推計は、基準時点の出生率や死亡率が一定であったとした場合の将来人口を推計したものであり、基準時点の出生率・死亡率の意味を実際の人口の姿に翻訳して示すことができるという特色を持っている。しかしながら、出生率や死亡率は、過去からの趨勢から見てその後一定と考えるのが自然であるとは必ずしも限らない。一方で、平成29年推計で設定された出生率や死亡率の仮定値は人口学的投影手法によって導かれたものであり、過去から基準時点に至る出生率や死亡率の趨勢が今後も続くとして得られたものである。従って、例えば、死亡中位仮定と死亡一定仮定で将来人口推計結果に乖離が生じたのは、過去から基準時点に向けて死亡率の改善傾向が続いていることを将来に投影した結果、今後も死亡率の改善傾向が続くという死亡中位の仮定値が導かれ、さらにこれに基づいて将来人口が推計されていることによるのである。このように、「現在の傾向が変わらなかったとすれば」という前提に基づく将来推計人

口には、一見、一定仮定による推計結果を利用するのがふさわしいように思えるが、実際には、基本推計において設定された人口投影学的手法に基づいた推計結果を利用するのが適しているといえる。

しかしながら、我々国民の今後の選択と判断によって、将来の実際の人口は「現在の傾向が変わらなかったとすれば」と仮定して得られたものとは異なったものとすることができる。そして、このような選択や判断にあたり、様々な選択肢に対応した将来人口の定量的シミュレーション結果を比較しながら議論を行うことは重要であると考えられる。そこで、ここでは、出生率と外国人の国際人口移動のレベルが様々に変化した場合に対応した将来人口に関する反実仮想シミュレーションを実行し、出生・外国人移動仮定に対して将来人口がどのように変動するかを示す感応度分析を行うこととした。

シミュレーションに用いた手法は以下の通りである。まず、出生率については、基本推計の中位・高位・低位の3仮定を用い、各年における3仮定の年齢別出生率を線形補間（補外）することによって年齢別出生率を作成することとした。出生率のレベルについては、2065年における人口動態ベースの出生率が2.20、2.00、1.80、1.60、1.40、1.20、1.00となるような線形補間（補外）比を求め、これを固定して他の年次にも適用することとした。図Ⅱ-1-3は、これらの仮定に基づく合計特殊出生率の推移を示したものである。

図Ⅱ-1-3　出生率仮定

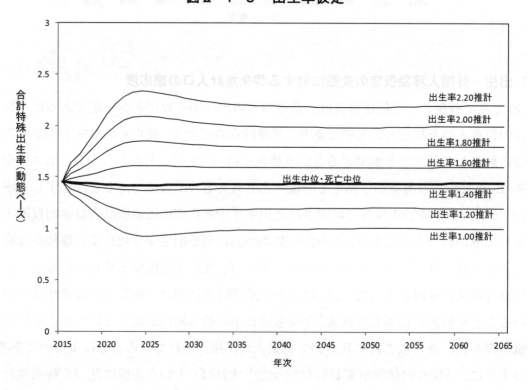

一方、外国人の移動仮定については、基本推計における2035年における年間の純移入数が約6.9万人であることから、この時点における純移入数について0万人、5万人、10万人、25万人、50万人、75万人、100万人となるような比率を求め、これを2035年まで固定した。なお、2035年以降は本推計で行っているのと同様、2035年の性、年齢別入国超過率（ただし日本人・外国人を合わせた総人口を分母とする）を求め、2036年以降はその率が一定となるものとして推計を行った。図Ⅱ-1-4は、これらの仮定に基づく外国人純移入数の推移を示したものである。

図Ⅱ-1-4　外国人の移動仮定

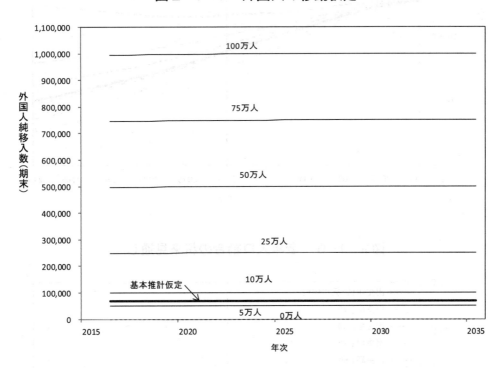

　次にこれらの仮定に基づいた将来人口のシミュレーション結果を見てみよう。まず、出生率のレベルに対応した感応度分析を総人口・老年人口割合について行ったものが図Ⅱ-1-5と図Ⅱ-1-6である。

　総人口について見ると、2065年では最も多い出生率2.20のケースで116,077千人と1億人を保っているほか、1.80のケースでも100,453千人と1億人を維持している。一方、最も少ない出生率1.00のケースでは、74,953千人と2015年の約6割にまで減少することとなる。2115年ではこれらの差がより拡大することとなり、26,486千人〜124,756千人のレンジにまで拡大する。特に、2.20のケースでは人口置換水準を上回ることから、2115年付近でも人口はほとんど減少しないことがわかる。

図Ⅱ-1-5 総人口の将来見通し

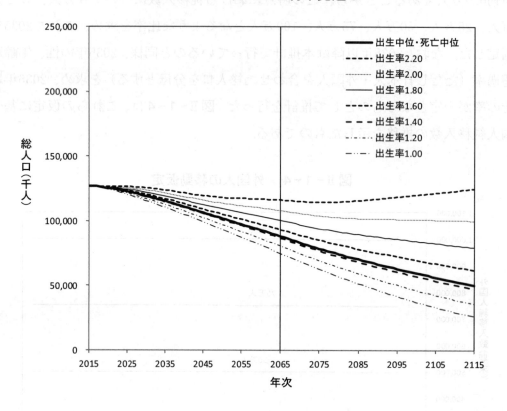

図Ⅱ-1-6 老年人口割合の将来見通し

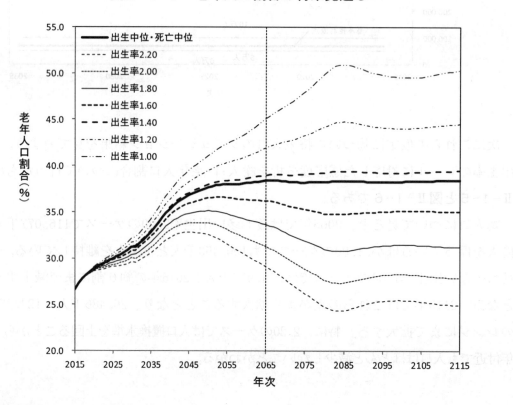

老年人口割合はどのケースにおいても2045年までは増加していくが、2.20のケースではそれ以降、また2.00のケースでは2048年以降は減少に転じている。また、中位仮定では2065年以降も老年人口割合は高止まっているものの、1.60のケースでは緩やかに減少すると見込まれている。一方、出生率が中位仮定よりも低い場合の老年人口割合の増加は顕著であり、1.00のケースでは2065年で45.1％、2115年には50.3％にまで増加することとなる。

　次に、外国人移動のレベルに対応した感応度分析を総人口・老年人口割合について行ったものが図Ⅱ-1-7と図Ⅱ-1-8である。

　これを見ると、外国人移動が75万人の場合、長期的に見て総人口はゆるやかに増加し続けることがわかる。2065年の総人口を見ると、50万人のケースで119,533千人と出生率2.20のケース116,077千人よりやや大きい規模、25万人のケースでは100,753千人と出生率1.80のケース100,453千人よりやや大きい規模となっている。しかしながら、同じケースどうしを2115年で比較してみると、50万人のケースが109,042千人に対して出生率2.20のケースが124,756千人、25万人のケースの71,540千人に対して出生率1.80のケースで79,362千人となっており、2115年には出生率を一定とした場合の方が総人口の規模が大きくなっていることがわかる。

図Ⅱ-1-7　総人口の将来見通し

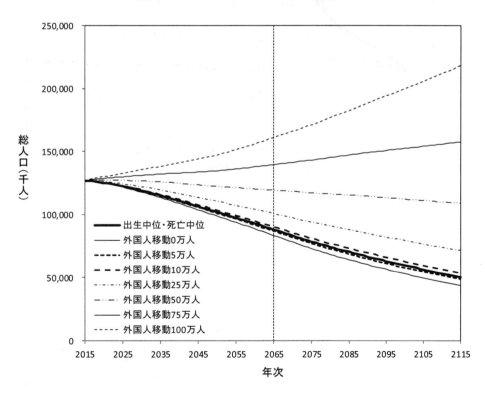

一方、老年人口割合について見ると、2065年では、50万人のケースで30.6%と、出生率2.20のケース29.1%よりも若干高いレベルとなっており、25万人のケースでも34.7%と、出生率1.80のケースの33.7%より若干高い値を示している。また、2115年では50万人のケースで31.4%、出生率2.20のケースでは25.0%、25万人のケースでは35.2%、出生率1.80のケースでは31.2%と、総人口の規模がより大きくても老年人口割合は相対的に低いことがわかる。これは流入する外国人人口の年齢構成が比較的若い層に偏っていることによるものである。このように、総人口や老年人口割合に出生率と外国人移動の仮定の変動が与える影響はそれぞれ異なり、また、将来の時点によってもその様相が大きく異なっていることがわかる。

図Ⅱ-1-8　老年人口割合の将来見通し

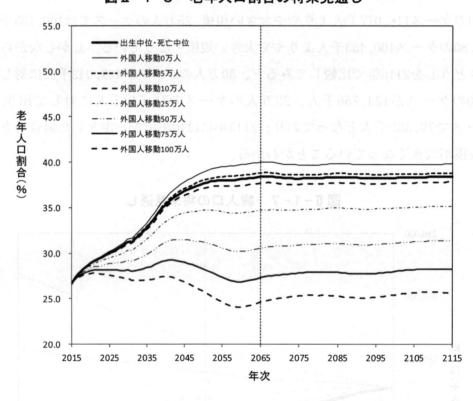

２．推 計 結 果 表

（A）仮定値一定推計、封鎖人口推計

平成 27（2015）年～平成 127（2115）年

総人口、年齢 3 区分（0～14 歳、15～64 歳、65 歳以上）別人口
および年齢構造係数

結果表 A-1～A-3：出生率が 2015 年実績値のまま一定で推移し、死亡率が中位仮定、高位仮定、ならび低位仮定の場合の 3 つの推計について、総人口、年齢 3 区分（0～14 歳、15～64 歳、65 歳以上）別人口および年齢構造係数の結果を示す。

結果表 A-4～A-6：死亡率が 2015 年実績値のまま一定で推移し、出生率が中位仮定、高位仮定、ならび低位仮定の場合の 3 つの推計について、総人口、年齢 3 区分（0～14 歳、15～64 歳、65 歳以上）別人口および年齢構造係数の結果を示す。

結果表 A-7：出生率、死亡率がともに 2015 年実績値のまま一定で推移した場合の推計について、総人口、年齢 3 区分（0～14 歳、15～64 歳、65 歳以上）別人口および年齢構造係数の結果を示す。

結果表 A-8～A-10：国際人口移動がなく（封鎖人口）、死亡率が中位仮定で推移し、出生率が中位仮定、高位仮定、ならび低位仮定の 3 つの推計について、総人口、年齢 3 区分（0～14 歳、15～64 歳、65 歳以上）別人口および年齢構造係数の結果を示す。

表A-1 総数, 年齢3区分(0～14歳, 15～64歳, 65歳以上)別総人口及び年齢構造係数：出生一定(死亡中位)推計

年　次	人　口　(1,000人)				割　合　(%)		
	総　数	0～14歳	15～64歳	65歳以上	0～14歳	15～64歳	65歳以上
平成 27 (2015)	127,095	15,945	77,282	33,868	12.5	60.8	26.6
28 (2016)	126,840	15,773	76,482	34,585	12.4	60.3	27.3
29 (2017)	126,539	15,594	75,782	35,163	12.3	59.9	27.8
30 (2018)	126,192	15,428	75,158	35,606	12.2	59.6	28.2
31 (2019)	125,799	15,261	74,622	35,916	12.1	59.3	28.5
32 (2020)	125,366	15,116	74,058	36,192	12.1	59.1	28.9
33 (2021)	124,893	14,957	73,550	36,386	12.0	58.9	29.1
34 (2022)	124,386	14,777	73,130	36,479	11.9	58.8	29.3
35 (2023)	123,845	14,578	72,683	36,584	11.8	58.7	29.5
36 (2024)	123,275	14,390	72,181	36,704	11.7	58.6	29.8
37 (2025)	122,676	14,205	71,701	36,771	11.6	58.4	30.0
38 (2026)	122,053	14,016	71,231	36,805	11.5	58.4	30.2
39 (2027)	121,405	13,849	70,716	36,840	11.4	58.2	30.3
40 (2028)	120,736	13,683	70,147	36,905	11.3	58.1	30.6
41 (2029)	120,045	13,548	69,507	36,990	11.3	57.9	30.8
42 (2030)	119,334	13,421	68,754	37,160	11.2	57.6	31.1
43 (2031)	118,603	13,248	68,355	37,000	11.2	57.6	31.2
44 (2032)	117,853	13,092	67,564	37,197	11.1	57.3	31.6
45 (2033)	117,084	12,949	66,753	37,383	11.1	57.0	31.9
46 (2034)	116,298	12,818	65,888	37,592	11.0	56.7	32.3
47 (2035)	115,495	12,696	64,983	37,817	11.0	56.3	32.7
48 (2036)	114,676	12,581	64,011	38,084	11.0	55.8	33.2
49 (2037)	113,842	12,471	62,980	38,391	11.0	55.3	33.7
50 (2038)	112,995	12,363	61,908	38,724	10.9	54.8	34.3
51 (2039)	112,136	12,257	60,862	39,016	10.9	54.3	34.8
52 (2040)	111,266	12,151	59,910	39,206	10.9	53.8	35.2
53 (2041)	110,389	12,043	59,028	39,318	10.9	53.5	35.6
54 (2042)	109,505	11,933	58,220	39,352	10.9	53.2	35.9
55 (2043)	108,617	11,821	57,451	39,346	10.9	52.9	36.2
56 (2044)	107,728	11,706	56,737	39,285	10.9	52.7	36.5
57 (2045)	106,839	11,589	56,057	39,192	10.8	52.5	36.7
58 (2046)	105,951	11,470	55,435	39,046	10.8	52.3	36.9
59 (2047)	105,065	11,350	54,822	38,894	10.8	52.2	37.0
60 (2048)	104,183	11,228	54,205	38,749	10.8	52.0	37.2
61 (2049)	103,303	11,106	53,603	38,594	10.8	51.9	37.4
62 (2050)	102,426	10,983	53,037	38,406	10.7	51.8	37.5
63 (2051)	101,551	10,859	52,515	38,177	10.7	51.7	37.6
64 (2052)	100,676	10,736	52,006	37,934	10.7	51.7	37.7
65 (2053)	99,801	10,613	51,523	37,665	10.6	51.6	37.7
66 (2054)	98,924	10,490	51,070	37,365	10.6	51.6	37.8
67 (2055)	98,044	10,369	50,633	37,042	10.6	51.6	37.8
68 (2056)	97,158	10,249	50,206	36,703	10.5	51.7	37.8
69 (2057)	96,266	10,130	49,764	36,372	10.5	51.7	37.8
70 (2058)	95,367	10,014	49,325	36,029	10.5	51.7	37.8
71 (2059)	94,460	9,899	48,850	35,711	10.5	51.7	37.8
72 (2060)	93,546	9,787	48,355	35,403	10.5	51.7	37.8
73 (2061)	92,623	9,678	47,864	35,081	10.4	51.7	37.9
74 (2062)	91,694	9,571	47,357	34,766	10.4	51.6	37.9
75 (2063)	90,760	9,467	46,837	34,456	10.4	51.6	38.0
76 (2064)	89,822	9,367	46,323	34,132	10.4	51.6	38.0
77 (2065)	88,881	9,269	45,802	33,810	10.4	51.5	38.0

各年10月1日現在の総人口(日本における外国人を含む). 平成27(2015)年は, 総務省統計局『平成27年国勢調査　年齢・国籍不詳をあん分した人口(参考表)』による.

参考表A-1 総数, 年齢3区分(0～14歳, 15～64歳, 65歳以上)別総人口及び年齢構造係数: 出生一定(死亡中位)推計

年　次	人　口 (1,000人)				割　合 (%)		
	総　数	0～14歳	15～64歳	65歳以上	0～14歳	15～64歳	65歳以上
平成 73 (2066)	87,934	9,174	45,298	33,462	10.4	51.5	38.1
79 (2067)	86,982	9,082	44,800	33,099	10.4	51.5	38.1
80 (2068)	86,027	8,993	44,326	32,709	10.5	51.5	38.0
81 (2069)	85,074	8,905	43,861	32,308	10.5	51.6	38.0
82 (2070)	84,126	8,819	43,424	31,884	10.5	51.6	37.9
83 (2071)	83,187	8,734	42,981	31,472	10.5	51.7	37.8
84 (2072)	82,258	8,650	42,524	31,084	10.5	51.7	37.8
85 (2073)	81,342	8,566	42,052	30,723	10.5	51.7	37.8
86 (2074)	80,442	8,483	41,594	30,365	10.5	51.7	37.7
87 (2075)	79,558	8,400	41,140	30,018	10.6	51.7	37.7
88 (2076)	78,691	8,316	40,684	29,690	10.6	51.7	37.7
89 (2077)	77,841	8,232	40,250	29,359	10.6	51.7	37.7
90 (2078)	77,008	8,147	39,816	29,045	10.6	51.7	37.7
91 (2079)	76,191	8,062	39,412	28,717	10.6	51.7	37.7
92 (2080)	75,389	7,976	39,017	28,397	10.6	51.8	37.7
93 (2081)	74,602	7,891	38,577	28,134	10.6	51.7	37.7
94 (2082)	73,828	7,805	38,155	27,868	10.6	51.7	37.7
95 (2083)	73,066	7,719	37,749	27,598	10.6	51.7	37.8
96 (2084)	72,314	7,633	37,356	27,325	10.6	51.7	37.8
97 (2085)	71,572	7,547	36,974	27,050	10.5	51.7	37.8
98 (2086)	70,838	7,463	36,601	26,774	10.5	51.7	37.8
99 (2087)	70,111	7,379	36,235	26,497	10.5	51.7	37.8
100 (2088)	69,392	7,296	35,875	26,221	10.5	51.7	37.8
101 (2089)	68,678	7,214	35,518	25,947	10.5	51.7	37.8
102 (2090)	67,971	7,133	35,163	25,674	10.5	51.7	37.8
103 (2091)	67,268	7,054	34,810	25,404	10.5	51.7	37.8
104 (2092)	66,570	6,976	34,457	25,138	10.5	51.8	37.8
105 (2093)	65,878	6,900	34,104	24,875	10.5	51.8	37.8
106 (2094)	65,190	6,825	33,750	24,615	10.5	51.8	37.8
107 (2095)	64,508	6,752	33,397	24,359	10.5	51.8	37.8
108 (2096)	63,832	6,680	33,045	24,106	10.5	51.8	37.8
109 (2097)	63,161	6,610	32,694	23,856	10.5	51.8	37.8
110 (2098)	62,496	6,542	32,344	23,610	10.5	51.8	37.8
111 (2099)	61,838	6,475	31,997	23,366	10.5	51.7	37.8
112 (2100)	61,186	6,409	31,652	23,124	10.5	51.7	37.8
113 (2101)	60,540	6,344	31,311	22,886	10.5	51.7	37.8
114 (2102)	59,902	6,280	30,972	22,650	10.5	51.7	37.8
115 (2103)	59,270	6,217	30,637	22,417	10.5	51.7	37.8
116 (2104)	58,645	6,155	30,305	22,186	10.5	51.7	37.8
117 (2105)	58,027	6,093	29,977	21,957	10.5	51.7	37.8
118 (2106)	57,416	6,031	29,653	21,731	10.5	51.6	37.8
119 (2107)	56,811	5,970	29,334	21,507	10.5	51.6	37.9
120 (2108)	56,212	5,909	29,018	21,285	10.5	51.6	37.9
121 (2109)	55,620	5,848	28,706	21,066	10.5	51.6	37.9
122 (2110)	55,034	5,787	28,398	20,849	10.5	51.6	37.9
123 (2111)	54,455	5,726	28,095	20,634	10.5	51.6	37.9
124 (2112)	53,882	5,666	27,795	20,421	10.5	51.6	37.9
125 (2113)	53,315	5,605	27,501	20,209	10.5	51.6	37.9
126 (2114)	52,754	5,545	27,210	19,999	10.5	51.6	37.9
127 (2115)	52,200	5,485	26,924	19,791	10.5	51.6	37.9

各年10月1日現在の総人口(日本における外国人を含む).

表A-2 総数, 年齢3区分(0〜14歳, 15〜64歳, 65歳以上)別総人口及び年齢構造係数：出生一定(死亡高位)推計

年　　次	人　口　(1,000人)				割　合　(%)		
	総　　数	0〜14歳	15〜64歳	65歳以上	0〜14歳	15〜64歳	65歳以上
平成 27 (2015)	127,095	15,945	77,282	33,868	12.5	60.8	26.6
28 (2016)	126,761	15,773	76,474	34,514	12.4	60.3	27.2
29 (2017)	126,356	15,593	75,764	34,999	12.3	60.0	27.7
30 (2018)	125,910	15,426	75,130	35,353	12.3	59.7	28.1
31 (2019)	125,425	15,259	74,587	35,579	12.2	59.5	28.4
32 (2020)	124,905	15,113	74,015	35,776	12.1	59.3	28.6
33 (2021)	124,351	14,954	73,501	35,896	12.0	59.1	28.9
34 (2022)	123,766	14,774	73,074	35,919	11.9	59.0	29.0
35 (2023)	123,154	14,574	72,621	35,959	11.8	59.0	29.2
36 (2024)	122,517	14,386	72,113	36,017	11.7	58.9	29.4
37 (2025)	121,856	14,200	71,628	36,028	11.7	58.8	29.6
38 (2026)	121,173	14,011	71,154	36,009	11.6	58.7	29.7
39 (2027)	120,471	13,844	70,634	35,994	11.5	58.6	29.9
40 (2028)	119,750	13,677	70,061	36,012	11.4	58.5	30.1
41 (2029)	119,012	13,541	69,418	36,052	11.4	58.3	30.3
42 (2030)	118,255	13,414	68,661	36,180	11.3	58.1	30.6
43 (2031)	117,482	13,241	68,258	35,983	11.3	58.1	30.6
44 (2032)	116,693	13,085	67,465	36,143	11.2	57.8	31.0
45 (2033)	115,888	12,942	66,652	36,294	11.2	57.5	31.3
46 (2034)	115,067	12,811	65,785	36,471	11.1	57.2	31.7
47 (2035)	114,233	12,689	64,879	36,665	11.1	56.8	32.1
48 (2036)	113,384	12,574	63,907	36,904	11.1	56.4	32.5
49 (2037)	112,523	12,463	62,876	37,184	11.1	55.9	33.0
50 (2038)	111,651	12,356	61,804	37,491	11.1	55.4	33.6
51 (2039)	110,770	12,250	60,760	37,760	11.1	54.9	34.1
52 (2040)	109,881	12,143	59,808	37,929	11.1	54.4	34.5
53 (2041)	108,985	12,035	58,927	38,023	11.0	54.1	34.9
54 (2042)	108,087	11,925	58,119	38,042	11.0	53.8	35.2
55 (2043)	107,186	11,813	57,350	38,023	11.0	53.5	35.5
56 (2044)	106,286	11,698	56,636	37,951	11.0	53.3	35.7
57 (2045)	105,387	11,581	55,957	37,849	11.0	53.1	35.9
58 (2046)	104,491	11,462	55,334	37,695	11.0	53.0	36.1
59 (2047)	103,598	11,342	54,722	37,535	10.9	52.8	36.2
60 (2048)	102,709	11,220	54,105	37,384	10.9	52.7	36.4
61 (2049)	101,822	11,098	53,503	37,222	10.9	52.5	36.6
62 (2050)	100,938	10,974	52,937	37,026	10.9	52.4	36.7
63 (2051)	100,054	10,851	52,414	36,789	10.8	52.4	36.8
64 (2052)	99,170	10,727	51,906	36,537	10.8	52.3	36.8
65 (2053)	98,285	10,604	51,422	36,259	10.8	52.3	36.9
66 (2054)	97,395	10,481	50,968	35,946	10.8	52.3	36.9
67 (2055)	96,501	10,359	50,531	35,611	10.7	52.4	36.9
68 (2056)	95,601	10,239	50,103	35,258	10.7	52.4	36.9
69 (2057)	94,694	10,121	49,661	34,913	10.7	52.4	36.9
70 (2058)	93,779	10,004	49,221	34,554	10.7	52.5	36.8
71 (2059)	92,856	9,889	48,746	34,221	10.7	52.5	36.9
72 (2060)	91,926	9,777	48,251	33,898	10.6	52.5	36.9
73 (2061)	90,989	9,668	47,759	33,562	10.6	52.5	36.9
74 (2062)	90,047	9,561	47,252	33,234	10.6	52.5	36.9
75 (2063)	89,101	9,457	46,732	32,912	10.6	52.4	36.9
76 (2064)	88,153	9,356	46,218	32,579	10.6	52.4	37.0
77 (2065)	87,206	9,259	45,697	32,250	10.6	52.4	37.0

各年10月1日現在の総人口(日本における外国人を含む). 平成27(2015)年は, 総務省統計局『平成27年国勢調査　年齢・国籍不詳をあん分した人口(参考表)』による.

**参考表A-2 総数, 年齢3区分(0～14歳, 15～64歳, 65歳以上)別総人口及び年齢構造係数:
出生一定(死亡高位)推計**

年　次	人　口　(1,000人)				割　合　(%)		
	総　数	0～14歳	15～64歳	65歳以上	0～14歳	15～64歳	65歳以上
平成 73 (2066)	86,256	9,164	45,193	31,899	10.6	52.4	37.0
79 (2067)	85,305	9,072	44,695	31,537	10.6	52.4	37.0
80 (2068)	84,355	8,982	44,221	31,153	10.6	52.4	36.9
81 (2069)	83,412	8,894	43,756	30,761	10.7	52.5	36.9
82 (2070)	82,476	8,808	43,319	30,349	10.7	52.5	36.8
83 (2071)	81,552	8,723	42,876	29,953	10.7	52.6	36.7
84 (2072)	80,641	8,639	42,418	29,584	10.7	52.6	36.7
85 (2073)	79,746	8,556	41,947	29,243	10.7	52.6	36.7
86 (2074)	78,867	8,472	41,489	28,905	10.7	52.6	36.7
87 (2075)	78,004	8,389	41,035	28,580	10.8	52.6	36.6
88 (2076)	77,159	8,305	40,580	28,274	10.8	52.6	36.6
89 (2077)	76,331	8,221	40,145	27,965	10.8	52.6	36.6
90 (2078)	75,519	8,136	39,711	27,671	10.8	52.6	36.6
91 (2079)	74,722	8,051	39,308	27,363	10.8	52.6	36.6
92 (2080)	73,939	7,965	38,912	27,062	10.8	52.6	36.6
93 (2081)	73,170	7,880	38,474	26,817	10.8	52.6	36.7
94 (2082)	72,412	7,794	38,052	26,567	10.8	52.5	36.7
95 (2083)	71,665	7,708	37,646	26,311	10.8	52.5	36.7
96 (2084)	70,927	7,622	37,253	26,052	10.7	52.5	36.7
97 (2085)	70,198	7,536	36,872	25,790	10.7	52.5	36.7
98 (2086)	69,477	7,451	36,500	25,525	10.7	52.5	36.7
99 (2087)	68,762	7,367	36,134	25,260	10.7	52.6	36.7
100 (2088)	68,053	7,284	35,774	24,994	10.7	52.6	36.7
101 (2089)	67,349	7,202	35,417	24,730	10.7	52.6	36.7
102 (2090)	66,652	7,122	35,063	24,467	10.7	52.6	36.7
103 (2091)	65,959	7,042	34,710	24,206	10.7	52.6	36.7
104 (2092)	65,271	6,964	34,357	23,949	10.7	52.6	36.7
105 (2093)	64,588	6,888	34,004	23,695	10.7	52.6	36.7
106 (2094)	63,910	6,813	33,652	23,445	10.7	52.7	36.7
107 (2095)	63,238	6,740	33,299	23,199	10.7	52.7	36.7
108 (2096)	62,572	6,669	32,947	22,956	10.7	52.7	36.7
109 (2097)	61,912	6,599	32,596	22,717	10.7	52.6	36.7
110 (2098)	61,258	6,530	32,247	22,481	10.7	52.6	36.7
111 (2099)	60,611	6,463	31,900	22,248	10.7	52.6	36.7
112 (2100)	59,970	6,397	31,556	22,017	10.7	52.6	36.7
113 (2101)	59,337	6,332	31,215	21,790	10.7	52.6	36.7
114 (2102)	58,710	6,269	30,876	21,565	10.7	52.6	36.7
115 (2103)	58,089	6,205	30,541	21,343	10.7	52.6	36.7
116 (2104)	57,476	6,143	30,210	21,123	10.7	52.6	36.8
117 (2105)	56,869	6,081	29,883	20,905	10.7	52.5	36.8
118 (2106)	56,269	6,020	29,559	20,690	10.7	52.5	36.8
119 (2107)	55,675	5,958	29,240	20,477	10.7	52.5	36.8
120 (2108)	55,088	5,897	28,924	20,266	10.7	52.5	36.8
121 (2109)	54,507	5,836	28,613	20,057	10.7	52.5	36.8
122 (2110)	53,932	5,776	28,306	19,851	10.7	52.5	36.8
123 (2111)	53,363	5,715	28,003	19,646	10.7	52.5	36.8
124 (2112)	52,801	5,654	27,704	19,443	10.7	52.5	36.8
125 (2113)	52,245	5,594	27,409	19,242	10.7	52.5	36.8
126 (2114)	51,695	5,533	27,120	19,043	10.7	52.5	36.8
127 (2115)	51,151	5,473	26,834	18,844	10.7	52.5	36.8

各年10月1日現在の総人口(日本における外国人を含む).

表A-3 総数, 年齢3区分(0～14歳, 15～64歳, 65歳以上)別総人口及び年齢構造係数：出生一定(死亡低位)推計

年　次	人　口　(1,000人)				割　合　(%)		
	総　数	0～14歳	15～64歳	65歳以上	0～14歳	15～64歳	65歳以上
平成 27 (2015)	127,095	15,945	77,282	33,868	12.5	60.8	26.6
28 (2016)	126,914	15,773	76,489	34,652	12.4	60.3	27.3
29 (2017)	126,711	15,595	75,799	35,317	12.3	59.8	27.9
30 (2018)	126,456	15,429	75,183	35,844	12.2	59.5	28.3
31 (2019)	126,152	15,263	74,655	36,234	12.1	59.2	28.7
32 (2020)	125,802	15,118	74,097	36,586	12.0	58.9	29.1
33 (2021)	125,408	14,959	73,596	36,853	11.9	58.7	29.4
34 (2022)	124,975	14,780	73,182	37,013	11.8	58.6	29.6
35 (2023)	124,505	14,582	72,740	37,183	11.7	58.4	29.9
36 (2024)	124,001	14,394	72,243	37,364	11.6	58.3	30.1
37 (2025)	123,465	14,209	71,768	37,488	11.5	58.1	30.4
38 (2026)	122,899	14,021	71,303	37,576	11.4	58.0	30.6
39 (2027)	122,307	13,854	70,791	37,662	11.3	57.9	30.8
40 (2028)	121,689	13,688	70,227	37,774	11.2	57.7	31.0
41 (2029)	121,047	13,554	69,590	37,903	11.2	57.5	31.3
42 (2030)	120,381	13,427	68,839	38,116	11.2	57.2	31.7
43 (2031)	119,693	13,254	68,444	37,995	11.1	57.2	31.7
44 (2032)	118,984	13,098	67,655	38,230	11.0	56.9	32.1
45 (2033)	118,253	12,955	66,846	38,451	11.0	56.5	32.5
46 (2034)	117,501	12,824	65,982	38,695	10.9	56.2	32.9
47 (2035)	116,731	12,702	65,078	38,951	10.9	55.8	33.4
48 (2036)	115,943	12,587	64,107	39,249	10.9	55.3	33.9
49 (2037)	115,137	12,477	63,076	39,584	10.8	54.8	34.4
50 (2038)	114,315	12,370	62,003	39,943	10.8	54.2	34.9
51 (2039)	113,480	12,264	60,956	40,260	10.8	53.7	35.5
52 (2040)	112,632	12,157	60,003	40,472	10.8	53.3	35.9
53 (2041)	111,773	12,049	59,121	40,603	10.8	52.9	36.3
54 (2042)	110,906	11,940	58,312	40,654	10.8	52.6	36.7
55 (2043)	110,033	11,827	57,542	40,663	10.7	52.3	37.0
56 (2044)	109,156	11,713	56,828	40,615	10.7	52.1	37.2
57 (2045)	108,277	11,596	56,149	40,532	10.7	51.9	37.4
58 (2046)	107,398	11,477	55,526	40,395	10.7	51.7	37.6
59 (2047)	106,520	11,357	54,913	40,250	10.7	51.6	37.8
60 (2048)	105,644	11,235	54,297	40,112	10.6	51.4	38.0
61 (2049)	104,771	11,113	53,694	39,964	10.6	51.2	38.1
62 (2050)	103,901	10,990	53,128	39,782	10.6	51.1	38.3
63 (2051)	103,033	10,867	52,606	39,560	10.5	51.1	38.4
64 (2052)	102,166	10,743	52,098	39,325	10.5	51.0	38.5
65 (2053)	101,301	10,620	51,615	39,066	10.5	51.0	38.6
66 (2054)	100,435	10,498	51,161	38,775	10.5	50.9	38.6
67 (2055)	99,567	10,377	50,725	38,465	10.4	50.9	38.6
68 (2056)	98,695	10,257	50,299	38,138	10.4	51.0	38.6
69 (2057)	97,817	10,139	49,857	37,821	10.4	51.0	38.7
70 (2058)	96,934	10,022	49,419	37,492	10.3	51.0	38.7
71 (2059)	96,042	9,908	48,944	37,190	10.3	51.0	38.7
72 (2060)	95,143	9,796	48,450	36,898	10.3	50.9	38.8
73 (2061)	94,236	9,687	47,959	36,591	10.3	50.9	38.8
74 (2062)	93,322	9,580	47,452	36,290	10.3	50.8	38.9
75 (2063)	92,400	9,476	46,931	35,993	10.3	50.8	39.0
76 (2064)	91,473	9,376	46,418	35,680	10.2	50.7	39.0
77 (2065)	90,542	9,278	45,896	35,368	10.2	50.7	39.1

各年10月1日現在の総人口(日本における外国人を含む). 平成27(2015)年は, 総務省統計局『平成27年国勢調査　年齢・国籍不詳をあん分した人口(参考表)』による.

参考表A-3 総数, 年齢3区分(0〜14歳, 15〜64歳, 65歳以上)別総人口及び年齢構造係数：
**　　　　　　出生一定(死亡低位)推計**

年　　次	人　口 (1,000人)				割　合 (%)		
	総　　数	0〜14歳	15〜64歳	65歳以上	0〜14歳	15〜64歳	65歳以上
平成 73 (2066)	89,600	9,184	45,392	35,025	10.2	50.7	39.1
79 (2067)	88,649	9,092	44,894	34,664	10.3	50.6	39.1
80 (2068)	87,692	9,002	44,419	34,271	10.3	50.7	39.1
81 (2069)	86,732	8,914	43,954	33,863	10.3	50.7	39.0
82 (2070)	85,773	8,828	43,517	33,428	10.3	50.7	39.0
83 (2071)	84,820	8,743	43,075	33,002	10.3	50.8	38.9
84 (2072)	83,874	8,659	42,617	32,598	10.3	50.8	38.9
85 (2073)	82,940	8,576	42,146	32,218	10.3	50.8	38.8
86 (2074)	82,018	8,492	41,688	31,839	10.4	50.8	38.8
87 (2075)	81,112	8,409	41,234	31,470	10.4	50.8	38.8
88 (2076)	80,223	8,325	40,777	31,120	10.4	50.8	38.8
89 (2077)	79,351	8,241	40,343	30,767	10.4	50.8	38.8
90 (2078)	78,496	8,156	39,909	30,431	10.4	50.8	38.8
91 (2079)	77,658	8,071	39,505	30,081	10.4	50.9	38.7
92 (2080)	76,836	7,986	39,109	29,741	10.4	50.9	38.7
93 (2081)	76,030	7,900	38,669	29,460	10.4	50.9	38.7
94 (2082)	75,238	7,814	38,247	29,177	10.4	50.8	38.8
95 (2083)	74,459	7,728	37,840	28,891	10.4	50.8	38.8
96 (2084)	73,692	7,642	37,446	28,603	10.4	50.8	38.8
97 (2085)	72,935	7,557	37,064	28,314	10.4	50.8	38.8
98 (2086)	72,188	7,472	36,691	28,025	10.4	50.8	38.8
99 (2087)	71,450	7,388	36,325	27,736	10.3	50.8	38.8
100 (2088)	70,719	7,305	35,964	27,449	10.3	50.9	38.8
101 (2089)	69,995	7,224	35,607	27,164	10.3	50.9	38.8
102 (2090)	69,277	7,143	35,252	26,882	10.3	50.9	38.8
103 (2091)	68,564	7,064	34,898	26,603	10.3	50.9	38.8
104 (2092)	67,857	6,986	34,545	26,327	10.3	50.9	38.8
105 (2093)	67,155	6,910	34,191	26,054	10.3	50.9	38.8
106 (2094)	66,458	6,835	33,838	25,785	10.3	50.9	38.8
107 (2095)	65,766	6,762	33,484	25,519	10.3	50.9	38.8
108 (2096)	65,079	6,690	33,132	25,257	10.3	50.9	38.8
109 (2097)	64,397	6,620	32,780	24,997	10.3	50.9	38.8
110 (2098)	63,722	6,552	32,430	24,740	10.3	50.9	38.8
111 (2099)	63,053	6,485	32,083	24,485	10.3	50.9	38.8
112 (2100)	62,390	6,419	31,738	24,233	10.3	50.9	38.8
113 (2101)	61,733	6,354	31,395	23,984	10.3	50.9	38.9
114 (2102)	61,083	6,290	31,056	23,737	10.3	50.8	38.9
115 (2103)	60,440	6,227	30,721	23,492	10.3	50.8	38.9
116 (2104)	59,804	6,164	30,389	23,251	10.3	50.8	38.9
117 (2105)	59,174	6,103	30,061	23,011	10.3	50.8	38.9
118 (2106)	58,551	6,041	29,736	22,774	10.3	50.8	38.9
119 (2107)	57,935	5,980	29,416	22,539	10.3	50.8	38.9
120 (2108)	57,325	5,919	29,100	22,307	10.3	50.8	38.9
121 (2109)	56,722	5,858	28,788	22,077	10.3	50.8	38.9
122 (2110)	56,126	5,797	28,480	21,849	10.3	50.7	38.9
123 (2111)	55,535	5,736	28,176	21,623	10.3	50.7	38.9
124 (2112)	54,951	5,675	27,876	21,400	10.3	50.7	38.9
125 (2113)	54,374	5,615	27,581	21,178	10.3	50.7	38.9
126 (2114)	53,802	5,554	27,290	20,958	10.3	50.7	39.0
127 (2115)	53,237	5,494	27,004	20,739	10.3	50.7	39.0

各年10月1日現在の総人口（日本における外国人を含む).

— 68 —

表A-4 総数，年齢３区分（0～14歳，15～64歳，65歳以上）別総人口及び年齢構造係数：出生中位（死亡一定）推計

年　　次	人　口　（1,000人）				割　合　（％）		
	総　　数	0～14歳	15～64歳	65歳以上	0～14歳	15～64歳	65歳以上
平成 27 （2015）	127,095	15,945	77,282	33,868	12.5	60.8	26.6
28 （2016）	126,818	15,770	76,484	34,564	12.4	60.3	27.3
29 （2017）	126,474	15,586	75,785	35,102	12.3	59.9	27.8
30 （2018）	126,066	15,412	75,161	35,493	12.2	59.6	28.2
31 （2019）	125,595	15,233	74,625	35,738	12.1	59.4	28.5
32 （2020）	125,068	15,072	74,058	35,937	12.1	59.2	28.7
33 （2021）	124,487	14,896	73,546	36,045	12.0	59.1	29.0
34 （2022）	123,859	14,698	73,121	36,041	11.9	59.0	29.1
35 （2023）	123,188	14,479	72,668	36,041	11.8	59.0	29.3
36 （2024）	122,478	14,271	72,159	36,048	11.7	58.9	29.4
37 （2025）	121,734	14,066	71,671	35,996	11.6	58.9	29.6
38 （2026）	120,958	13,859	71,194	35,904	11.5	58.9	29.7
39 （2027）	120,153	13,676	70,669	35,808	11.4	58.8	29.8
40 （2028）	119,322	13,494	70,092	35,737	11.3	58.7	29.9
41 （2029）	118,466	13,343	69,442	35,681	11.3	58.6	30.1
42 （2030）	117,587	13,201	68,679	35,707	11.2	58.4	30.4
43 （2031）	116,686	13,016	68,266	35,403	11.2	58.5	30.3
44 （2032）	115,762	12,850	67,460	35,452	11.1	58.3	30.6
45 （2033）	114,819	12,700	66,631	35,488	11.1	58.0	30.9
46 （2034）	113,857	12,566	65,744	35,547	11.0	57.7	31.2
47 （2035）	112,880	12,443	64,815	35,622	11.0	57.4	31.6
48 （2036）	111,889	12,330	63,818	35,741	11.0	57.0	31.9
49 （2037）	110,886	12,223	62,761	35,901	11.0	56.6	32.4
50 （2038）	109,872	12,121	61,662	36,088	11.0	56.1	32.8
51 （2039）	108,850	12,020	60,591	36,239	11.0	55.7	33.3
52 （2040）	107,823	11,919	59,613	36,291	11.1	55.3	33.7
53 （2041）	106,795	11,815	58,707	36,272	11.1	55.0	34.0
54 （2042）	105,766	11,708	57,876	36,183	11.1	54.7	34.2
55 （2043）	104,740	11,597	57,084	36,060	11.1	54.5	34.4
56 （2044）	103,718	11,482	56,348	35,888	11.1	54.3	34.6
57 （2045）	102,701	11,364	55,648	35,690	11.1	54.2	34.8
58 （2046）	101,690	11,243	55,003	35,443	11.1	54.1	34.9
59 （2047）	100,684	11,121	54,369	35,194	11.0	54.0	35.0
60 （2048）	99,682	10,997	53,731	34,954	11.0	53.9	35.1
61 （2049）	98,684	10,871	53,108	34,705	11.0	53.8	35.2
62 （2050）	97,687	10,744	52,521	34,422	11.0	53.8	35.2
63 （2051）	96,690	10,615	51,977	34,097	11.0	53.8	35.3
64 （2052）	95,690	10,486	51,448	33,756	11.0	53.8	35.3
65 （2053）	94,686	10,356	50,945	33,386	10.9	53.8	35.3
66 （2054）	93,677	10,226	50,470	32,982	10.9	53.9	35.2
67 （2055）	92,662	10,096	50,013	32,553	10.9	54.0	35.1
68 （2056）	91,640	9,968	49,565	32,107	10.9	54.1	35.0
69 （2057）	90,612	9,842	49,103	31,667	10.9	54.2	34.9
70 （2058）	89,577	9,718	48,643	31,217	10.8	54.3	34.8
71 （2059）	88,538	9,596	48,147	30,794	10.8	54.4	34.8
72 （2060）	87,496	9,478	47,632	30,386	10.8	54.4	34.7
73 （2061）	86,453	9,364	47,120	29,969	10.8	54.5	34.7
74 （2062）	85,411	9,252	46,592	29,567	10.8	54.5	34.6
75 （2063）	84,373	9,145	46,050	29,178	10.8	54.6	34.6
76 （2064）	83,342	9,042	45,515	28,785	10.8	54.6	34.5
77 （2065）	82,320	8,942	44,972	28,406	10.9	54.6	34.5

各年10月1日現在の総人口（日本における外国人を含む）．平成27（2015）年は，総務省統計局『平成27年国勢調査　年齢・国籍不詳をあん分した人口（参考表）』による．

参考表A-4 総数，年齢3区分(0～14歳，15～64歳，65歳以上)別総人口及び年齢構造係数：出生中位(死亡一定)推計

年 次	人 口 (1,000人)				割 合 (%)		
	総 数	0～14歳	15～64歳	65歳以上	0～14歳	15～64歳	65歳以上
平成 78 (2066)	81,311	8,847	44,445	28,020	10.9	54.7	34.5
79 (2067)	80,317	8,755	43,924	27,638	10.9	54.7	34.4
80 (2068)	79,339	8,666	43,426	27,247	10.9	54.7	34.3
81 (2069)	78,380	8,579	42,938	26,863	10.9	54.8	34.3
82 (2070)	77,441	8,494	42,477	26,469	11.0	54.9	34.2
83 (2071)	76,522	8,411	42,010	26,100	11.0	54.9	34.1
84 (2072)	75,624	8,329	41,530	25,765	11.0	54.9	34.1
85 (2073)	74,746	8,247	41,037	25,462	11.0	54.9	34.1
86 (2074)	73,888	8,164	40,557	25,167	11.0	54.9	34.1
87 (2075)	73,049	8,082	40,082	24,885	11.1	54.9	34.1
88 (2076)	72,228	7,999	39,606	24,623	11.1	54.8	34.1
89 (2077)	71,423	7,915	39,150	24,357	11.1	54.8	34.1
90 (2078)	70,632	7,830	38,696	24,106	11.1	54.8	34.1
91 (2079)	69,855	7,745	38,272	23,838	11.1	54.8	34.1
92 (2080)	69,090	7,658	37,856	23,575	11.1	54.8	34.1
93 (2081)	68,335	7,571	37,401	23,363	11.1	54.7	34.2
94 (2082)	67,590	7,484	36,966	23,140	11.1	54.7	34.2
95 (2083)	66,853	7,396	36,548	22,908	11.1	54.7	34.3
96 (2084)	66,123	7,309	36,149	22,666	11.1	54.7	34.3
97 (2085)	65,401	7,221	35,763	22,417	11.0	54.7	34.3
98 (2086)	64,684	7,134	35,388	22,163	11.0	54.7	34.3
99 (2087)	63,973	7,048	35,021	21,904	11.0	54.7	34.2
100 (2088)	63,268	6,962	34,661	21,644	11.0	54.8	34.2
101 (2089)	62,568	6,878	34,305	21,385	11.0	54.8	34.2
102 (2090)	61,873	6,795	33,950	21,129	11.0	54.9	34.1
103 (2091)	61,185	6,714	33,595	20,876	11.0	54.9	34.1
104 (2092)	60,502	6,635	33,239	20,629	11.0	54.9	34.1
105 (2093)	59,826	6,557	32,882	20,387	11.0	55.0	34.1
106 (2094)	59,157	6,482	32,524	20,151	11.0	55.0	34.1
107 (2095)	58,494	6,408	32,165	19,921	11.0	55.0	34.1
108 (2096)	57,839	6,336	31,808	19,695	11.0	55.0	34.1
109 (2097)	57,191	6,266	31,451	19,473	11.0	55.0	34.0
110 (2098)	56,550	6,198	31,096	19,255	11.0	55.0	34.0
111 (2099)	55,917	6,132	30,744	19,041	11.0	55.0	34.1
112 (2100)	55,291	6,067	30,394	18,830	11.0	55.0	34.1
113 (2101)	54,673	6,003	30,046	18,623	11.0	55.0	34.1
114 (2102)	54,062	5,941	29,702	18,420	11.0	54.9	34.1
115 (2103)	53,459	5,879	29,360	18,220	11.0	54.9	34.1
116 (2104)	52,863	5,818	29,022	18,023	11.0	54.9	34.1
117 (2105)	52,274	5,757	28,688	17,829	11.0	54.9	34.1
118 (2106)	51,692	5,697	28,357	17,638	11.0	54.9	34.1
119 (2107)	51,117	5,637	28,031	17,450	11.0	54.8	34.1
120 (2108)	50,550	5,577	27,710	17,263	11.0	54.8	34.2
121 (2109)	49,989	5,516	27,393	17,080	11.0	54.8	34.2
122 (2110)	49,435	5,456	27,081	16,898	11.0	54.8	34.2
123 (2111)	48,888	5,396	26,773	16,718	11.0	54.8	34.2
124 (2112)	48,347	5,336	26,471	16,539	11.0	54.8	34.2
125 (2113)	47,812	5,276	26,175	16,362	11.0	54.7	34.2
126 (2114)	47,284	5,216	25,883	16,185	11.0	54.7	34.2
127 (2115)	46,762	5,156	25,597	16,009	11.0	54.7	34.2

各年10月1日現在の総人口（日本における外国人を含む）．

表A-5 総数, 年齢３区分（0〜14歳, 15〜64歳, 65歳以上）別総人口及び年齢構造係数：出生高位（死亡一定）推計

年　次	人　口　（1,000人）				割　合　（%）		
	総　数	0〜14歳	15〜64歳	65歳以上	0〜14歳	15〜64歳	65歳以上
平成 27 (2015)	127,095	15,945	77,282	33,868	12.5	60.8	26.6
28 (2016)	126,844	15,796	76,484	34,564	12.5	60.3	27.2
29 (2017)	126,547	15,659	75,785	35,102	12.4	59.9	27.7
30 (2018)	126,204	15,550	75,161	35,493	12.3	59.6	28.1
31 (2019)	125,821	15,458	74,625	35,738	12.3	59.3	28.4
32 (2020)	125,401	15,406	74,058	35,937	12.3	59.1	28.7
33 (2021)	124,946	15,355	73,546	36,045	12.3	58.9	28.8
34 (2022)	124,455	15,294	73,121	36,041	12.3	58.8	29.0
35 (2023)	123,927	15,218	72,668	36,041	12.3	58.6	29.1
36 (2024)	123,363	15,155	72,159	36,048	12.3	58.5	29.2
37 (2025)	122,762	15,095	71,671	35,996	12.3	58.4	29.3
38 (2026)	122,127	15,028	71,194	35,904	12.3	58.3	29.4
39 (2027)	121,459	14,982	70,669	35,808	12.3	58.2	29.5
40 (2028)	120,761	14,932	70,092	35,737	12.4	58.0	29.6
41 (2029)	120,034	14,911	69,442	35,681	12.4	57.9	29.7
42 (2030)	119,280	14,894	68,679	35,707	12.5	57.6	29.9
43 (2031)	118,499	14,804	68,292	35,403	12.5	57.6	29.9
44 (2032)	117,694	14,709	67,533	35,452	12.5	57.4	30.1
45 (2033)	116,865	14,609	66,769	35,488	12.5	57.1	30.4
46 (2034)	116,017	14,500	65,969	35,547	12.5	56.9	30.6
47 (2035)	115,150	14,381	65,148	35,622	12.5	56.6	30.9
48 (2036)	114,268	14,251	64,276	35,741	12.5	56.3	31.3
49 (2037)	113,374	14,116	63,357	35,901	12.5	55.9	31.7
50 (2038)	112,469	13,978	62,403	36,088	12.4	55.5	32.1
51 (2039)	111,556	13,839	61,478	36,239	12.4	55.1	32.5
52 (2040)	110,640	13,702	60,647	36,291	12.4	54.8	32.8
53 (2041)	109,724	13,566	59,885	36,272	12.4	54.6	33.1
54 (2042)	108,810	13,432	59,195	36,183	12.3	54.4	33.3
55 (2043)	107,902	13,301	58,541	36,060	12.3	54.3	33.4
56 (2044)	107,002	13,174	57,940	35,888	12.3	54.1	33.5
57 (2045)	106,112	13,053	57,369	35,690	12.3	54.1	33.6
58 (2046)	105,232	12,937	56,852	35,443	12.3	54.0	33.7
59 (2047)	104,364	12,829	56,342	35,194	12.3	54.0	33.7
60 (2048)	103,507	12,728	55,825	34,954	12.3	53.9	33.8
61 (2049)	102,660	12,635	55,320	34,705	12.3	53.9	33.8
62 (2050)	101,820	12,549	54,849	34,422	12.3	53.9	33.8
63 (2051)	100,987	12,470	54,420	34,097	12.3	53.9	33.8
64 (2052)	100,156	12,397	54,004	33,756	12.4	53.9	33.7
65 (2053)	99,327	12,328	53,613	33,386	12.4	54.0	33.6
66 (2054)	98,496	12,264	53,250	32,982	12.5	54.1	33.5
67 (2055)	97,661	12,203	52,905	32,553	12.5	54.2	33.3
68 (2056)	96,822	12,144	52,571	32,107	12.5	54.3	33.2
69 (2057)	95,977	12,086	52,223	31,667	12.6	54.4	33.0
70 (2058)	95,127	12,029	51,881	31,217	12.6	54.5	32.8
71 (2059)	94,271	11,971	51,506	30,794	12.7	54.6	32.7
72 (2060)	93,412	11,910	51,116	30,386	12.8	54.7	32.5
73 (2061)	92,550	11,846	50,734	29,969	12.8	54.8	32.4
74 (2062)	91,687	11,779	50,341	29,567	12.8	54.9	32.2
75 (2063)	90,827	11,707	49,942	29,178	12.9	55.0	32.1
76 (2064)	89,971	11,630	49,556	28,785	12.9	55.1	32.0
77 (2065)	89,123	11,548	49,168	28,406	13.0	55.2	31.9

各年10月1日現在の総人口（日本における外国人を含む）．平成27(2015)年は，総務省統計局『平成27年国勢調査　年齢・国籍不詳をあん分した人口（参考表）』による．

参考表A-5 総数, 年齢3区分(0〜14歳, 15〜64歳, 65歳以上)別総人口及び年齢構造係数：
出生高位(死亡一定)推計

年　次	人　口　(1,000人)				割　合　(%)		
	総　数	0〜14歳	15〜64歳	65歳以上	0〜14歳	15〜64歳	65歳以上
平成 73 (2066)	88,285	11,462	48,803	28,020	13.0	55.3	31.7
79 (2067)	87,461	11,373	48,450	27,638	13.0	55.4	31.6
80 (2068)	86,652	11,280	48,125	27,247	13.0	55.5	31.4
81 (2069)	85,861	11,186	47,813	26,863	13.0	55.7	31.3
82 (2070)	85,090	11,089	47,531	26,469	13.0	55.9	31.1
83 (2071)	84,338	10,992	47,246	26,100	13.0	56.0	30.9
84 (2072)	83,608	10,894	46,949	25,765	13.0	56.2	30.8
85 (2073)	82,899	10,798	46,639	25,462	13.0	56.3	30.7
86 (2074)	82,211	10,702	46,342	25,167	13.0	56.4	30.6
87 (2075)	81,542	10,609	46,048	24,885	13.0	56.5	30.5
88 (2076)	80,893	10,519	45,751	24,623	13.0	56.6	30.4
89 (2077)	80,262	10,432	45,473	24,357	13.0	56.7	30.3
90 (2078)	79,648	10,348	45,194	24,106	13.0	56.7	30.3
91 (2079)	79,049	10,268	44,943	23,838	13.0	56.9	30.2
92 (2080)	78,464	10,192	44,697	23,575	13.0	57.0	30.0
93 (2081)	77,892	10,120	44,385	23,387	13.0	57.0	30.0
94 (2082)	77,330	10,051	44,070	23,209	13.0	57.0	30.0
95 (2083)	76,779	9,986	43,754	23,039	13.0	57.0	30.0
96 (2084)	76,235	9,923	43,433	22,879	13.0	57.0	30.0
97 (2085)	75,699	9,863	43,106	22,731	13.0	56.9	30.0
98 (2086)	75,170	9,804	42,772	22,593	13.0	56.9	30.1
99 (2087)	74,645	9,747	42,436	22,462	13.1	56.8	30.1
100 (2088)	74,126	9,691	42,101	22,334	13.1	56.8	30.1
101 (2089)	73,611	9,636	41,769	22,207	13.1	56.7	30.2
102 (2090)	73,100	9,580	41,441	22,079	13.1	56.7	30.2
103 (2091)	72,593	9,523	41,118	21,951	13.1	56.6	30.2
104 (2092)	72,089	9,466	40,801	21,822	13.1	56.6	30.3
105 (2093)	71,588	9,407	40,488	21,693	13.1	56.6	30.3
106 (2094)	71,092	9,346	40,182	21,564	13.1	56.5	30.3
107 (2095)	70,598	9,284	39,881	21,433	13.2	56.5	30.4
108 (2096)	70,109	9,220	39,587	21,302	13.2	56.5	30.4
109 (2097)	69,622	9,154	39,301	21,168	13.1	56.4	30.4
110 (2098)	69,139	9,086	39,021	21,032	13.1	56.4	30.4
111 (2099)	68,659	9,017	38,748	20,895	13.1	56.4	30.4
112 (2100)	68,182	8,947	38,481	20,755	13.1	56.4	30.4
113 (2101)	67,708	8,876	38,219	20,613	13.1	56.4	30.4
114 (2102)	67,237	8,805	37,963	20,470	13.1	56.5	30.4
115 (2103)	66,768	8,733	37,711	20,324	13.1	56.5	30.4
116 (2104)	66,301	8,662	37,462	20,177	13.1	56.5	30.4
117 (2105)	65,837	8,592	37,217	20,029	13.0	56.5	30.4
118 (2106)	65,375	8,522	36,974	19,879	13.0	56.6	30.4
119 (2107)	64,914	8,454	36,732	19,728	13.0	56.6	30.4
120 (2108)	64,455	8,387	36,492	19,576	13.0	56.6	30.4
121 (2109)	63,999	8,323	36,252	19,424	13.0	56.6	30.4
122 (2110)	63,544	8,260	36,011	19,273	13.0	56.7	30.3
123 (2111)	63,091	8,199	35,769	19,124	13.0	56.7	30.3
124 (2112)	62,641	8,139	35,524	18,977	13.0	56.7	30.3
125 (2113)	62,192	8,082	35,277	18,833	13.0	56.7	30.3
126 (2114)	61,747	8,027	35,028	18,692	13.0	56.7	30.3
127 (2115)	61,304	7,973	34,777	18,554	13.0	56.7	30.3

各年10月1日現在の総人口（日本における外国人を含む）.

表A-6 総数，年齢3区分（0〜14歳，15〜64歳，65歳以上）別総人口及び年齢構造係数：出生低位（死亡一定）推計

年　次	人　口（1,000人）				割　合（%）		
	総　数	0〜14歳	15〜64歳	65歳以上	0〜14歳	15〜64歳	65歳以上
平成 27 (2015)	127,095	15,945	77,282	33,868	12.5	60.8	26.6
28 (2016)	126,792	15,745	76,484	34,564	12.4	60.3	27.3
29 (2017)	126,404	15,517	75,785	35,102	12.3	60.0	27.8
30 (2018)	125,935	15,280	75,161	35,493	12.1	59.7	28.2
31 (2019)	125,384	15,022	74,625	35,738	12.0	59.5	28.5
32 (2020)	124,759	14,764	74,058	35,937	11.8	59.4	28.8
33 (2021)	124,068	14,477	73,546	36,045	11.7	59.3	29.1
34 (2022)	123,319	14,158	73,121	36,041	11.5	59.3	29.2
35 (2023)	122,522	13,813	72,668	36,041	11.3	59.3	29.4
36 (2024)	121,685	13,478	72,159	36,048	11.1	59.3	29.6
37 (2025)	120,813	13,146	71,671	35,996	10.9	59.3	29.8
38 (2026)	119,912	12,813	71,194	35,904	10.7	59.4	29.9
39 (2027)	118,984	12,506	70,669	35,808	10.5	59.4	30.1
40 (2028)	118,032	12,203	70,092	35,737	10.3	59.4	30.3
41 (2029)	117,058	11,935	69,442	35,681	10.2	59.3	30.5
42 (2030)	116,063	11,677	68,679	35,707	10.1	59.2	30.8
43 (2031)	115,048	11,404	68,241	35,403	9.9	59.3	30.8
44 (2032)	114,014	11,171	67,391	35,452	9.8	59.1	31.1
45 (2033)	112,962	10,974	66,500	35,488	9.7	58.9	31.4
46 (2034)	111,894	10,813	65,534	35,547	9.7	58.6	31.8
47 (2035)	110,812	10,683	64,508	35,622	9.6	58.2	32.1
48 (2036)	109,717	10,577	63,399	35,741	9.6	57.8	32.6
49 (2037)	108,610	10,488	62,221	35,901	9.7	57.3	33.1
50 (2038)	107,493	10,409	60,996	36,088	9.7	56.7	33.6
51 (2039)	106,368	10,335	59,795	36,239	9.7	56.2	34.1
52 (2040)	105,237	10,259	58,687	36,291	9.7	55.8	34.5
53 (2041)	104,104	10,179	57,652	36,272	9.8	55.4	34.8
54 (2042)	102,969	10,093	56,694	36,183	9.8	55.1	35.1
55 (2043)	101,836	9,999	55,777	36,060	9.8	54.8	35.4
56 (2044)	100,704	9,898	54,918	35,888	9.8	54.5	35.6
57 (2045)	99,574	9,788	54,097	35,690	9.8	54.3	35.8
58 (2046)	98,447	9,670	53,334	35,443	9.8	54.2	36.0
59 (2047)	97,322	9,544	52,584	35,194	9.8	54.0	36.2
60 (2048)	96,197	9,411	51,832	34,954	9.8	53.9	36.3
61 (2049)	95,071	9,270	51,097	34,705	9.8	53.7	36.5
62 (2050)	93,943	9,121	50,400	34,422	9.7	53.6	36.6
63 (2051)	92,811	8,966	49,747	34,097	9.7	53.6	36.7
64 (2052)	91,672	8,805	49,111	33,756	9.6	53.6	36.8
65 (2053)	90,526	8,640	48,500	33,386	9.5	53.6	36.9
66 (2054)	89,373	8,471	47,920	32,982	9.5	53.6	36.9
67 (2055)	88,210	8,301	47,357	32,553	9.4	53.7	36.9
68 (2056)	87,040	8,130	46,804	32,107	9.3	53.8	36.9
69 (2057)	85,862	7,961	46,234	31,667	9.3	53.8	36.9
70 (2058)	84,678	7,794	45,667	31,217	9.2	53.9	36.9
71 (2059)	83,490	7,633	45,063	30,794	9.1	54.0	36.9
72 (2060)	82,298	7,477	44,436	30,386	9.1	54.0	36.9
73 (2061)	81,107	7,328	43,809	29,969	9.0	54.0	37.0
74 (2062)	79,918	7,187	43,164	29,567	9.0	54.0	37.0
75 (2063)	78,734	7,055	42,501	29,178	9.0	54.0	37.1
76 (2064)	77,558	6,933	41,840	28,785	8.9	53.9	37.1
77 (2065)	76,393	6,820	41,167	28,406	8.9	53.9	37.2

各年10月1日現在の総人口（日本における外国人を含む）．平成27(2015)年は，総務省統計局『平成27年国勢調査　年齢・国籍不詳をあん分した人口（参考表）』による．

参考表A-6 総数, 年齢3区分(0〜14歳, 15〜64歳, 65歳以上)別総人口及び年齢構造係数：出生低位(死亡一定)推計

年　次	人　口 (1,000人)				割　合 (%)		
	総　数	0〜14歳	15〜64歳	65歳以上	0〜14歳	15〜64歳	65歳以上
平成 73 (2066)	75,243	6,716	40,507	28,020	8.9	53.8	37.2
79 (2067)	74,108	6,621	39,850	27,638	8.9	53.8	37.3
80 (2068)	72,991	6,533	39,211	27,247	9.0	53.7	37.3
81 (2069)	71,894	6,452	38,580	26,863	9.0	53.7	37.4
82 (2070)	70,818	6,376	37,973	26,469	9.0	53.6	37.4
83 (2071)	69,764	6,303	37,360	26,100	9.0	53.6	37.4
84 (2072)	68,730	6,233	36,732	25,765	9.1	53.4	37.5
85 (2073)	67,718	6,164	36,091	25,462	9.1	53.3	37.6
86 (2074)	66,726	6,096	35,463	25,167	9.1	53.1	37.7
87 (2075)	65,752	6,026	34,841	24,885	9.2	53.0	37.8
88 (2076)	64,797	5,955	34,218	24,623	9.2	52.8	38.0
89 (2077)	63,857	5,882	33,618	24,357	9.2	52.6	38.1
90 (2078)	62,932	5,806	33,021	24,106	9.2	52.5	38.3
91 (2079)	62,021	5,727	32,456	23,838	9.2	52.3	38.4
92 (2080)	61,121	5,645	31,901	23,575	9.2	52.2	38.6
93 (2081)	60,231	5,560	31,332	23,339	9.2	52.0	38.7
94 (2082)	59,351	5,473	30,804	23,074	9.2	51.9	38.9
95 (2083)	58,479	5,383	30,311	22,785	9.2	51.8	39.0
96 (2084)	57,614	5,291	29,856	22,467	9.2	51.8	39.0
97 (2085)	56,757	5,198	29,432	22,127	9.2	51.9	39.0
98 (2086)	55,907	5,105	29,033	21,769	9.1	51.9	38.9
99 (2087)	55,063	5,011	28,653	21,399	9.1	52.0	38.9
100 (2088)	54,225	4,917	28,284	21,024	9.1	52.2	38.8
101 (2089)	53,395	4,825	27,921	20,649	9.0	52.3	38.7
102 (2090)	52,571	4,735	27,559	20,278	9.0	52.4	38.6
103 (2091)	51,756	4,646	27,195	19,915	9.0	52.5	38.5
104 (2092)	50,948	4,561	26,827	19,561	9.0	52.7	38.4
105 (2093)	50,150	4,478	26,456	19,216	8.9	52.8	38.3
106 (2094)	49,361	4,399	26,080	18,882	8.9	52.8	38.3
107 (2095)	48,581	4,323	25,700	18,558	8.9	52.9	38.2
108 (2096)	47,813	4,251	25,318	18,243	8.9	53.0	38.2
109 (2097)	47,055	4,183	24,933	17,938	8.9	53.0	38.1
110 (2098)	46,308	4,119	24,548	17,641	8.9	53.0	38.1
111 (2099)	45,573	4,057	24,162	17,353	8.9	53.0	38.1
112 (2100)	44,849	3,999	23,776	17,074	8.9	53.0	38.1
113 (2101)	44,138	3,944	23,391	16,803	8.9	53.0	38.1
114 (2102)	43,439	3,890	23,008	16,541	9.0	53.0	38.1
115 (2103)	42,753	3,839	22,627	16,287	9.0	52.9	38.1
116 (2104)	42,079	3,789	22,249	16,041	9.0	52.9	38.1
117 (2105)	41,418	3,740	21,875	15,802	9.0	52.8	38.2
118 (2106)	40,769	3,692	21,506	15,572	9.1	52.8	38.2
119 (2107)	40,133	3,644	21,142	15,348	9.1	52.7	38.2
120 (2108)	39,510	3,595	20,785	15,130	9.1	52.6	38.3
121 (2109)	38,899	3,547	20,435	14,918	9.1	52.5	38.3
122 (2110)	38,301	3,498	20,093	14,710	9.1	52.5	38.4
123 (2111)	37,714	3,448	19,760	14,507	9.1	52.4	38.5
124 (2112)	37,139	3,397	19,436	14,305	9.1	52.3	38.5
125 (2113)	36,574	3,346	19,123	14,105	9.1	52.3	38.6
126 (2114)	36,020	3,294	18,820	13,906	9.1	52.2	38.6
127 (2115)	35,475	3,242	18,527	13,706	9.1	52.2	38.6

各年10月1日現在の総人口(日本における外国人を含む).

表A-7 総数, 年齢3区分(0～14歳, 15～64歳, 65歳以上)別総人口及び年齢構造係数：出生一定(死亡一定)推計

年　次	人　口　(1,000人)				割　合　(%)		
	総　数	0～14歳	15～64歳	65歳以上	0～14歳	15～64歳	65歳以上
平成 27 (2015)	127,095	15,945	77,282	33,868	12.5	60.8	26.6
28 (2016)	126,820	15,773	76,484	34,564	12.4	60.3	27.3
29 (2017)	126,481	15,593	75,785	35,102	12.3	59.9	27.8
30 (2018)	126,080	15,426	75,161	35,493	12.2	59.6	28.2
31 (2019)	125,622	15,259	74,625	35,738	12.1	59.4	28.4
32 (2020)	125,108	15,113	74,058	35,937	12.1	59.2	28.7
33 (2021)	124,545	14,954	73,546	36,045	12.0	59.1	28.9
34 (2022)	123,934	14,773	73,121	36,041	11.9	59.0	29.1
35 (2023)	123,282	14,573	72,668	36,041	11.8	58.9	29.2
36 (2024)	122,592	14,385	72,159	36,048	11.7	58.9	29.4
37 (2025)	121,866	14,199	71,671	35,996	11.7	58.8	29.5
38 (2026)	121,107	14,009	71,194	35,904	11.6	58.8	29.6
39 (2027)	120,318	13,841	70,669	35,808	11.5	58.7	29.8
40 (2028)	119,502	13,674	70,092	35,737	11.4	58.7	29.9
41 (2029)	118,661	13,538	69,442	35,681	11.4	58.5	30.1
42 (2030)	117,796	13,410	68,679	35,707	11.4	58.3	30.3
43 (2031)	116,908	13,236	68,268	35,403	11.3	58.4	30.3
44 (2032)	115,999	13,079	67,467	35,452	11.3	58.2	30.6
45 (2033)	115,069	12,936	66,645	35,488	11.2	57.9	30.8
46 (2034)	114,122	12,805	65,771	35,547	11.2	57.6	31.1
47 (2035)	113,159	12,682	64,856	35,622	11.2	57.3	31.5
48 (2036)	112,182	12,566	63,875	35,741	11.2	56.9	31.9
49 (2037)	111,193	12,455	62,836	35,901	11.2	56.5	32.3
50 (2038)	110,192	12,347	61,757	36,088	11.2	56.0	32.8
51 (2039)	109,184	12,240	60,705	36,239	11.2	55.6	33.2
52 (2040)	108,171	12,133	59,746	36,291	11.2	55.2	33.6
53 (2041)	107,155	12,025	58,858	36,272	11.2	54.9	33.9
54 (2042)	106,140	11,914	58,043	36,183	11.2	54.7	34.1
55 (2043)	105,128	11,801	57,267	36,060	11.2	54.5	34.3
56 (2044)	104,120	11,686	56,546	35,888	11.2	54.3	34.5
57 (2045)	103,118	11,568	55,860	35,690	11.2	54.2	34.6
58 (2046)	102,122	11,449	55,231	35,443	11.2	54.1	34.7
59 (2047)	101,133	11,328	54,611	35,194	11.2	54.0	34.8
60 (2048)	100,148	11,206	53,988	34,954	11.2	53.9	34.9
61 (2049)	99,167	11,082	53,380	34,705	11.2	53.8	35.0
62 (2050)	98,189	10,959	52,808	34,422	11.2	53.8	35.1
63 (2051)	97,210	10,835	52,279	34,097	11.1	53.8	35.1
64 (2052)	96,230	10,710	51,764	33,756	11.1	53.8	35.1
65 (2053)	95,247	10,586	51,274	33,386	11.1	53.8	35.1
66 (2054)	94,258	10,463	50,813	32,982	11.1	53.9	35.0
67 (2055)	93,263	10,341	50,369	32,553	11.1	54.0	34.9
68 (2056)	92,262	10,220	49,935	32,107	11.1	54.1	34.8
69 (2057)	91,254	10,101	49,486	31,667	11.1	54.2	34.7
70 (2058)	90,241	9,984	49,040	31,217	11.1	54.3	34.6
71 (2059)	89,222	9,869	48,558	30,794	11.1	54.4	34.5
72 (2060)	88,200	9,756	48,058	30,386	11.1	54.5	34.5
73 (2061)	87,177	9,646	47,561	29,969	11.1	54.6	34.4
74 (2062)	86,155	9,539	47,049	29,567	11.1	54.6	34.3
75 (2063)	85,136	9,434	46,524	29,178	11.1	54.6	34.3
76 (2064)	84,124	9,333	46,006	28,785	11.1	54.7	34.2
77 (2065)	83,122	9,235	45,481	28,406	11.1	54.7	34.2

各年10月1日現在の総人口(日本における外国人を含む). 平成27(2015)年は, 総務省統計局『平成27年国勢調査　年齢・国籍不詳をあん分した人口(参考表)』による.

参考表A-7 総数, 年齢3区分(0～14歳, 15～64歳, 65歳以上)別総人口及び年齢構造係数: 出生一定(死亡一定)推計

年　　次	人　口　(1,000人)				割　合　(%)		
	総　　数	0～14歳	15～64歳	65歳以上	0～14歳	15～64歳	65歳以上
平成 73 (2066)	82,132	9,140	44,973	28,020	11.1	54.8	34.1
79 (2067)	81,156	9,047	44,471	27,638	11.1	54.8	34.1
80 (2068)	80,197	8,957	43,993	27,247	11.2	54.9	34.0
81 (2069)	79,257	8,869	43,525	26,863	11.2	54.9	33.9
82 (2070)	78,336	8,782	43,085	26,469	11.2	55.0	33.8
83 (2071)	77,436	8,697	42,639	26,100	11.2	55.1	33.7
84 (2072)	76,556	8,612	42,179	25,765	11.2	55.1	33.7
85 (2073)	75,697	8,528	41,706	25,462	11.3	55.1	33.6
86 (2074)	74,858	8,445	41,247	25,167	11.3	55.1	33.6
87 (2075)	74,037	8,361	40,792	24,885	11.3	55.1	33.6
88 (2076)	73,235	8,277	40,335	24,623	11.3	55.1	33.6
89 (2077)	72,448	8,192	39,899	24,357	11.3	55.1	33.6
90 (2078)	71,677	8,107	39,464	24,106	11.3	55.1	33.6
91 (2079)	70,919	8,022	39,059	23,838	11.3	55.1	33.6
92 (2080)	70,173	7,936	38,662	23,575	11.3	55.1	33.6
93 (2081)	69,437	7,850	38,223	23,365	11.3	55.0	33.6
94 (2082)	68,711	7,763	37,801	23,147	11.3	55.0	33.7
95 (2083)	67,994	7,677	37,395	22,922	11.3	55.0	33.7
96 (2084)	67,284	7,591	37,001	22,691	11.3	55.0	33.7
97 (2085)	66,580	7,505	36,619	22,456	11.3	55.0	33.7
98 (2086)	65,883	7,420	36,246	22,216	11.3	55.0	33.7
99 (2087)	65,191	7,336	35,880	21,975	11.3	55.0	33.7
100 (2088)	64,505	7,253	35,520	21,733	11.2	55.1	33.7
101 (2089)	63,824	7,171	35,162	21,491	11.2	55.1	33.7
102 (2090)	63,148	7,090	34,808	21,251	11.2	55.1	33.7
103 (2091)	62,478	7,010	34,454	21,014	11.2	55.1	33.6
104 (2092)	61,813	6,932	34,101	20,780	11.2	55.2	33.6
105 (2093)	61,155	6,856	33,748	20,551	11.2	55.2	33.6
106 (2094)	60,502	6,781	33,395	20,327	11.2	55.2	33.6
107 (2095)	59,857	6,707	33,042	20,107	11.2	55.2	33.6
108 (2096)	59,218	6,636	32,690	19,892	11.2	55.2	33.6
109 (2097)	58,585	6,566	32,340	19,680	11.2	55.2	33.6
110 (2098)	57,960	6,497	31,991	19,473	11.2	55.2	33.6
111 (2099)	57,342	6,430	31,644	19,268	11.2	55.2	33.6
112 (2100)	56,730	6,364	31,300	19,067	11.2	55.2	33.6
113 (2101)	56,126	6,299	30,959	18,868	11.2	55.2	33.6
114 (2102)	55,528	6,234	30,621	18,673	11.2	55.1	33.6
115 (2103)	54,937	6,171	30,287	18,479	11.2	55.1	33.6
116 (2104)	54,353	6,109	29,956	18,288	11.2	55.1	33.6
117 (2105)	53,775	6,047	29,629	18,100	11.2	55.1	33.7
118 (2106)	53,204	5,985	29,306	17,913	11.2	55.1	33.7
119 (2107)	52,639	5,924	28,987	17,728	11.3	55.1	33.7
120 (2108)	52,080	5,862	28,672	17,546	11.3	55.1	33.7
121 (2109)	51,528	5,801	28,361	17,365	11.3	55.0	33.7
122 (2110)	50,982	5,741	28,054	17,186	11.3	55.0	33.7
123 (2111)	50,441	5,680	27,752	17,010	11.3	55.0	33.7
124 (2112)	49,907	5,619	27,454	16,834	11.3	55.0	33.7
125 (2113)	49,378	5,558	27,160	16,660	11.3	55.0	33.7
126 (2114)	48,855	5,498	26,870	16,487	11.3	55.0	33.7
127 (2115)	48,338	5,438	26,586	16,314	11.2	55.0	33.8

各年10月1日現在の総人口（日本における外国人を含む）.

表A-8 総数, 年齢3区分(0～14歳, 15～64歳, 65歳以上)別総人口及び年齢構造係数：
出生中位(死亡中位)推計(封鎖人口)

年　　次	人　口　(1,000人)				割　合　(%)		
	総　数	0～14歳	15～64歳	65歳以上	0～14歳	15～64歳	65歳以上
平成 27 (2015)	127,095	15,945	77,282	33,868	12.5	60.8	26.6
28 (2016)	126,785	15,768	76,432	34,585	12.4	60.3	27.3
29 (2017)	126,426	15,581	75,682	35,164	12.3	59.9	27.8
30 (2018)	126,016	15,403	75,006	35,607	12.2	59.5	28.3
31 (2019)	125,556	15,221	74,418	35,917	12.1	59.3	28.6
32 (2020)	125,051	15,056	73,801	36,194	12.0	59.0	28.9
33 (2021)	124,503	14,875	73,239	36,389	11.9	58.8	29.2
34 (2022)	123,916	14,670	72,764	36,482	11.8	58.7	29.4
35 (2023)	123,294	14,444	72,262	36,588	11.7	58.6	29.7
36 (2024)	122,640	14,227	71,704	36,709	11.6	58.5	29.9
37 (2025)	121,957	14,011	71,168	36,778	11.5	58.4	30.2
38 (2026)	121,248	13,791	70,643	36,814	11.4	58.3	30.4
39 (2027)	120,514	13,592	70,071	36,851	11.3	58.1	30.6
40 (2028)	119,757	13,393	69,446	36,918	11.2	58.0	30.8
41 (2029)	118,979	13,224	68,749	37,005	11.1	57.8	31.1
42 (2030)	118,178	13,062	67,939	37,177	11.1	57.5	31.5
43 (2031)	117,356	12,856	67,481	37,020	11.0	57.5	31.5
44 (2032)	116,513	12,667	66,626	37,220	10.9	57.2	31.9
45 (2033)	115,650	12,495	65,748	37,407	10.8	56.9	32.3
46 (2034)	114,769	12,338	64,811	37,619	10.8	56.5	32.8
47 (2035)	113,869	12,194	63,830	37,846	10.7	56.1	33.2
48 (2036)	112,954	12,059	62,780	38,115	10.7	55.6	33.7
49 (2037)	112,024	11,932	61,668	38,424	10.7	55.0	34.3
50 (2038)	111,081	11,810	60,512	38,759	10.6	54.5	34.9
51 (2039)	110,127	11,691	59,382	39,053	10.6	53.9	35.5
52 (2040)	109,162	11,574	58,345	39,243	10.6	53.4	35.9
53 (2041)	108,191	11,455	57,379	39,356	10.6	53.0	36.4
54 (2042)	107,213	11,335	56,487	39,391	10.6	52.7	36.7
55 (2043)	106,232	11,212	55,633	39,387	10.6	52.4	37.1
56 (2044)	105,249	11,087	54,834	39,327	10.5	52.1	37.4
57 (2045)	104,266	10,961	54,069	39,235	10.5	51.9	37.6
58 (2046)	103,283	10,833	53,360	39,090	10.5	51.7	37.8
59 (2047)	102,303	10,705	52,660	38,939	10.5	51.5	38.1
60 (2048)	101,326	10,575	51,956	38,794	10.4	51.3	38.3
61 (2049)	100,350	10,445	51,266	38,639	10.4	51.1	38.5
62 (2050)	99,377	10,314	50,613	38,451	10.4	50.9	38.7
63 (2051)	98,405	10,182	50,003	38,220	10.3	50.8	38.8
64 (2052)	97,434	10,049	49,409	37,975	10.3	50.7	39.0
65 (2053)	96,461	9,916	48,843	37,702	10.3	50.6	39.1
66 (2054)	95,486	9,783	48,308	37,396	10.2	50.6	39.2
67 (2055)	94,507	9,649	47,793	37,065	10.2	50.6	39.2
68 (2056)	93,523	9,517	47,292	36,714	10.2	50.6	39.3
69 (2057)	92,532	9,386	46,780	36,366	10.1	50.6	39.3
70 (2058)	91,535	9,258	46,278	35,999	10.1	50.6	39.3
71 (2059)	90,530	9,131	45,745	35,653	10.1	50.5	39.4
72 (2060)	89,517	9,007	45,198	35,312	10.1	50.5	39.4
73 (2061)	88,497	8,886	44,660	34,952	10.0	50.5	39.5
74 (2062)	87,471	8,768	44,109	34,594	10.0	50.4	39.5
75 (2063)	86,439	8,654	43,548	34,238	10.0	50.4	39.6
76 (2064)	85,405	8,543	42,995	33,867	10.0	50.3	39.7
77 (2065)	84,369	8,436	42,436	33,497	10.0	50.3	39.7

各年10月1日現在の総人口(日本における外国人を含む). 平成27(2015)年は, 総務省統計局『平成27年国勢調査　年齢・国籍不詳をあん分した人口(参考表)』による.

参考表A-8 総数, 年齢3区分(0〜14歳, 15〜64歳, 65歳以上)別総人口及び年齢構造係数：
出生中位(死亡中位)推計(封鎖人口)

年　次	人　口　(1,000人)				割　合　(%)		
	総　数	0〜14歳	15〜64歳	65歳以上	0〜14歳	15〜64歳	65歳以上
平成 73 (2066)	83,327	8,333	41,893	33,101	10.0	50.3	39.7
79 (2067)	82,280	8,233	41,357	32,690	10.0	50.3	39.7
80 (2068)	81,233	8,137	40,844	32,252	10.0	50.3	39.7
81 (2069)	80,188	8,043	40,342	31,802	10.0	50.3	39.7
82 (2070)	79,149	7,952	39,868	31,329	10.0	50.4	39.6
83 (2071)	78,120	7,862	39,388	30,869	10.1	50.4	39.5
84 (2072)	77,103	7,774	38,895	30,434	10.1	50.4	39.5
85 (2073)	76,100	7,687	38,387	30,026	10.1	50.4	39.5
86 (2074)	75,115	7,601	37,892	29,621	10.1	50.4	39.4
87 (2075)	74,147	7,515	37,402	29,230	10.1	50.4	39.4
88 (2076)	73,197	7,429	36,910	28,859	10.1	50.4	39.4
89 (2077)	72,267	7,342	36,439	28,486	10.2	50.4	39.4
90 (2078)	71,355	7,256	35,968	28,131	10.2	50.4	39.4
91 (2079)	70,461	7,169	35,527	27,765	10.2	50.4	39.4
92 (2080)	69,585	7,082	35,094	27,409	10.2	50.4	39.4
93 (2081)	68,725	6,995	34,621	27,109	10.2	50.4	39.4
94 (2082)	67,880	6,907	34,168	26,805	10.2	50.3	39.5
95 (2083)	67,048	6,819	33,733	26,496	10.2	50.3	39.5
96 (2084)	66,230	6,732	33,315	26,183	10.2	50.3	39.5
97 (2085)	65,424	6,645	32,912	25,867	10.2	50.3	39.5
98 (2086)	64,628	6,558	32,521	25,549	10.1	50.3	39.5
99 (2087)	63,843	6,472	32,140	25,231	10.1	50.3	39.5
100 (2088)	63,067	6,386	31,766	24,914	10.1	50.4	39.5
101 (2089)	62,299	6,302	31,397	24,600	10.1	50.4	39.5
102 (2090)	61,540	6,219	31,032	24,289	10.1	50.4	39.5
103 (2091)	60,788	6,137	30,668	23,983	10.1	50.5	39.5
104 (2092)	60,044	6,057	30,305	23,682	10.1	50.5	39.4
105 (2093)	59,308	5,979	29,942	23,386	10.1	50.5	39.4
106 (2094)	58,578	5,902	29,581	23,095	10.1	50.5	39.4
107 (2095)	57,856	5,828	29,220	22,808	10.1	50.5	39.4
108 (2096)	57,142	5,755	28,862	22,526	10.1	50.5	39.4
109 (2097)	56,435	5,683	28,505	22,247	10.1	50.5	39.4
110 (2098)	55,736	5,614	28,152	21,971	10.1	50.5	39.4
111 (2099)	55,046	5,546	27,801	21,699	10.1	50.5	39.4
112 (2100)	54,363	5,480	27,453	21,430	10.1	50.5	39.4
113 (2101)	53,689	5,415	27,109	21,165	10.1	50.5	39.4
114 (2102)	53,022	5,351	26,767	20,904	10.1	50.5	39.4
115 (2103)	52,364	5,288	26,429	20,647	10.1	50.5	39.4
116 (2104)	51,714	5,227	26,094	20,393	10.1	50.5	39.4
117 (2105)	51,072	5,166	25,763	20,143	10.1	50.4	39.4
118 (2106)	50,438	5,105	25,436	19,897	10.1	50.4	39.4
119 (2107)	49,812	5,045	25,113	19,654	10.1	50.4	39.5
120 (2108)	49,194	4,986	24,795	19,414	10.1	50.4	39.5
121 (2109)	48,584	4,926	24,481	19,177	10.1	50.4	39.5
122 (2110)	47,982	4,867	24,171	18,944	10.1	50.4	39.5
123 (2111)	47,387	4,808	23,866	18,713	10.1	50.4	39.5
124 (2112)	46,801	4,749	23,567	18,484	10.1	50.4	39.5
125 (2113)	46,222	4,691	23,272	18,259	10.1	50.3	39.5
126 (2114)	45,651	4,632	22,983	18,035	10.1	50.3	39.5
127 (2115)	45,087	4,574	22,699	17,814	10.1	50.3	39.5

各年10月1日現在の総人口(日本における外国人を含む).

表A-9 総数, 年齢3区分(0〜14歳, 15〜64歳, 65歳以上)別総人口及び年齢構造係数：
出生高位(死亡中位)推計(封鎖人口)

年　次	人　口　(1,000人)				割　合　(%)		
	総　数	0〜14歳	15〜64歳	65歳以上	0〜14歳	15〜64歳	65歳以上
平成 27 (2015)	127,095	15,945	77,282	33,868	12.5	60.8	26.6
28 (2016)	126,811	15,794	76,432	34,585	12.5	60.3	27.3
29 (2017)	126,499	15,654	75,682	35,164	12.4	59.8	27.8
30 (2018)	126,154	15,541	75,006	35,607	12.3	59.5	28.2
31 (2019)	125,781	15,446	74,418	35,917	12.3	59.2	28.6
32 (2020)	125,384	15,389	73,801	36,194	12.3	58.9	28.9
33 (2021)	124,961	15,333	73,239	36,389	12.3	58.6	29.1
34 (2022)	124,511	15,265	72,764	36,482	12.3	58.4	29.3
35 (2023)	124,031	15,180	72,262	36,588	12.2	58.3	29.5
36 (2024)	123,520	15,107	71,704	36,709	12.2	58.1	29.7
37 (2025)	122,979	15,033	71,168	36,778	12.2	57.9	29.9
38 (2026)	122,409	14,952	70,643	36,814	12.2	57.7	30.1
39 (2027)	121,810	14,888	70,071	36,851	12.2	57.5	30.3
40 (2028)	121,184	14,819	69,446	36,918	12.2	57.3	30.5
41 (2029)	120,531	14,777	68,749	37,005	12.3	57.0	30.7
42 (2030)	119,853	14,737	67,939	37,177	12.3	56.7	31.0
43 (2031)	119,149	14,623	67,507	37,020	12.3	56.7	31.1
44 (2032)	118,421	14,502	66,699	37,220	12.2	56.3	31.4
45 (2033)	117,670	14,376	65,886	37,407	12.2	56.0	31.8
46 (2034)	116,897	14,242	65,036	37,619	12.2	55.6	32.2
47 (2035)	116,105	14,097	64,162	37,846	12.1	55.3	32.6
48 (2036)	115,295	13,943	63,237	38,115	12.1	54.8	33.1
49 (2037)	114,470	13,784	62,261	38,424	12.0	54.4	33.6
50 (2038)	113,630	13,624	61,248	38,759	12.0	53.9	34.1
51 (2039)	112,779	13,466	60,261	39,053	11.9	53.4	34.6
52 (2040)	111,919	13,310	59,366	39,243	11.9	53.0	35.1
53 (2041)	111,052	13,158	58,538	39,356	11.8	52.7	35.4
54 (2042)	110,181	13,009	57,781	39,391	11.8	52.4	35.8
55 (2043)	109,309	12,866	57,057	39,387	11.8	52.2	36.0
56 (2044)	108,438	12,727	56,384	39,327	11.7	52.0	36.3
57 (2045)	107,571	12,595	55,741	39,235	11.7	51.8	36.5
58 (2046)	106,711	12,471	55,149	39,090	11.7	51.7	36.6
59 (2047)	105,857	12,355	54,564	38,939	11.7	51.5	36.8
60 (2048)	105,012	12,247	53,971	38,794	11.7	51.4	36.9
61 (2049)	104,176	12,147	53,390	38,639	11.7	51.2	37.1
62 (2050)	103,349	12,055	52,843	38,451	11.7	51.1	37.2
63 (2051)	102,528	11,969	52,338	38,220	11.7	51.0	37.3
64 (2052)	101,713	11,889	51,848	37,975	11.7	51.0	37.3
65 (2053)	100,901	11,814	51,385	37,702	11.7	50.9	37.4
66 (2054)	100,090	11,742	50,953	37,396	11.7	50.9	37.4
67 (2055)	99,278	11,672	50,541	37,065	11.8	50.9	37.3
68 (2056)	98,463	11,605	50,144	36,714	11.8	50.9	37.3
69 (2057)	97,642	11,538	49,739	36,366	11.8	50.9	37.2
70 (2058)	96,814	11,470	49,345	35,999	11.8	51.0	37.2
71 (2059)	95,978	11,401	48,924	35,653	11.9	51.0	37.1
72 (2060)	95,133	11,329	48,492	35,312	11.9	51.0	37.1
73 (2061)	94,280	11,254	48,074	34,952	11.9	51.0	37.1
74 (2062)	93,418	11,174	47,649	34,594	12.0	51.0	37.0
75 (2063)	92,548	11,090	47,220	34,238	12.0	51.0	37.0
76 (2064)	91,674	11,001	46,806	33,867	12.0	51.1	36.9
77 (2065)	90,796	10,908	46,391	33,497	12.0	51.1	36.9

各年10月1日現在の総人口(日本における外国人を含む). 平成27(2015)年は, 総務省統計局『平成27年国勢調査　年齢・国籍不詳をあん分した人口(参考表)』による.

参考表A-9 総数, 年齢3区分(0～14歳, 15～64歳, 65歳以上)別総人口及び年齢構造係数：出生高位(死亡中位)推計(封鎖人口)

年　次	人　口 (1,000人)				割　合 (%)		
	総　数	0～14歳	15～64歳	65歳以上	0～14歳	15～64歳	65歳以上
平成 78 (2066)	89,910	10,811	45,998	33,101	12.0	51.2	36.8
79 (2067)	89,017	10,710	45,617	32,690	12.0	51.2	36.7
80 (2068)	88,123	10,607	45,264	32,252	12.0	51.4	36.6
81 (2069)	87,230	10,502	44,925	31,802	12.0	51.5	36.5
82 (2070)	86,342	10,397	44,616	31,329	12.0	51.7	36.3
83 (2071)	85,463	10,291	44,303	30,869	12.0	51.8	36.1
84 (2072)	84,597	10,186	43,977	30,434	12.0	52.0	36.0
85 (2073)	83,745	10,082	43,637	30,026	12.0	52.1	35.9
86 (2074)	82,911	9,981	43,309	29,621	12.0	52.2	35.7
87 (2075)	82,096	9,882	42,984	29,230	12.0	52.4	35.6
88 (2076)	81,301	9,787	42,655	28,859	12.0	52.5	35.5
89 (2077)	80,526	9,695	42,345	28,486	12.0	52.6	35.4
90 (2078)	79,772	9,607	42,034	28,131	12.0	52.7	35.3
91 (2079)	79,037	9,523	41,749	27,765	12.0	52.8	35.1
92 (2080)	78,322	9,443	41,469	27,409	12.1	52.9	35.0
93 (2081)	77,624	9,367	41,124	27,133	12.1	53.0	35.0
94 (2082)	76,944	9,295	40,776	26,873	12.1	53.0	34.9
95 (2083)	76,278	9,225	40,427	26,626	12.1	53.0	34.9
96 (2084)	75,627	9,159	40,075	26,393	12.1	53.0	34.9
97 (2085)	74,988	9,094	39,716	26,177	12.1	53.0	34.9
98 (2086)	74,360	9,032	39,354	25,975	12.1	52.9	34.9
99 (2087)	73,743	8,970	38,990	25,783	12.2	52.9	35.0
100 (2088)	73,134	8,909	38,629	25,596	12.2	52.8	35.0
101 (2089)	72,533	8,848	38,273	25,412	12.2	52.8	35.0
102 (2090)	71,939	8,787	37,923	25,229	12.2	52.7	35.1
103 (2091)	71,351	8,725	37,579	25,047	12.2	52.7	35.1
104 (2092)	70,768	8,662	37,242	24,864	12.2	52.6	35.1
105 (2093)	70,191	8,597	36,912	24,682	12.2	52.6	35.2
106 (2094)	69,618	8,531	36,589	24,498	12.3	52.6	35.2
107 (2095)	69,050	8,463	36,273	24,314	12.3	52.5	35.2
108 (2096)	68,487	8,393	35,965	24,128	12.3	52.5	35.2
109 (2097)	67,928	8,322	35,665	23,941	12.3	52.5	35.2
110 (2098)	67,374	8,250	35,372	23,752	12.2	52.5	35.3
111 (2099)	66,825	8,176	35,086	23,562	12.2	52.5	35.3
112 (2100)	66,280	8,102	34,806	23,372	12.2	52.5	35.3
113 (2101)	65,740	8,027	34,532	23,181	12.2	52.5	35.3
114 (2102)	65,205	7,952	34,263	22,989	12.2	52.5	35.3
115 (2103)	64,674	7,878	33,998	22,798	12.2	52.6	35.3
116 (2104)	64,147	7,804	33,736	22,607	12.2	52.6	35.2
117 (2105)	63,624	7,731	33,478	22,416	12.2	52.6	35.2
118 (2106)	63,106	7,660	33,221	22,225	12.1	52.6	35.2
119 (2107)	62,590	7,590	32,966	22,034	12.1	52.7	35.2
120 (2108)	62,079	7,521	32,713	21,845	12.1	52.7	35.2
121 (2109)	61,570	7,455	32,459	21,657	12.1	52.7	35.2
122 (2110)	61,065	7,390	32,204	21,470	12.1	52.7	35.2
123 (2111)	60,562	7,328	31,949	21,286	12.1	52.8	35.1
124 (2112)	60,063	7,268	31,691	21,104	12.1	52.8	35.1
125 (2113)	59,566	7,209	31,432	20,925	12.1	52.8	35.1
126 (2114)	59,072	7,152	31,171	20,749	12.1	52.8	35.1
127 (2115)	58,581	7,097	30,909	20,575	12.1	52.8	35.1

各年10月1日現在の総人口(日本における外国人を含む).

表A-10 総数, 年齢3区分(0～14歳, 15～64歳, 65歳以上)別総人口及び年齢構造係数:
出生低位(死亡中位)推計(封鎖人口)

年　次	人　口　(1,000人)				割　合　(%)		
	総　数	0～14歳	15～64歳	65歳以上	0～14歳	15～64歳	65歳以上
平成 27 (2015)	127,095	15,945	77,282	33,868	12.5	60.8	26.6
28 (2016)	126,760	15,742	76,432	34,585	12.4	60.3	27.3
29 (2017)	126,356	15,511	75,682	35,164	12.3	59.9	27.8
30 (2018)	125,885	15,272	75,006	35,607	12.1	59.6	28.3
31 (2019)	125,345	15,010	74,418	35,917	12.0	59.4	28.7
32 (2020)	124,743	14,748	73,801	36,194	11.8	59.2	29.0
33 (2021)	124,085	14,457	73,239	36,389	11.7	59.0	29.3
34 (2022)	123,378	14,132	72,764	36,482	11.5	59.0	29.6
35 (2023)	122,631	13,781	72,262	36,588	11.2	58.9	29.8
36 (2024)	121,851	13,437	71,704	36,709	11.0	58.8	30.1
37 (2025)	121,042	13,096	71,168	36,778	10.8	58.8	30.4
38 (2026)	120,209	12,752	70,643	36,814	10.6	58.8	30.6
39 (2027)	119,354	12,432	70,071	36,851	10.4	58.7	30.9
40 (2028)	118,478	12,114	69,446	36,918	10.2	58.6	31.2
41 (2029)	117,584	11,830	68,749	37,005	10.1	58.5	31.5
42 (2030)	116,670	11,554	67,939	37,177	9.9	58.2	31.9
43 (2031)	115,738	11,263	67,455	37,020	9.7	58.3	32.0
44 (2032)	114,787	11,011	66,557	37,220	9.6	58.0	32.4
45 (2033)	113,819	10,794	65,617	37,407	9.5	57.7	32.9
46 (2034)	112,833	10,614	64,600	37,619	9.4	57.3	33.3
47 (2035)	111,832	10,464	63,523	37,846	9.4	56.8	33.8
48 (2036)	110,817	10,339	62,362	38,115	9.3	56.3	34.4
49 (2037)	109,788	10,233	61,130	38,424	9.3	55.7	35.0
50 (2038)	108,746	10,137	59,850	38,759	9.3	55.0	35.6
51 (2039)	107,694	10,047	58,594	39,053	9.3	54.4	36.3
52 (2040)	106,632	9,957	57,432	39,243	9.3	53.9	36.8
53 (2041)	105,563	9,865	56,342	39,356	9.3	53.4	37.3
54 (2042)	104,487	9,767	55,328	39,391	9.3	53.0	37.7
55 (2043)	103,406	9,663	54,356	39,387	9.3	52.6	38.1
56 (2044)	102,322	9,553	53,442	39,327	9.3	52.2	38.4
57 (2045)	101,235	9,436	52,564	39,235	9.3	51.9	38.8
58 (2046)	100,147	9,312	51,745	39,090	9.3	51.7	39.0
59 (2047)	99,058	9,182	50,938	38,939	9.3	51.4	39.3
60 (2048)	97,967	9,045	50,128	38,794	9.2	51.2	39.6
61 (2049)	96,875	8,901	49,335	38,639	9.2	50.9	39.9
62 (2050)	95,782	8,751	48,581	38,451	9.1	50.7	40.1
63 (2051)	94,686	8,594	47,871	38,220	9.1	50.6	40.4
64 (2052)	93,587	8,433	47,179	37,975	9.0	50.4	40.6
65 (2053)	92,484	8,267	46,514	37,702	8.9	50.3	40.8
66 (2054)	91,375	8,098	45,882	37,396	8.9	50.2	40.9
67 (2055)	90,262	7,927	45,270	37,065	8.8	50.2	41.1
68 (2056)	89,141	7,755	44,672	36,714	8.7	50.1	41.2
69 (2057)	88,014	7,585	44,063	36,366	8.6	50.1	41.3
70 (2058)	86,879	7,418	43,462	35,999	8.5	50.0	41.4
71 (2059)	85,737	7,255	42,829	35,653	8.5	50.0	41.6
72 (2060)	84,588	7,097	42,179	35,312	8.4	49.9	41.7
73 (2061)	83,432	6,946	41,535	34,952	8.3	49.8	41.9
74 (2062)	82,272	6,802	40,876	34,594	8.3	49.7	42.0
75 (2063)	81,108	6,667	40,203	34,238	8.2	49.6	42.2
76 (2064)	79,942	6,541	39,534	33,867	8.2	49.5	42.4
77 (2065)	78,776	6,424	38,855	33,497	8.2	49.3	42.5

各年10月1日現在の総人口(日本における外国人を含む). 平成27(2015)年は, 総務省統計局『平成27年国勢調査　年齢・国籍不詳をあん分した人口(参考表)』による.

参考表A-10 総数, 年齢3区分(0～14歳, 15～64歳, 65歳以上)別総人口及び年齢構造係数：出生低位(死亡中位)推計(封鎖人口)

年　次	人　口 (1,000人)				割　合 (%)		
	総　数	0～14歳	15～64歳	65歳以上	0～14歳	15～64歳	65歳以上
平成 73 (2066)	77,606	6,316	38,189	33,101	8.1	49.2	42.7
79 (2067)	76,433	6,216	37,527	32,690	8.1	49.1	42.8
80 (2068)	75,261	6,124	36,885	32,252	8.1	49.0	42.9
81 (2069)	74,092	6,038	36,251	31,802	8.1	48.9	42.9
82 (2070)	72,930	5,958	35,644	31,329	8.2	48.9	43.0
83 (2071)	71,779	5,881	35,029	30,869	8.2	48.8	43.0
84 (2072)	70,642	5,807	34,400	30,434	8.2	48.7	43.1
85 (2073)	69,519	5,735	33,757	30,026	8.3	48.6	43.2
86 (2074)	68,413	5,664	33,128	29,621	8.3	48.4	43.3
87 (2075)	67,326	5,592	32,504	29,230	8.3	48.3	43.4
88 (2076)	66,257	5,519	31,879	28,859	8.3	48.1	43.6
89 (2077)	65,207	5,445	31,276	28,486	8.4	48.0	43.7
90 (2078)	64,176	5,369	30,676	28,131	8.4	47.8	43.8
91 (2079)	63,162	5,290	30,107	27,765	8.4	47.7	44.0
92 (2080)	62,166	5,209	29,548	27,409	8.4	47.5	44.1
93 (2081)	61,185	5,125	28,975	27,085	8.4	47.4	44.3
94 (2082)	60,220	5,039	28,441	26,739	8.4	47.2	44.4
95 (2083)	59,268	4,952	27,943	26,374	8.4	47.1	44.5
96 (2084)	58,330	4,863	27,481	25,986	8.3	47.1	44.6
97 (2085)	57,403	4,772	27,051	25,580	8.3	47.1	44.6
98 (2086)	56,488	4,681	26,646	25,160	8.3	47.2	44.5
99 (2087)	55,583	4,590	26,261	24,732	8.3	47.2	44.5
100 (2088)	54,689	4,500	25,888	24,301	8.2	47.3	44.4
101 (2089)	53,804	4,410	25,522	23,872	8.2	47.4	44.4
102 (2090)	52,928	4,322	25,158	23,448	8.2	47.5	44.3
103 (2091)	52,062	4,236	24,795	23,031	8.1	47.6	44.2
104 (2092)	51,205	4,153	24,429	22,623	8.1	47.7	44.2
105 (2093)	50,358	4,072	24,061	22,224	8.1	47.8	44.1
106 (2094)	49,519	3,995	23,690	21,834	8.1	47.8	44.1
107 (2095)	48,691	3,921	23,317	21,453	8.1	47.9	44.1
108 (2096)	47,873	3,850	22,943	21,079	8.0	47.9	44.0
109 (2097)	47,065	3,783	22,568	20,713	8.0	48.0	44.0
110 (2098)	46,268	3,720	22,193	20,355	8.0	48.0	44.0
111 (2099)	45,481	3,659	21,819	20,004	8.0	48.0	44.0
112 (2100)	44,707	3,601	21,445	19,660	8.1	48.0	44.0
113 (2101)	43,944	3,546	21,073	19,324	8.1	48.0	44.0
114 (2102)	43,192	3,493	20,703	18,995	8.1	47.9	44.0
115 (2103)	42,453	3,442	20,336	18,674	8.1	47.9	44.0
116 (2104)	41,726	3,393	19,972	18,361	8.1	47.9	44.0
117 (2105)	41,011	3,345	19,612	18,054	8.2	47.8	44.0
118 (2106)	40,309	3,297	19,257	17,755	8.2	47.8	44.0
119 (2107)	39,620	3,250	18,906	17,463	8.2	47.7	44.1
120 (2108)	38,943	3,203	18,563	17,177	8.2	47.7	44.1
121 (2109)	38,279	3,156	18,226	16,897	8.2	47.6	44.1
122 (2110)	37,629	3,109	17,897	16,623	8.3	47.6	44.2
123 (2111)	36,991	3,061	17,576	16,354	8.3	47.5	44.2
124 (2112)	36,367	3,013	17,265	16,089	8.3	47.5	44.2
125 (2113)	35,756	2,964	16,963	15,828	8.3	47.4	44.3
126 (2114)	35,158	2,915	16,672	15,571	8.3	47.4	44.3
127 (2115)	34,572	2,865	16,390	15,317	8.3	47.4	44.3

各年10月1日現在の総人口(日本における外国人を含む).

(B) 仮定値一定推計、封鎖人口推計
平成 27(2015)年～平成 127(2115)年

比　較　表

結果表 B-1～B-7：仮定値一定推計（7推計）、封鎖人口推計（3推計）について、
　7種の人口指標の年次推移の比較を示す。

表B-1　総人口：仮定値一定推計における各推計値 (1,000人)

年　次	仮定値一定							封鎖人口		
	出生率一定			死亡率一定			出生一定	出生中位	出生高位	出生低位
	死亡中位	死亡高位	死亡低位	出生中位	出生高位	出生低位	死亡一定	死亡中位	死亡中位	死亡中位
平成 27 (2015)	127,095	127,095	127,095	127,095	127,095	127,095	127,095	127,095	127,095	127,095
28 (2016)	126,840	126,761	126,914	126,818	126,844	126,792	126,820	126,785	126,811	126,760
29 (2017)	126,539	126,356	126,711	126,474	126,547	126,404	126,481	126,426	126,499	126,356
30 (2018)	126,192	125,910	126,456	126,066	126,204	125,935	126,080	126,016	126,154	125,885
31 (2019)	125,799	125,425	126,152	125,595	125,821	125,384	125,622	125,556	125,781	125,345
32 (2020)	125,366	124,905	125,802	125,068	125,401	124,759	125,108	125,051	125,384	124,743
33 (2021)	124,893	124,351	125,408	124,487	124,946	124,068	124,545	124,503	124,961	124,085
34 (2022)	124,386	123,766	124,975	123,859	124,455	123,319	123,934	123,916	124,511	123,378
35 (2023)	123,845	123,154	124,505	123,188	123,927	122,522	123,282	123,294	124,031	122,631
36 (2024)	123,275	122,517	124,001	122,478	123,363	121,685	122,592	122,640	123,520	121,851
37 (2025)	122,676	121,856	123,465	121,734	122,762	120,813	121,866	121,957	122,979	121,042
38 (2026)	122,053	121,173	122,899	120,958	122,127	119,912	121,107	121,248	122,409	120,209
39 (2027)	121,405	120,471	122,307	120,153	121,459	118,984	120,318	120,514	121,810	119,354
40 (2028)	120,736	119,750	121,689	119,322	120,761	118,032	119,502	119,757	121,184	118,478
41 (2029)	120,045	119,012	121,047	118,466	120,034	117,058	118,661	118,979	120,531	117,584
42 (2030)	119,334	118,255	120,381	117,587	119,280	116,063	117,796	118,178	119,853	116,670
43 (2031)	118,603	117,482	119,693	116,686	118,499	115,048	116,908	117,356	119,149	115,738
44 (2032)	117,853	116,693	118,984	115,762	117,694	114,014	115,999	116,513	118,421	114,787
45 (2033)	117,084	115,888	118,253	114,819	116,865	112,962	115,069	115,650	117,670	113,819
46 (2034)	116,298	115,067	117,501	113,857	116,017	111,894	114,122	114,769	116,897	112,833
47 (2035)	115,495	114,233	116,731	112,880	115,150	110,812	113,159	113,869	116,105	111,832
48 (2036)	114,676	113,384	115,943	111,889	114,268	109,717	112,182	112,954	115,295	110,817
49 (2037)	113,842	112,523	115,137	110,886	113,374	108,610	111,193	112,024	114,470	109,788
50 (2038)	112,995	111,651	114,315	109,872	112,469	107,493	110,192	111,081	113,630	108,746
51 (2039)	112,136	110,770	113,480	108,850	111,556	106,368	109,184	110,127	112,779	107,694
52 (2040)	111,266	109,881	112,632	107,823	110,640	105,237	108,171	109,162	111,919	106,632
53 (2041)	110,389	108,985	111,773	106,795	109,724	104,104	107,155	108,191	111,052	105,563
54 (2042)	109,505	108,087	110,906	105,766	108,810	102,969	106,140	107,213	110,181	104,487
55 (2043)	108,617	107,186	110,033	104,740	107,902	101,836	105,128	106,232	109,309	103,406
56 (2044)	107,728	106,286	109,156	103,718	107,002	100,704	104,120	105,249	108,438	102,322
57 (2045)	106,839	105,387	108,277	102,701	106,112	99,574	103,118	104,266	107,571	101,235
58 (2046)	105,951	104,491	107,398	101,690	105,232	98,447	102,122	103,283	106,711	100,147
59 (2047)	105,065	103,598	106,520	100,684	104,364	97,322	101,133	102,303	105,857	99,058
60 (2048)	104,183	102,709	105,644	99,682	103,507	96,197	100,148	101,326	105,012	97,967
61 (2049)	103,303	101,822	104,771	98,684	102,660	95,071	99,167	100,350	104,176	96,875
62 (2050)	102,426	100,938	103,901	97,687	101,820	93,943	98,189	99,377	103,349	95,782
63 (2051)	101,551	100,054	103,033	96,690	100,987	92,811	97,210	98,405	102,528	94,686
64 (2052)	100,676	99,170	102,166	95,690	100,156	91,672	96,230	97,434	101,713	93,587
65 (2053)	99,801	98,285	101,301	94,686	99,327	90,526	95,247	96,461	100,901	92,484
66 (2054)	98,924	97,395	100,435	93,677	98,496	89,373	94,258	95,486	100,090	91,375
67 (2055)	98,044	96,501	99,567	92,662	97,661	88,210	93,263	94,507	99,278	90,262
68 (2056)	97,158	95,601	98,695	91,640	96,822	87,040	92,262	93,523	98,463	89,141
69 (2057)	96,266	94,694	97,817	90,612	95,977	85,862	91,254	92,532	97,642	88,014
70 (2058)	95,367	93,779	96,934	89,577	95,127	84,678	90,241	91,535	96,814	86,879
71 (2059)	94,460	92,856	96,042	88,538	94,271	83,490	89,222	90,530	95,978	85,737
72 (2060)	93,546	91,926	95,143	87,496	93,412	82,298	88,200	89,517	95,133	84,588
73 (2061)	92,623	90,989	94,236	86,453	92,550	81,107	87,177	88,497	94,280	83,432
74 (2062)	91,694	90,047	93,322	85,411	91,687	79,918	86,155	87,471	93,418	82,272
75 (2063)	90,760	89,101	92,400	84,373	90,827	78,734	85,136	86,439	92,548	81,108
76 (2064)	89,822	88,153	91,473	83,342	89,971	77,558	84,124	85,405	91,674	79,942
77 (2065)	88,881	87,206	90,542	82,320	89,123	76,393	83,122	84,369	90,796	78,776

各年10月1日現在の総人口（日本における外国人を含む）．平成27(2015)年は，総務省統計局『平成27年国勢調査　年齢・国籍不詳をあん分した人口（参考表）』による．

参考表B-1　総人口：仮定値一定推計における各推計値　　　　　　　　　　　　　　　　　　　　　(1,000人)

年次	仮定値一定							封鎖人口		
	出生率一定			死亡率一定			出生一定	出生中位	出生高位	出生低位
	死亡中位	死亡高位	死亡低位	出生中位	出生高位	出生低位	死亡一定	死亡中位	死亡中位	死亡中位
平成 78 (2066)	87,934	86,256	89,600	81,311	88,285	75,243	82,132	83,327	89,910	77,606
79 (2067)	86,982	85,305	88,649	80,317	87,461	74,108	81,156	82,280	89,017	76,433
80 (2068)	86,027	84,355	87,692	79,339	86,652	72,991	80,197	81,233	88,123	75,261
81 (2069)	85,074	83,412	86,732	78,380	85,861	71,894	79,257	80,188	87,230	74,092
82 (2070)	84,126	82,476	85,773	77,441	85,090	70,818	78,336	79,149	86,342	72,930
83 (2071)	83,187	81,552	84,820	76,522	84,338	69,764	77,436	78,120	85,463	71,779
84 (2072)	82,258	80,641	83,874	75,624	83,608	68,730	76,556	77,103	84,597	70,642
85 (2073)	81,342	79,746	82,940	74,746	82,899	67,718	75,697	76,100	83,745	69,519
86 (2074)	80,442	78,867	82,018	73,888	82,211	66,726	74,858	75,115	82,911	68,413
87 (2075)	79,558	78,004	81,112	73,049	81,542	65,752	74,037	74,147	82,096	67,326
88 (2076)	78,691	77,159	80,223	72,228	80,893	64,797	73,235	73,197	81,301	66,257
89 (2077)	77,841	76,331	79,351	71,423	80,262	63,857	72,448	72,267	80,526	65,207
90 (2078)	77,008	75,519	78,496	70,632	79,648	62,932	71,677	71,355	79,772	64,176
91 (2079)	76,191	74,722	77,658	69,855	79,049	62,021	70,919	70,461	79,037	63,162
92 (2080)	75,389	73,939	76,836	69,090	78,464	61,121	70,173	69,585	78,322	62,166
93 (2081)	74,602	73,170	76,030	68,335	77,892	60,231	69,437	68,725	77,624	61,185
94 (2082)	73,828	72,412	75,238	67,590	77,330	59,351	68,711	67,880	76,944	60,220
95 (2083)	73,066	71,665	74,459	66,853	76,779	58,479	67,994	67,048	76,278	59,268
96 (2084)	72,314	70,927	73,692	66,123	76,235	57,614	67,284	66,230	75,627	58,330
97 (2085)	71,572	70,198	72,935	65,401	75,699	56,757	66,580	65,424	74,988	57,403
98 (2086)	70,838	69,477	72,188	64,684	75,170	55,907	65,883	64,628	74,360	56,488
99 (2087)	70,111	68,762	71,450	63,973	74,645	55,063	65,191	63,843	73,743	55,583
100 (2088)	69,392	68,053	70,719	63,268	74,126	54,225	64,505	63,067	73,134	54,689
101 (2089)	68,678	67,349	69,995	62,568	73,611	53,395	63,824	62,299	72,533	53,804
102 (2090)	67,971	66,652	69,277	61,873	73,100	52,571	63,148	61,540	71,939	52,928
103 (2091)	67,268	65,959	68,564	61,185	72,593	51,756	62,478	60,788	71,351	52,062
104 (2092)	66,570	65,271	67,857	60,502	72,089	50,948	61,813	60,044	70,768	51,205
105 (2093)	65,878	64,588	67,155	59,826	71,588	50,150	61,155	59,308	70,191	50,358
106 (2094)	65,190	63,910	66,458	59,157	71,092	49,361	60,502	58,578	69,618	49,519
107 (2095)	64,508	63,238	65,766	58,494	70,598	48,581	59,857	57,856	69,050	48,691
108 (2096)	63,832	62,572	65,079	57,839	70,109	47,813	59,218	57,142	68,487	47,873
109 (2097)	63,161	61,912	64,397	57,191	69,622	47,055	58,585	56,435	67,928	47,065
110 (2098)	62,496	61,258	63,722	56,550	69,139	46,308	57,960	55,736	67,374	46,268
111 (2099)	61,838	60,611	63,053	55,917	68,659	45,573	57,342	55,046	66,825	45,481
112 (2100)	61,186	59,970	62,390	55,291	68,182	44,849	56,730	54,363	66,280	44,707
113 (2101)	60,540	59,337	61,733	54,673	67,708	44,138	56,126	53,689	65,740	43,944
114 (2102)	59,902	58,710	61,083	54,062	67,237	43,439	55,528	53,022	65,205	43,192
115 (2103)	59,270	58,089	60,440	53,459	66,768	42,753	54,937	52,364	64,674	42,453
116 (2104)	58,645	57,476	59,804	52,863	66,301	42,079	54,353	51,714	64,147	41,726
117 (2105)	58,027	56,869	59,174	52,274	65,837	41,418	53,775	51,072	63,624	41,011
118 (2106)	57,416	56,269	58,551	51,692	65,375	40,769	53,204	50,438	63,106	40,309
119 (2107)	56,811	55,675	57,935	51,117	64,914	40,133	52,639	49,812	62,590	39,620
120 (2108)	56,212	55,088	57,325	50,550	64,455	39,510	52,080	49,194	62,079	38,943
121 (2109)	55,620	54,507	56,722	49,989	63,999	38,899	51,528	48,584	61,570	38,279
122 (2110)	55,034	53,932	56,126	49,435	63,544	38,301	50,982	47,982	61,065	37,629
123 (2111)	54,455	53,363	55,535	48,888	63,091	37,714	50,441	47,387	60,562	36,991
124 (2112)	53,882	52,801	54,951	48,347	62,641	37,139	49,907	46,801	60,063	36,367
125 (2113)	53,315	52,245	54,374	47,812	62,192	36,574	49,378	46,222	59,566	35,756
126 (2114)	52,754	51,695	53,802	47,284	61,747	36,020	48,855	45,651	59,072	35,158
127 (2115)	52,200	51,151	53,237	46,762	61,304	35,475	48,338	45,087	58,581	34,572

各年10月1日現在の総人口（日本における外国人を含む）.

表B-2　年少人口（0～14歳）（総人口）：仮定値一定推計における各推計値　　　　　　　　　　　　　　　　　　　　（1,000人）

年次	仮定値一定							封鎖人口		
	出生率一定			死亡率一定			出生一定	出生中位	出生高位	出生低位
	死亡中位	死亡高位	死亡低位	出生中位	出生高位	出生低位	死亡一定	死亡中位	死亡中位	死亡中位
平成 27 (2015)	15,945	15,945	15,945	15,945	15,945	15,945	15,945	15,945	15,945	15,945
28 (2016)	15,773	15,773	15,773	15,770	15,796	15,745	15,773	15,768	15,794	15,742
29 (2017)	15,594	15,593	15,595	15,586	15,659	15,517	15,593	15,581	15,654	15,511
30 (2018)	15,428	15,426	15,429	15,412	15,550	15,280	15,426	15,403	15,541	15,272
31 (2019)	15,261	15,259	15,263	15,233	15,458	15,022	15,259	15,221	15,446	15,010
32 (2020)	15,116	15,113	15,118	15,072	15,406	14,764	15,113	15,056	15,389	14,748
33 (2021)	14,957	14,954	14,959	14,896	15,355	14,477	14,954	14,875	15,333	14,457
34 (2022)	14,777	14,774	14,780	14,698	15,294	14,158	14,773	14,670	15,265	14,132
35 (2023)	14,578	14,574	14,582	14,479	15,218	13,813	14,573	14,444	15,180	13,781
36 (2024)	14,390	14,386	14,394	14,271	15,155	13,478	14,385	14,227	15,107	13,437
37 (2025)	14,205	14,200	14,209	14,066	15,095	13,146	14,199	14,011	15,033	13,096
38 (2026)	14,016	14,011	14,021	13,859	15,028	12,813	14,009	13,791	14,952	12,752
39 (2027)	13,849	13,844	13,854	13,676	14,982	12,506	13,841	13,592	14,888	12,432
40 (2028)	13,683	13,677	13,688	13,494	14,932	12,203	13,674	13,393	14,819	12,114
41 (2029)	13,548	13,541	13,554	13,343	14,911	11,935	13,538	13,224	14,777	11,830
42 (2030)	13,421	13,414	13,427	13,201	14,894	11,677	13,410	13,062	14,737	11,554
43 (2031)	13,248	13,241	13,254	13,016	14,804	11,404	13,236	12,856	14,623	11,263
44 (2032)	13,092	13,085	13,098	12,850	14,709	11,171	13,079	12,667	14,502	11,011
45 (2033)	12,949	12,942	12,955	12,700	14,609	10,974	12,936	12,495	14,376	10,794
46 (2034)	12,818	12,811	12,824	12,566	14,500	10,813	12,805	12,338	14,242	10,614
47 (2035)	12,696	12,689	12,702	12,443	14,381	10,683	12,682	12,194	14,097	10,464
48 (2036)	12,581	12,574	12,587	12,330	14,251	10,577	12,566	12,059	13,943	10,339
49 (2037)	12,471	12,463	12,477	12,223	14,116	10,488	12,455	11,932	13,784	10,233
50 (2038)	12,363	12,356	12,370	12,121	13,978	10,409	12,347	11,810	13,624	10,137
51 (2039)	12,257	12,250	12,264	12,020	13,839	10,335	12,240	11,691	13,466	10,047
52 (2040)	12,151	12,143	12,157	11,919	13,702	10,259	12,133	11,574	13,310	9,957
53 (2041)	12,043	12,035	12,049	11,815	13,566	10,179	12,025	11,455	13,158	9,865
54 (2042)	11,933	11,925	11,940	11,708	13,432	10,093	11,914	11,335	13,009	9,767
55 (2043)	11,821	11,813	11,827	11,597	13,301	9,999	11,801	11,212	12,866	9,663
56 (2044)	11,706	11,698	11,713	11,482	13,174	9,898	11,686	11,087	12,727	9,553
57 (2045)	11,589	11,581	11,596	11,364	13,053	9,788	11,568	10,961	12,595	9,436
58 (2046)	11,470	11,462	11,477	11,243	12,937	9,670	11,449	10,833	12,471	9,312
59 (2047)	11,350	11,342	11,357	11,121	12,829	9,544	11,328	10,705	12,355	9,182
60 (2048)	11,228	11,220	11,235	10,997	12,728	9,411	11,206	10,575	12,247	9,045
61 (2049)	11,106	11,098	11,113	10,871	12,635	9,270	11,082	10,445	12,147	8,901
62 (2050)	10,983	10,974	10,990	10,744	12,549	9,121	10,959	10,314	12,055	8,751
63 (2051)	10,859	10,851	10,867	10,615	12,470	8,966	10,835	10,182	11,969	8,594
64 (2052)	10,736	10,727	10,743	10,486	12,397	8,805	10,710	10,049	11,889	8,433
65 (2053)	10,613	10,604	10,620	10,356	12,328	8,640	10,586	9,916	11,814	8,267
66 (2054)	10,490	10,481	10,498	10,226	12,264	8,471	10,463	9,783	11,742	8,098
67 (2055)	10,369	10,359	10,377	10,096	12,203	8,301	10,341	9,649	11,672	7,927
68 (2056)	10,249	10,239	10,257	9,968	12,144	8,130	10,220	9,517	11,605	7,755
69 (2057)	10,130	10,121	10,139	9,842	12,086	7,961	10,101	9,386	11,538	7,585
70 (2058)	10,014	10,004	10,022	9,718	12,029	7,794	9,984	9,258	11,470	7,418
71 (2059)	9,899	9,889	9,908	9,596	11,971	7,633	9,869	9,131	11,401	7,255
72 (2060)	9,787	9,777	9,796	9,478	11,910	7,477	9,756	9,007	11,329	7,097
73 (2061)	9,678	9,668	9,687	9,364	11,846	7,328	9,646	8,886	11,254	6,946
74 (2062)	9,571	9,561	9,580	9,252	11,779	7,187	9,539	8,768	11,174	6,802
75 (2063)	9,467	9,457	9,476	9,145	11,707	7,055	9,434	8,654	11,090	6,667
76 (2064)	9,367	9,356	9,376	9,042	11,630	6,933	9,333	8,543	11,001	6,541
77 (2065)	9,269	9,259	9,278	8,942	11,548	6,820	9,235	8,436	10,908	6,424

各年10月1日現在の総人口（日本における外国人を含む）．平成27(2015)年は，総務省統計局『平成27年国勢調査　年齢・国籍不詳をあん分した人口（参考表）』による．

参考表B-2　年少人口(0～14歳)(総人口)：仮定値一定推計における各推計値

(1,000人)

年　次	仮定値一定							封鎖人口		
	出生率一定			死亡率一定			出生一定	出生中位	出生高位	出生低位
	死亡中位	死亡高位	死亡低位	出生中位	出生高位	出生低位	死亡一定	死亡中位	死亡中位	死亡中位
平成 78 (2066)	9,174	9,164	9,184	8,847	11,462	6,716	9,140	8,333	10,811	6,316
79 (2067)	9,082	9,072	9,092	8,755	11,373	6,621	9,047	8,233	10,710	6,216
80 (2068)	8,993	8,982	9,002	8,666	11,280	6,533	8,957	8,137	10,607	6,124
81 (2069)	8,905	8,894	8,914	8,579	11,186	6,452	8,869	8,043	10,502	6,038
82 (2070)	8,819	8,808	8,828	8,494	11,089	6,376	8,782	7,952	10,397	5,958
83 (2071)	8,734	8,723	8,743	8,411	10,992	6,303	8,697	7,862	10,291	5,881
84 (2072)	8,650	8,639	8,659	8,329	10,894	6,233	8,612	7,774	10,186	5,807
85 (2073)	8,566	8,556	8,576	8,247	10,798	6,164	8,528	7,687	10,082	5,735
86 (2074)	8,483	8,472	8,492	8,164	10,702	6,096	8,445	7,601	9,981	5,664
87 (2075)	8,400	8,389	8,409	8,082	10,609	6,026	8,361	7,515	9,882	5,592
88 (2076)	8,316	8,305	8,325	7,999	10,519	5,955	8,277	7,429	9,787	5,519
89 (2077)	8,232	8,221	8,241	7,915	10,432	5,882	8,192	7,342	9,695	5,445
90 (2078)	8,147	8,136	8,156	7,830	10,348	5,806	8,107	7,256	9,607	5,369
91 (2079)	8,062	8,051	8,071	7,745	10,268	5,727	8,022	7,169	9,523	5,290
92 (2080)	7,976	7,965	7,986	7,658	10,192	5,645	7,936	7,082	9,443	5,209
93 (2081)	7,891	7,880	7,900	7,571	10,120	5,560	7,850	6,995	9,367	5,125
94 (2082)	7,805	7,794	7,814	7,484	10,051	5,473	7,763	6,907	9,295	5,039
95 (2083)	7,719	7,708	7,728	7,396	9,986	5,383	7,677	6,819	9,225	4,952
96 (2084)	7,633	7,622	7,642	7,309	9,923	5,291	7,591	6,732	9,159	4,863
97 (2085)	7,547	7,536	7,557	7,221	9,863	5,198	7,505	6,645	9,094	4,772
98 (2086)	7,463	7,451	7,472	7,134	9,804	5,105	7,420	6,558	9,032	4,681
99 (2087)	7,379	7,367	7,388	7,048	9,747	5,011	7,336	6,472	8,970	4,590
100 (2088)	7,296	7,284	7,305	6,962	9,691	4,917	7,253	6,386	8,909	4,500
101 (2089)	7,214	7,202	7,224	6,878	9,636	4,825	7,171	6,302	8,848	4,410
102 (2090)	7,133	7,122	7,143	6,795	9,580	4,735	7,090	6,219	8,787	4,322
103 (2091)	7,054	7,042	7,064	6,714	9,523	4,646	7,010	6,137	8,725	4,236
104 (2092)	6,976	6,964	6,986	6,635	9,466	4,561	6,932	6,057	8,662	4,153
105 (2093)	6,900	6,888	6,910	6,557	9,407	4,478	6,856	5,979	8,597	4,072
106 (2094)	6,825	6,813	6,835	6,482	9,346	4,399	6,781	5,902	8,531	3,995
107 (2095)	6,752	6,740	6,762	6,408	9,284	4,323	6,707	5,828	8,463	3,921
108 (2096)	6,680	6,669	6,690	6,336	9,220	4,251	6,636	5,755	8,393	3,850
109 (2097)	6,610	6,599	6,620	6,266	9,154	4,183	6,566	5,683	8,322	3,783
110 (2098)	6,542	6,530	6,552	6,198	9,086	4,119	6,497	5,614	8,250	3,720
111 (2099)	6,475	6,463	6,485	6,132	9,017	4,057	6,430	5,546	8,176	3,659
112 (2100)	6,409	6,397	6,419	6,067	8,947	3,999	6,364	5,480	8,102	3,601
113 (2101)	6,344	6,332	6,354	6,003	8,876	3,944	6,299	5,415	8,027	3,546
114 (2102)	6,280	6,269	6,290	5,941	8,805	3,890	6,234	5,351	7,952	3,493
115 (2103)	6,217	6,205	6,227	5,879	8,733	3,839	6,171	5,288	7,878	3,442
116 (2104)	6,155	6,143	6,164	5,818	8,662	3,789	6,109	5,227	7,804	3,393
117 (2105)	6,093	6,081	6,103	5,757	8,592	3,740	6,047	5,166	7,731	3,345
118 (2106)	6,031	6,020	6,041	5,697	8,522	3,692	5,985	5,105	7,660	3,297
119 (2107)	5,970	5,958	5,980	5,637	8,454	3,644	5,924	5,045	7,590	3,250
120 (2108)	5,909	5,897	5,919	5,577	8,387	3,595	5,862	4,986	7,521	3,203
121 (2109)	5,848	5,836	5,858	5,516	8,323	3,547	5,801	4,926	7,455	3,156
122 (2110)	5,787	5,776	5,797	5,456	8,260	3,498	5,741	4,867	7,390	3,109
123 (2111)	5,726	5,715	5,736	5,396	8,199	3,448	5,680	4,808	7,328	3,061
124 (2112)	5,666	5,654	5,675	5,336	8,139	3,397	5,619	4,749	7,268	3,013
125 (2113)	5,605	5,594	5,615	5,276	8,082	3,346	5,558	4,691	7,209	2,964
126 (2114)	5,545	5,533	5,554	5,216	8,027	3,294	5,498	4,632	7,152	2,915
127 (2115)	5,485	5,473	5,494	5,156	7,973	3,242	5,438	4,574	7,097	2,865

各年10月1日現在の総人口(日本における外国人を含む).

表B-3　年少人口割合（0〜14歳）（総人口）：仮定値一定推計における各推計値　　　　　　　　　　　　　　　　（%）

年　　次	仮定値一定							封鎖人口		
	出生率一定			死亡率一定			出生一定	出生中位	出生高位	出生低位
	死亡中位	死亡高位	死亡低位	出生中位	出生高位	出生低位	死亡一定	死亡中位	死亡中位	死亡中位
平成 27 (2015)	12.5	12.5	12.5	12.5	12.5	12.5	12.5	12.5	12.5	12.5
28 (2016)	12.4	12.4	12.4	12.4	12.5	12.4	12.4	12.4	12.5	12.4
29 (2017)	12.3	12.3	12.3	12.3	12.4	12.3	12.3	12.3	12.4	12.3
30 (2018)	12.2	12.3	12.2	12.2	12.3	12.1	12.2	12.2	12.3	12.1
31 (2019)	12.1	12.2	12.1	12.1	12.3	12.0	12.1	12.1	12.3	12.0
32 (2020)	12.1	12.1	12.0	12.1	12.3	11.8	12.1	12.0	12.3	11.8
33 (2021)	12.0	12.0	11.9	12.0	12.3	11.7	12.0	11.9	12.3	11.7
34 (2022)	11.9	11.9	11.8	11.9	12.3	11.5	11.9	11.8	12.3	11.5
35 (2023)	11.8	11.8	11.7	11.8	12.3	11.3	11.8	11.7	12.2	11.2
36 (2024)	11.7	11.7	11.6	11.7	12.3	11.1	11.7	11.6	12.2	11.0
37 (2025)	11.6	11.7	11.5	11.6	12.3	10.9	11.7	11.5	12.2	10.8
38 (2026)	11.5	11.6	11.4	11.5	12.3	10.7	11.6	11.4	12.2	10.6
39 (2027)	11.4	11.5	11.3	11.4	12.3	10.5	11.5	11.3	12.2	10.4
40 (2028)	11.3	11.4	11.2	11.3	12.4	10.3	11.4	11.2	12.2	10.2
41 (2029)	11.3	11.4	11.2	11.3	12.4	10.2	11.4	11.1	12.3	10.1
42 (2030)	11.2	11.3	11.2	11.2	12.5	10.1	11.4	11.1	12.3	9.9
43 (2031)	11.2	11.3	11.1	11.2	12.5	9.9	11.3	11.0	12.3	9.7
44 (2032)	11.1	11.2	11.0	11.1	12.5	9.8	11.3	10.9	12.2	9.6
45 (2033)	11.1	11.2	11.0	11.1	12.5	9.7	11.2	10.8	12.2	9.5
46 (2034)	11.0	11.1	10.9	11.0	12.5	9.7	11.2	10.8	12.2	9.4
47 (2035)	11.0	11.1	10.9	11.0	12.5	9.6	11.2	10.7	12.1	9.4
48 (2036)	11.0	11.1	10.9	11.0	12.5	9.6	11.2	10.7	12.1	9.3
49 (2037)	11.0	11.1	10.8	11.0	12.5	9.7	11.2	10.7	12.0	9.3
50 (2038)	10.9	11.1	10.8	11.0	12.4	9.7	11.2	10.6	12.0	9.3
51 (2039)	10.9	11.1	10.8	11.0	12.4	9.7	11.2	10.6	11.9	9.3
52 (2040)	10.9	11.1	10.8	11.1	12.4	9.7	11.2	10.6	11.9	9.3
53 (2041)	10.9	11.0	10.8	11.1	12.4	9.8	11.2	10.6	11.8	9.3
54 (2042)	10.9	11.0	10.8	11.1	12.3	9.8	11.2	10.6	11.8	9.3
55 (2043)	10.9	11.0	10.7	11.1	12.3	9.8	11.2	10.6	11.8	9.3
56 (2044)	10.9	11.0	10.7	11.1	12.3	9.8	11.2	10.5	11.7	9.3
57 (2045)	10.8	11.0	10.7	11.1	12.3	9.8	11.2	10.5	11.7	9.3
58 (2046)	10.8	11.0	10.7	11.1	12.3	9.8	11.2	10.5	11.7	9.3
59 (2047)	10.8	10.9	10.7	11.0	12.3	9.8	11.2	10.5	11.7	9.3
60 (2048)	10.8	10.9	10.6	11.0	12.3	9.8	11.2	10.4	11.7	9.2
61 (2049)	10.8	10.9	10.6	11.0	12.3	9.8	11.2	10.4	11.7	9.2
62 (2050)	10.7	10.9	10.6	11.0	12.3	9.7	11.2	10.4	11.7	9.1
63 (2051)	10.7	10.8	10.5	11.0	12.3	9.7	11.1	10.3	11.7	9.1
64 (2052)	10.7	10.8	10.5	11.0	12.4	9.6	11.1	10.3	11.7	9.0
65 (2053)	10.6	10.8	10.5	10.9	12.4	9.5	11.1	10.3	11.7	8.9
66 (2054)	10.6	10.8	10.5	10.9	12.5	9.5	11.1	10.2	11.7	8.9
67 (2055)	10.6	10.7	10.4	10.9	12.5	9.4	11.1	10.2	11.8	8.8
68 (2056)	10.5	10.7	10.4	10.9	12.5	9.3	11.1	10.2	11.8	8.7
69 (2057)	10.5	10.7	10.4	10.9	12.6	9.3	11.1	10.1	11.8	8.6
70 (2058)	10.5	10.7	10.3	10.8	12.6	9.2	11.1	10.1	11.8	8.5
71 (2059)	10.5	10.7	10.3	10.8	12.7	9.1	11.1	10.1	11.9	8.5
72 (2060)	10.5	10.6	10.3	10.8	12.8	9.1	11.1	10.1	11.9	8.4
73 (2061)	10.4	10.6	10.3	10.8	12.8	9.0	11.1	10.0	11.9	8.3
74 (2062)	10.4	10.6	10.3	10.8	12.8	9.0	11.1	10.0	12.0	8.3
75 (2063)	10.4	10.6	10.3	10.8	12.9	9.0	11.1	10.0	12.0	8.2
76 (2064)	10.4	10.6	10.2	10.8	12.9	8.9	11.1	10.0	12.0	8.2
77 (2065)	10.4	10.6	10.2	10.9	13.0	8.9	11.1	10.0	12.0	8.2

各年10月1日現在の総人口（日本における外国人を含む）．平成27（2015）年は，総務省統計局『平成27年国勢調査　年齢・国籍不詳をあん分した人口（参考表）』による．

参考表B-3　年少人口割合(0〜14歳)(総人口)：仮定値一定推計における各推計値 (%)

年次	仮定値一定							封鎖人口		
	出生率一定			死亡率一定			出生一定	出生中位	出生高位	出生低位
	死亡中位	死亡高位	死亡低位	出生中位	出生高位	出生低位	死亡一定	死亡中位	死亡中位	死亡中位
平成 77 (2066)	10.4	10.6	10.2	10.9	13.0	8.9	11.1	10.0	12.0	8.1
79 (2067)	10.4	10.6	10.3	10.9	13.0	8.9	11.1	10.0	12.0	8.1
80 (2068)	10.5	10.6	10.3	10.9	13.0	9.0	11.2	10.0	12.0	8.1
81 (2069)	10.5	10.7	10.3	10.9	13.0	9.0	11.2	10.0	12.0	8.1
82 (2070)	10.5	10.7	10.3	11.0	13.0	9.0	11.2	10.0	12.0	8.2
83 (2071)	10.5	10.7	10.3	11.0	13.0	9.0	11.2	10.1	12.0	8.2
84 (2072)	10.5	10.7	10.3	11.0	13.0	9.1	11.2	10.1	12.0	8.2
85 (2073)	10.5	10.7	10.3	11.0	13.0	9.1	11.3	10.1	12.0	8.3
86 (2074)	10.5	10.7	10.4	11.0	13.0	9.1	11.3	10.1	12.0	8.3
87 (2075)	10.6	10.8	10.4	11.1	13.0	9.2	11.3	10.1	12.0	8.3
88 (2076)	10.6	10.8	10.4	11.1	13.0	9.2	11.3	10.1	12.0	8.3
89 (2077)	10.6	10.8	10.4	11.1	13.0	9.2	11.3	10.2	12.0	8.4
90 (2078)	10.6	10.8	10.4	11.1	13.0	9.2	11.3	10.2	12.0	8.4
91 (2079)	10.6	10.8	10.4	11.1	13.0	9.2	11.3	10.2	12.0	8.4
92 (2080)	10.6	10.8	10.4	11.1	13.0	9.2	11.3	10.2	12.1	8.4
93 (2081)	10.6	10.8	10.4	11.1	13.0	9.2	11.3	10.2	12.1	8.4
94 (2082)	10.6	10.8	10.4	11.1	13.0	9.2	11.3	10.2	12.1	8.4
95 (2083)	10.6	10.8	10.4	11.1	13.0	9.2	11.3	10.2	12.1	8.4
96 (2084)	10.6	10.7	10.4	11.1	13.0	9.2	11.3	10.2	12.1	8.3
97 (2085)	10.5	10.7	10.4	11.0	13.0	9.2	11.3	10.2	12.1	8.3
98 (2086)	10.5	10.7	10.4	11.0	13.0	9.1	11.3	10.1	12.1	8.3
99 (2087)	10.5	10.7	10.3	11.0	13.1	9.1	11.3	10.1	12.2	8.3
100 (2088)	10.5	10.7	10.3	11.0	13.1	9.1	11.2	10.1	12.2	8.2
101 (2089)	10.5	10.7	10.3	11.0	13.1	9.0	11.2	10.1	12.2	8.2
102 (2090)	10.5	10.7	10.3	11.0	13.1	9.0	11.2	10.1	12.2	8.2
103 (2091)	10.5	10.7	10.3	11.0	13.1	9.0	11.2	10.1	12.2	8.1
104 (2092)	10.5	10.7	10.3	11.0	13.1	9.0	11.2	10.1	12.2	8.1
105 (2093)	10.5	10.7	10.3	11.0	13.1	8.9	11.2	10.1	12.2	8.1
106 (2094)	10.5	10.7	10.3	11.0	13.1	8.9	11.2	10.1	12.3	8.1
107 (2095)	10.5	10.7	10.3	11.0	13.2	8.9	11.2	10.1	12.3	8.1
108 (2096)	10.5	10.7	10.3	11.0	13.2	8.9	11.2	10.1	12.3	8.0
109 (2097)	10.5	10.7	10.3	11.0	13.1	8.9	11.2	10.1	12.3	8.0
110 (2098)	10.5	10.7	10.3	11.0	13.1	8.9	11.2	10.1	12.2	8.0
111 (2099)	10.5	10.7	10.3	11.0	13.1	8.9	11.2	10.1	12.2	8.0
112 (2100)	10.5	10.7	10.3	11.0	13.1	8.9	11.2	10.1	12.2	8.1
113 (2101)	10.5	10.7	10.3	11.0	13.1	8.9	11.2	10.1	12.2	8.1
114 (2102)	10.5	10.7	10.3	11.0	13.1	9.0	11.2	10.1	12.2	8.1
115 (2103)	10.5	10.7	10.3	11.0	13.1	9.0	11.2	10.1	12.2	8.1
116 (2104)	10.5	10.7	10.3	11.0	13.1	9.0	11.2	10.1	12.2	8.1
117 (2105)	10.5	10.7	10.3	11.0	13.0	9.0	11.2	10.1	12.2	8.2
118 (2106)	10.5	10.7	10.3	11.0	13.0	9.1	11.2	10.1	12.1	8.2
119 (2107)	10.5	10.7	10.3	11.0	13.0	9.1	11.3	10.1	12.1	8.2
120 (2108)	10.5	10.7	10.3	11.0	13.0	9.1	11.3	10.1	12.1	8.2
121 (2109)	10.5	10.7	10.3	11.0	13.0	9.1	11.3	10.1	12.1	8.2
122 (2110)	10.5	10.7	10.3	11.0	13.0	9.1	11.3	10.1	12.1	8.3
123 (2111)	10.5	10.7	10.3	11.0	13.0	9.1	11.3	10.1	12.1	8.3
124 (2112)	10.5	10.7	10.3	11.0	13.0	9.1	11.3	10.1	12.1	8.3
125 (2113)	10.5	10.7	10.3	11.0	13.0	9.1	11.3	10.1	12.1	8.3
126 (2114)	10.5	10.7	10.3	11.0	13.0	9.1	11.3	10.1	12.1	8.3
127 (2115)	10.5	10.7	10.3	11.0	13.0	9.1	11.2	10.1	12.1	8.3

各年10月1日現在の総人口(日本における外国人を含む).

表B-4　生産年齢人口（15〜64歳）（総人口）：仮定値一定推計における各推計値　　　　　　(1,000人)

| 年次 | 仮定値一定 | | | | | | | 封鎖人口 | | |
| | 出生率一定 | | | 死亡率一定 | | | 出生一定 死亡一定 | 出生中位 死亡中位 | 出生高位 死亡中位 | 出生低位 死亡中位 |
	死亡中位	死亡高位	死亡低位	出生中位	出生高位	出生低位				
平成 27 (2015)	77,282	77,282	77,282	77,282	77,282	77,282	77,282	77,282	77,282	77,282
28 (2016)	76,482	76,474	76,489	76,484	76,484	76,484	76,484	76,432	76,432	76,432
29 (2017)	75,782	75,764	75,799	75,785	75,785	75,785	75,785	75,682	75,682	75,682
30 (2018)	75,158	75,130	75,183	75,161	75,161	75,161	75,161	75,006	75,006	75,006
31 (2019)	74,622	74,587	74,655	74,625	74,625	74,625	74,625	74,418	74,418	74,418
32 (2020)	74,058	74,015	74,097	74,058	74,058	74,058	74,058	73,801	73,801	73,801
33 (2021)	73,550	73,501	73,596	73,546	73,546	73,546	73,546	73,239	73,239	73,239
34 (2022)	73,130	73,074	73,182	73,121	73,121	73,121	73,121	72,764	72,764	72,764
35 (2023)	72,683	72,621	72,740	72,668	72,668	72,668	72,668	72,262	72,262	72,262
36 (2024)	72,181	72,113	72,243	72,159	72,159	72,159	72,159	71,704	71,704	71,704
37 (2025)	71,701	71,628	71,768	71,671	71,671	71,671	71,671	71,168	71,168	71,168
38 (2026)	71,231	71,154	71,303	71,194	71,194	71,194	71,194	70,643	70,643	70,643
39 (2027)	70,716	70,634	70,791	70,669	70,669	70,669	70,669	70,071	70,071	70,071
40 (2028)	70,147	70,061	70,227	70,092	70,092	70,092	70,092	69,446	69,446	69,446
41 (2029)	69,507	69,418	69,590	69,442	69,442	69,442	69,442	68,749	68,749	68,749
42 (2030)	68,754	68,661	68,839	68,679	68,679	68,679	68,679	67,939	67,939	67,939
43 (2031)	68,355	68,258	68,444	68,266	68,292	68,241	68,268	67,481	67,507	67,455
44 (2032)	67,564	67,465	67,655	67,460	67,533	67,391	67,467	66,626	66,699	66,557
45 (2033)	66,753	66,652	66,846	66,631	66,769	66,500	66,645	65,748	65,886	65,617
46 (2034)	65,888	65,785	65,982	65,744	65,969	65,534	65,771	64,811	65,036	64,600
47 (2035)	64,983	64,879	65,078	64,815	65,148	64,508	64,856	63,830	64,162	63,523
48 (2036)	64,011	63,907	64,107	63,818	64,276	63,399	63,875	62,780	63,237	62,362
49 (2037)	62,980	62,876	63,076	62,761	63,357	62,221	62,836	61,668	62,261	61,130
50 (2038)	61,908	61,804	62,003	61,662	62,403	60,996	61,757	60,512	61,248	59,850
51 (2039)	60,862	60,760	60,956	60,591	61,478	59,795	60,705	59,382	60,261	58,594
52 (2040)	59,910	59,808	60,003	59,613	60,647	58,687	59,746	58,345	59,366	57,432
53 (2041)	59,028	58,927	59,121	58,707	59,885	57,652	58,858	57,379	58,538	56,342
54 (2042)	58,220	58,119	58,312	57,876	59,195	56,694	58,043	56,487	57,781	55,328
55 (2043)	57,451	57,350	57,542	57,084	58,541	55,777	57,267	55,633	57,057	54,356
56 (2044)	56,737	56,636	56,828	56,348	57,940	54,918	56,546	54,834	56,384	53,442
57 (2045)	56,057	55,957	56,149	55,648	57,369	54,097	55,860	54,069	55,741	52,564
58 (2046)	55,435	55,334	55,526	55,003	56,852	53,334	55,231	53,360	55,149	51,745
59 (2047)	54,822	54,722	54,913	54,369	56,342	52,584	54,611	52,660	54,564	50,938
60 (2048)	54,205	54,105	54,297	53,731	55,825	51,832	53,988	51,956	53,971	50,128
61 (2049)	53,603	53,503	53,694	53,108	55,320	51,097	53,380	51,266	53,390	49,335
62 (2050)	53,037	52,937	53,128	52,521	54,849	50,400	52,808	50,613	52,843	48,581
63 (2051)	52,515	52,414	52,606	51,977	54,420	49,747	52,279	50,003	52,338	47,871
64 (2052)	52,006	51,906	52,098	51,448	54,004	49,111	51,764	49,409	51,848	47,179
65 (2053)	51,523	51,422	51,615	50,945	53,613	48,500	51,274	48,843	51,385	46,514
66 (2054)	51,070	50,968	51,161	50,470	53,250	47,920	50,813	48,308	50,953	45,882
67 (2055)	50,633	50,531	50,725	50,013	52,905	47,357	50,369	47,793	50,541	45,270
68 (2056)	50,206	50,103	50,299	49,565	52,571	46,804	49,935	47,292	50,144	44,672
69 (2057)	49,764	49,661	49,857	49,103	52,223	46,234	49,486	46,780	49,739	44,063
70 (2058)	49,325	49,221	49,419	48,643	51,881	45,667	49,040	46,278	49,345	43,462
71 (2059)	48,850	48,746	48,944	48,147	51,506	45,063	48,558	45,745	48,924	42,829
72 (2060)	48,355	48,251	48,450	47,632	51,116	44,436	48,058	45,198	48,492	42,179
73 (2061)	47,864	47,759	47,959	47,120	50,734	43,809	47,561	44,660	48,074	41,535
74 (2062)	47,357	47,252	47,452	46,592	50,341	43,164	47,049	44,109	47,649	40,876
75 (2063)	46,837	46,732	46,931	46,050	49,942	42,501	46,524	43,548	47,220	40,203
76 (2064)	46,323	46,218	46,418	45,515	49,556	41,840	46,006	42,995	46,806	39,534
77 (2065)	45,802	45,697	45,896	44,972	49,168	41,167	45,481	42,436	46,391	38,855

各年10月1日現在の総人口（日本における外国人を含む）. 平成27(2015)年は, 総務省統計局『平成27年国勢調査　年齢・国籍不詳をあん分した人口（参考表）』による.

参考表B-4　生産年齢人口（15～64歳）（総人口）：仮定値一定推計における各推計値　　　(1,000人)

年　次	仮定値一定							封鎖人口		
	出生率一定			死亡率一定			出生一定	出生中位	出生高位	出生低位
	死亡中位	死亡高位	死亡低位	出生中位	出生高位	出生低位	死亡一定	死亡中位	死亡中位	死亡中位
平成 77 (2066)	45,298	45,193	45,392	44,445	48,803	40,507	44,973	41,893	45,998	38,189
79 (2067)	44,800	44,695	44,894	43,924	48,450	39,850	44,471	41,357	45,617	37,527
80 (2068)	44,326	44,221	44,419	43,426	48,125	39,211	43,993	40,844	45,264	36,885
81 (2069)	43,861	43,756	43,954	42,938	47,813	38,580	43,525	40,342	44,925	36,251
82 (2070)	43,424	43,319	43,517	42,477	47,531	37,973	43,085	39,868	44,616	35,644
83 (2071)	42,981	42,876	43,075	42,010	47,246	37,360	42,639	39,388	44,303	35,029
84 (2072)	42,524	42,418	42,617	41,530	46,949	36,732	42,179	38,895	43,977	34,400
85 (2073)	42,052	41,947	42,146	41,037	46,639	36,091	41,706	38,387	43,637	33,757
86 (2074)	41,594	41,489	41,688	40,557	46,342	35,463	41,247	37,892	43,309	33,128
87 (2075)	41,140	41,035	41,234	40,082	46,048	34,841	40,792	37,402	42,984	32,504
88 (2076)	40,684	40,580	40,777	39,606	45,751	34,218	40,335	36,910	42,655	31,879
89 (2077)	40,250	40,145	40,343	39,150	45,473	33,618	39,899	36,439	42,345	31,276
90 (2078)	39,816	39,711	39,909	38,696	45,194	33,021	39,464	35,968	42,034	30,676
91 (2079)	39,412	39,308	39,505	38,272	44,943	32,456	39,059	35,527	41,749	30,107
92 (2080)	39,017	38,912	39,109	37,856	44,697	31,901	38,662	35,094	41,469	29,548
93 (2081)	38,577	38,474	38,669	37,401	44,385	31,332	38,223	34,621	41,124	28,975
94 (2082)	38,155	38,052	38,247	36,966	44,070	30,804	37,801	34,168	40,776	28,441
95 (2083)	37,749	37,646	37,840	36,548	43,754	30,311	37,395	33,733	40,427	27,943
96 (2084)	37,356	37,253	37,446	36,149	43,433	29,856	37,001	33,315	40,075	27,481
97 (2085)	36,974	36,872	37,064	35,763	43,106	29,432	36,619	32,912	39,716	27,051
98 (2086)	36,601	36,500	36,691	35,388	42,772	29,033	36,246	32,521	39,354	26,646
99 (2087)	36,235	36,134	36,325	35,021	42,436	28,653	35,880	32,140	38,990	26,261
100 (2088)	35,875	35,774	35,964	34,661	42,101	28,284	35,520	31,766	38,629	25,888
101 (2089)	35,518	35,417	35,607	34,305	41,769	27,921	35,162	31,397	38,273	25,522
102 (2090)	35,163	35,063	35,252	33,950	41,441	27,559	34,808	31,032	37,923	25,158
103 (2091)	34,810	34,710	34,898	33,595	41,118	27,195	34,454	30,668	37,579	24,795
104 (2092)	34,457	34,357	34,545	33,239	40,801	26,827	34,101	30,305	37,242	24,429
105 (2093)	34,104	34,004	34,191	32,882	40,488	26,456	33,748	29,942	36,912	24,061
106 (2094)	33,750	33,652	33,838	32,524	40,182	26,080	33,395	29,581	36,589	23,690
107 (2095)	33,397	33,299	33,484	32,165	39,881	25,700	33,042	29,220	36,273	23,317
108 (2096)	33,045	32,947	33,132	31,808	39,587	25,318	32,690	28,862	35,965	22,943
109 (2097)	32,694	32,596	32,780	31,451	39,301	24,933	32,340	28,505	35,665	22,568
110 (2098)	32,344	32,247	32,430	31,096	39,021	24,548	31,991	28,152	35,372	22,193
111 (2099)	31,997	31,900	32,083	30,744	38,748	24,162	31,644	27,801	35,086	21,819
112 (2100)	31,652	31,556	31,738	30,394	38,481	23,776	31,300	27,453	34,806	21,445
113 (2101)	31,311	31,215	31,395	30,046	38,219	23,391	30,959	27,109	34,532	21,073
114 (2102)	30,972	30,876	31,056	29,702	37,963	23,008	30,621	26,767	34,263	20,703
115 (2103)	30,637	30,541	30,721	29,360	37,711	22,627	30,287	26,429	33,998	20,336
116 (2104)	30,305	30,210	30,389	29,022	37,462	22,249	29,956	26,094	33,736	19,972
117 (2105)	29,977	29,883	30,061	28,688	37,217	21,875	29,629	25,763	33,478	19,612
118 (2106)	29,653	29,559	29,736	28,357	36,974	21,506	29,306	25,436	33,221	19,257
119 (2107)	29,334	29,240	29,416	28,031	36,732	21,142	28,987	25,113	32,966	18,906
120 (2108)	29,018	28,924	29,100	27,710	36,492	20,785	28,672	24,795	32,713	18,563
121 (2109)	28,706	28,613	28,788	27,393	36,252	20,435	28,361	24,481	32,459	18,226
122 (2110)	28,398	28,306	28,480	27,081	36,011	20,093	28,054	24,171	32,204	17,897
123 (2111)	28,095	28,003	28,176	26,773	35,769	19,760	27,752	23,866	31,949	17,576
124 (2112)	27,795	27,704	27,876	26,471	35,524	19,436	27,454	23,567	31,691	17,265
125 (2113)	27,501	27,409	27,581	26,175	35,277	19,123	27,160	23,272	31,432	16,963
126 (2114)	27,210	27,120	27,290	25,883	35,028	18,820	26,870	22,983	31,171	16,672
127 (2115)	26,924	26,834	27,004	25,597	34,777	18,527	26,586	22,699	30,909	16,390

各年10月1日現在の総人口（日本における外国人を含む）.

表B-5　生産年齢人口割合（15～64歳）（総人口）：仮定値一定推計における各推計値　　　　　　　　　　　　　　（%）

年　次	仮定値一定							封鎖人口		
	出生率一定			死亡率一定			出生一定死亡一定	出生中位死亡中位	出生高位死亡中位	出生低位死亡中位
	死亡中位	死亡高位	死亡低位	出生中位	出生高位	出生低位				
平成 27 (2015)	60.8	60.8	60.8	60.8	60.8	60.8	60.8	60.8	60.8	60.8
28 (2016)	60.3	60.3	60.3	60.3	60.3	60.3	60.3	60.3	60.3	60.3
29 (2017)	59.9	60.0	59.8	59.9	59.9	60.0	59.9	59.9	59.8	59.9
30 (2018)	59.6	59.7	59.5	59.6	59.6	59.7	59.6	59.5	59.5	59.6
31 (2019)	59.3	59.5	59.2	59.4	59.3	59.5	59.4	59.3	59.2	59.4
32 (2020)	59.1	59.3	58.9	59.2	59.1	59.4	59.2	59.0	58.9	59.2
33 (2021)	58.9	59.1	58.7	59.1	58.9	59.3	59.1	58.8	58.6	59.0
34 (2022)	58.8	59.0	58.6	59.0	58.8	59.3	59.0	58.7	58.4	59.0
35 (2023)	58.7	59.0	58.4	59.0	58.6	59.3	58.9	58.6	58.3	58.9
36 (2024)	58.6	58.9	58.3	58.9	58.5	59.3	58.9	58.5	58.1	58.8
37 (2025)	58.4	58.8	58.1	58.9	58.4	59.3	58.8	58.4	57.9	58.8
38 (2026)	58.4	58.7	58.0	58.9	58.3	59.4	58.8	58.3	57.7	58.8
39 (2027)	58.2	58.6	57.9	58.8	58.2	59.4	58.7	58.1	57.5	58.7
40 (2028)	58.1	58.5	57.7	58.7	58.0	59.4	58.7	58.0	57.3	58.6
41 (2029)	57.9	58.3	57.5	58.6	57.9	59.3	58.5	57.8	57.0	58.5
42 (2030)	57.6	58.1	57.2	58.4	57.6	59.2	58.3	57.5	56.7	58.2
43 (2031)	57.6	58.1	57.2	58.5	57.6	59.3	58.4	57.5	56.7	58.3
44 (2032)	57.3	57.8	56.9	58.3	57.4	59.1	58.2	57.2	56.3	58.0
45 (2033)	57.0	57.5	56.5	58.0	57.1	58.9	57.9	56.9	56.0	57.7
46 (2034)	56.7	57.2	56.2	57.7	56.9	58.6	57.6	56.5	55.6	57.3
47 (2035)	56.3	56.8	55.8	57.4	56.6	58.2	57.3	56.1	55.3	56.8
48 (2036)	55.8	56.4	55.3	57.0	56.3	57.8	56.9	55.6	54.8	56.3
49 (2037)	55.3	55.9	54.8	56.6	55.9	57.3	56.5	55.0	54.4	55.7
50 (2038)	54.8	55.4	54.2	56.1	55.5	56.7	56.0	54.5	53.9	55.0
51 (2039)	54.3	54.9	53.7	55.7	55.1	56.2	55.6	53.9	53.4	54.4
52 (2040)	53.8	54.4	53.3	55.3	54.8	55.8	55.2	53.4	53.0	53.9
53 (2041)	53.5	54.1	52.9	55.0	54.6	55.4	54.9	53.0	52.7	53.4
54 (2042)	53.2	53.8	52.6	54.7	54.4	55.1	54.7	52.7	52.4	53.0
55 (2043)	52.9	53.5	52.3	54.5	54.3	54.8	54.5	52.4	52.2	52.6
56 (2044)	52.7	53.3	52.1	54.3	54.1	54.5	54.3	52.1	52.0	52.2
57 (2045)	52.5	53.1	51.9	54.2	54.1	54.3	54.2	51.9	51.8	51.9
58 (2046)	52.3	53.0	51.7	54.1	54.0	54.2	54.1	51.7	51.7	51.7
59 (2047)	52.2	52.8	51.6	54.0	54.0	54.0	54.0	51.5	51.5	51.4
60 (2048)	52.0	52.7	51.4	53.9	53.9	53.9	53.9	51.3	51.4	51.2
61 (2049)	51.9	52.5	51.2	53.8	53.9	53.7	53.8	51.1	51.2	50.9
62 (2050)	51.8	52.4	51.1	53.8	53.9	53.6	53.8	50.9	51.1	50.7
63 (2051)	51.7	52.4	51.1	53.8	53.9	53.6	53.8	50.8	51.0	50.6
64 (2052)	51.7	52.3	51.0	53.8	53.9	53.6	53.8	50.7	51.0	50.4
65 (2053)	51.6	52.3	51.0	53.8	54.0	53.6	53.8	50.6	50.9	50.3
66 (2054)	51.6	52.3	50.9	53.9	54.1	53.6	53.9	50.6	50.9	50.2
67 (2055)	51.6	52.4	50.9	54.0	54.2	53.7	54.0	50.6	50.9	50.2
68 (2056)	51.7	52.4	51.0	54.1	54.3	53.8	54.1	50.6	50.9	50.1
69 (2057)	51.7	52.4	51.0	54.2	54.4	53.8	54.2	50.6	50.9	50.1
70 (2058)	51.7	52.5	51.0	54.3	54.5	53.9	54.3	50.6	51.0	50.0
71 (2059)	51.7	52.5	51.0	54.4	54.6	54.0	54.4	50.5	51.0	50.0
72 (2060)	51.7	52.5	50.9	54.4	54.7	54.0	54.5	50.5	51.0	49.9
73 (2061)	51.7	52.5	50.9	54.5	54.8	54.0	54.6	50.5	51.0	49.8
74 (2062)	51.6	52.5	50.8	54.5	54.9	54.0	54.6	50.4	51.0	49.7
75 (2063)	51.6	52.4	50.8	54.6	55.0	54.0	54.6	50.4	51.0	49.6
76 (2064)	51.6	52.4	50.7	54.6	55.1	53.9	54.7	50.3	51.1	49.5
77 (2065)	51.5	52.4	50.7	54.6	55.2	53.9	54.7	50.3	51.1	49.3

各年10月1日現在の総人口（日本における外国人を含む）．平成27(2015)年は，総務省統計局『平成27年国勢調査　年齢・国籍不詳をあん分した人口（参考表）』による．

参考表B-5 生産年齢人口割合(15~64歳)(総人口):仮定値一定推計における各推計値

(%)

年　次	仮定値一定							封鎖人口		
	出生率一定			死亡率一定			出生一定	出生中位	出生高位	出生低位
	死亡中位	死亡高位	死亡低位	出生中位	出生高位	出生低位	死亡一定	死亡中位	死亡中位	死亡中位
平成 78 (2066)	51.5	52.4	50.7	54.7	55.3	53.8	54.8	50.3	51.2	49.2
79 (2067)	51.5	52.4	50.6	54.7	55.4	53.8	54.8	50.3	51.2	49.1
80 (2068)	51.5	52.4	50.7	54.7	55.5	53.7	54.9	50.3	51.4	49.0
81 (2069)	51.6	52.5	50.7	54.8	55.7	53.7	54.9	50.3	51.5	48.9
82 (2070)	51.6	52.5	50.7	54.9	55.9	53.6	55.0	50.4	51.7	48.9
83 (2071)	51.7	52.6	50.8	54.9	56.0	53.6	55.1	50.4	51.8	48.8
84 (2072)	51.7	52.6	50.8	54.9	56.2	53.4	55.1	50.4	52.0	48.7
85 (2073)	51.7	52.6	50.8	54.9	56.3	53.3	55.1	50.4	52.1	48.6
86 (2074)	51.7	52.6	50.8	54.9	56.4	53.1	55.1	50.4	52.2	48.4
87 (2075)	51.7	52.6	50.8	54.9	56.5	53.0	55.1	50.4	52.4	48.3
88 (2076)	51.7	52.6	50.8	54.8	56.6	52.8	55.1	50.4	52.5	48.1
89 (2077)	51.7	52.6	50.8	54.8	56.7	52.6	55.1	50.4	52.6	48.0
90 (2078)	51.7	52.6	50.8	54.8	56.7	52.5	55.1	50.4	52.7	47.8
91 (2079)	51.7	52.6	50.9	54.8	56.9	52.3	55.1	50.4	52.8	47.7
92 (2080)	51.8	52.6	50.9	54.8	57.0	52.2	55.1	50.4	52.9	47.5
93 (2081)	51.7	52.6	50.9	54.7	57.0	52.0	55.0	50.4	53.0	47.4
94 (2082)	51.7	52.5	50.8	54.7	57.0	51.9	55.0	50.3	53.0	47.2
95 (2083)	51.7	52.5	50.8	54.7	57.0	51.8	55.0	50.3	53.0	47.1
96 (2084)	51.7	52.5	50.8	54.7	57.0	51.8	55.0	50.3	53.0	47.1
97 (2085)	51.7	52.5	50.8	54.7	56.9	51.9	55.0	50.3	53.0	47.1
98 (2086)	51.7	52.5	50.8	54.7	56.9	51.9	55.0	50.3	52.9	47.2
99 (2087)	51.7	52.6	50.8	54.7	56.8	52.0	55.0	50.3	52.9	47.2
100 (2088)	51.7	52.6	50.9	54.8	56.8	52.2	55.1	50.4	52.8	47.3
101 (2089)	51.7	52.6	50.9	54.8	56.7	52.3	55.1	50.4	52.8	47.4
102 (2090)	51.7	52.6	50.9	54.9	56.7	52.4	55.1	50.4	52.7	47.5
103 (2091)	51.7	52.6	50.9	54.9	56.6	52.5	55.1	50.5	52.7	47.6
104 (2092)	51.8	52.6	50.9	54.9	56.6	52.7	55.2	50.5	52.6	47.7
105 (2093)	51.8	52.6	50.9	55.0	56.6	52.8	55.2	50.5	52.6	47.8
106 (2094)	51.8	52.7	50.9	55.0	56.5	52.8	55.2	50.5	52.6	47.8
107 (2095)	51.8	52.7	50.9	55.0	56.5	52.9	55.2	50.5	52.5	47.9
108 (2096)	51.8	52.7	50.9	55.0	56.5	53.0	55.2	50.5	52.5	47.9
109 (2097)	51.8	52.6	50.9	55.0	56.4	53.0	55.2	50.5	52.5	48.0
110 (2098)	51.8	52.6	50.9	55.0	56.4	53.0	55.2	50.5	52.5	48.0
111 (2099)	51.7	52.6	50.9	55.0	56.4	53.0	55.2	50.5	52.5	48.0
112 (2100)	51.7	52.6	50.9	55.0	56.4	53.0	55.2	50.5	52.5	48.0
113 (2101)	51.7	52.6	50.9	55.0	56.4	53.0	55.2	50.5	52.5	48.0
114 (2102)	51.7	52.6	50.8	54.9	56.5	53.0	55.1	50.5	52.5	47.9
115 (2103)	51.7	52.6	50.8	54.9	56.5	52.9	55.1	50.5	52.6	47.9
116 (2104)	51.7	52.6	50.8	54.9	56.5	52.9	55.1	50.5	52.6	47.9
117 (2105)	51.7	52.5	50.8	54.9	56.5	52.8	55.1	50.4	52.6	47.8
118 (2106)	51.6	52.5	50.8	54.9	56.6	52.8	55.1	50.4	52.6	47.8
119 (2107)	51.6	52.5	50.8	54.8	56.6	52.7	55.1	50.4	52.7	47.7
120 (2108)	51.6	52.5	50.8	54.8	56.6	52.6	55.1	50.4	52.7	47.7
121 (2109)	51.6	52.5	50.8	54.8	56.6	52.5	55.0	50.4	52.7	47.6
122 (2110)	51.6	52.5	50.7	54.8	56.7	52.5	55.0	50.4	52.7	47.6
123 (2111)	51.6	52.5	50.7	54.8	56.7	52.4	55.0	50.4	52.8	47.5
124 (2112)	51.6	52.5	50.7	54.8	56.7	52.3	55.0	50.4	52.8	47.5
125 (2113)	51.6	52.5	50.7	54.7	56.7	52.3	55.0	50.3	52.8	47.4
126 (2114)	51.6	52.5	50.7	54.7	56.7	52.2	55.0	50.3	52.8	47.4
127 (2115)	51.6	52.5	50.7	54.7	56.7	52.2	55.0	50.3	52.8	47.4

各年10月1日現在の総人口(日本における外国人を含む).

表B-6　老年人口（65歳以上）（総人口）：仮定値一定推計における各推計値　　　　　　　　　　　　（1,000人）

年　次	仮定値一定							封鎖人口		
	出生率一定			死亡率一定			出生一定 死亡一定	出生中位 死亡中位	出生高位 死亡中位	出生低位 死亡中位
	死亡中位	死亡高位	死亡低位	出生中位	出生高位	出生低位				
平成 27 (2015)	33,868	33,868	33,868	33,868	33,868	33,868	33,868	33,868	33,868	33,868
28 (2016)	34,585	34,514	34,652	34,564	34,564	34,564	34,564	34,585	34,585	34,585
29 (2017)	35,163	34,999	35,317	35,102	35,102	35,102	35,102	35,164	35,164	35,164
30 (2018)	35,606	35,353	35,844	35,493	35,493	35,493	35,493	35,607	35,607	35,607
31 (2019)	35,916	35,579	36,234	35,738	35,738	35,738	35,738	35,917	35,917	35,917
32 (2020)	36,192	35,776	36,586	35,937	35,937	35,937	35,937	36,194	36,194	36,194
33 (2021)	36,386	35,896	36,853	36,045	36,045	36,045	36,045	36,389	36,389	36,389
34 (2022)	36,479	35,919	37,013	36,041	36,041	36,041	36,041	36,482	36,482	36,482
35 (2023)	36,584	35,959	37,183	36,041	36,041	36,041	36,041	36,588	36,588	36,588
36 (2024)	36,704	36,017	37,364	36,048	36,048	36,048	36,048	36,709	36,709	36,709
37 (2025)	36,771	36,028	37,488	35,996	35,996	35,996	35,996	36,778	36,778	36,778
38 (2026)	36,805	36,009	37,576	35,904	35,904	35,904	35,904	36,814	36,814	36,814
39 (2027)	36,840	35,994	37,662	35,808	35,808	35,808	35,808	36,851	36,851	36,851
40 (2028)	36,905	36,012	37,774	35,737	35,737	35,737	35,737	36,918	36,918	36,918
41 (2029)	36,990	36,052	37,903	35,681	35,681	35,681	35,681	37,005	37,005	37,005
42 (2030)	37,160	36,180	38,116	35,707	35,707	35,707	35,707	37,177	37,177	37,177
43 (2031)	37,000	35,983	37,995	35,403	35,403	35,403	35,403	37,020	37,020	37,020
44 (2032)	37,197	36,143	38,230	35,452	35,452	35,452	35,452	37,220	37,220	37,220
45 (2033)	37,383	36,294	38,451	35,488	35,488	35,488	35,488	37,407	37,407	37,407
46 (2034)	37,592	36,471	38,695	35,547	35,547	35,547	35,547	37,619	37,619	37,619
47 (2035)	37,817	36,665	38,951	35,622	35,622	35,622	35,622	37,846	37,846	37,846
48 (2036)	38,084	36,904	39,249	35,741	35,741	35,741	35,741	38,115	38,115	38,115
49 (2037)	38,391	37,184	39,584	35,901	35,901	35,901	35,901	38,424	38,424	38,424
50 (2038)	38,724	37,491	39,943	36,088	36,088	36,088	36,088	38,759	38,759	38,759
51 (2039)	39,016	37,760	40,260	36,239	36,239	36,239	36,239	39,053	39,053	39,053
52 (2040)	39,206	37,929	40,472	36,291	36,291	36,291	36,291	39,243	39,243	39,243
53 (2041)	39,318	38,023	40,603	36,272	36,272	36,272	36,272	39,356	39,356	39,356
54 (2042)	39,352	38,042	40,654	36,183	36,183	36,183	36,183	39,391	39,391	39,391
55 (2043)	39,346	38,023	40,663	36,060	36,060	36,060	36,060	39,387	39,387	39,387
56 (2044)	39,285	37,951	40,615	35,888	35,888	35,888	35,888	39,327	39,327	39,327
57 (2045)	39,192	37,849	40,532	35,690	35,690	35,690	35,690	39,235	39,235	39,235
58 (2046)	39,046	37,695	40,395	35,443	35,443	35,443	35,443	39,090	39,090	39,090
59 (2047)	38,894	37,535	40,250	35,194	35,194	35,194	35,194	38,939	38,939	38,939
60 (2048)	38,749	37,384	40,112	34,954	34,954	34,954	34,954	38,794	38,794	38,794
61 (2049)	38,594	37,222	39,964	34,705	34,705	34,705	34,705	38,639	38,639	38,639
62 (2050)	38,406	37,026	39,782	34,422	34,422	34,422	34,422	38,451	38,451	38,451
63 (2051)	38,177	36,789	39,560	34,097	34,097	34,097	34,097	38,220	38,220	38,220
64 (2052)	37,934	36,537	39,325	33,756	33,756	33,756	33,756	37,975	37,975	37,975
65 (2053)	37,665	36,259	39,066	33,386	33,386	33,386	33,386	37,702	37,702	37,702
66 (2054)	37,365	35,946	38,775	32,982	32,982	32,982	32,982	37,396	37,396	37,396
67 (2055)	37,042	35,611	38,465	32,553	32,553	32,553	32,553	37,065	37,065	37,065
68 (2056)	36,703	35,258	38,138	32,107	32,107	32,107	32,107	36,714	36,714	36,714
69 (2057)	36,372	34,913	37,821	31,667	31,667	31,667	31,667	36,366	36,366	36,366
70 (2058)	36,029	34,554	37,492	31,217	31,217	31,217	31,217	35,999	35,999	35,999
71 (2059)	35,711	34,221	37,190	30,794	30,794	30,794	30,794	35,653	35,653	35,653
72 (2060)	35,403	33,898	36,898	30,386	30,386	30,386	30,386	35,312	35,312	35,312
73 (2061)	35,081	33,562	36,591	29,969	29,969	29,969	29,969	34,952	34,952	34,952
74 (2062)	34,766	33,234	36,290	29,567	29,567	29,567	29,567	34,594	34,594	34,594
75 (2063)	34,456	32,912	35,993	29,178	29,178	29,178	29,178	34,238	34,238	34,238
76 (2064)	34,132	32,579	35,680	28,785	28,785	28,785	28,785	33,867	33,867	33,867
77 (2065)	33,810	32,250	35,368	28,406	28,406	28,406	28,406	33,497	33,497	33,497

各年10月1日現在の総人口（日本における外国人を含む）．平成27（2015）年は，総務省統計局『平成27年国勢調査　年齢・国籍不詳をあん分した人口（参考表）』による．

参考表B-6　老年人口（65歳以上）（総人口）：仮定値一定推計における各推計値

(1,000人)

年　次	仮定値一定							封鎖人口		
	出生率一定			死亡率一定			出生一定 死亡一定	出生中位 死亡中位	出生高位 死亡中位	出生低位 死亡中位
	死亡中位	死亡高位	死亡低位	出生中位	出生高位	出生低位				
平成 78 (2066)	33,462	31,899	35,025	28,020	28,020	28,020	28,020	33,101	33,101	33,101
79 (2067)	33,099	31,537	34,664	27,638	27,638	27,638	27,638	32,690	32,690	32,690
80 (2068)	32,709	31,153	34,271	27,247	27,247	27,247	27,247	32,252	32,252	32,252
81 (2069)	32,308	30,761	33,863	26,863	26,863	26,863	26,863	31,802	31,802	31,802
82 (2070)	31,884	30,349	33,428	26,469	26,469	26,469	26,469	31,329	31,329	31,329
83 (2071)	31,472	29,953	33,002	26,100	26,100	26,100	26,100	30,869	30,869	30,869
84 (2072)	31,084	29,584	32,598	25,765	25,765	25,765	25,765	30,434	30,434	30,434
85 (2073)	30,723	29,243	32,218	25,462	25,462	25,462	25,462	30,026	30,026	30,026
86 (2074)	30,365	28,905	31,839	25,167	25,167	25,167	25,167	29,621	29,621	29,621
87 (2075)	30,018	28,580	31,470	24,885	24,885	24,885	24,885	29,230	29,230	29,230
88 (2076)	29,690	28,274	31,120	24,623	24,623	24,623	24,623	28,859	28,859	28,859
89 (2077)	29,359	27,965	30,767	24,357	24,357	24,357	24,357	28,486	28,486	28,486
90 (2078)	29,045	27,671	30,431	24,106	24,106	24,106	24,106	28,131	28,131	28,131
91 (2079)	28,717	27,363	30,081	23,838	23,838	23,838	23,838	27,765	27,765	27,765
92 (2080)	28,397	27,062	29,741	23,575	23,575	23,575	23,575	27,409	27,409	27,409
93 (2081)	28,134	26,817	29,460	23,363	23,387	23,339	23,365	27,109	27,133	27,085
94 (2082)	27,868	26,567	29,177	23,140	23,209	23,074	23,147	26,805	26,873	26,739
95 (2083)	27,598	26,311	28,891	22,908	23,039	22,785	22,922	26,496	26,626	26,374
96 (2084)	27,325	26,052	28,603	22,666	22,879	22,467	22,691	26,183	26,393	25,986
97 (2085)	27,050	25,790	28,314	22,417	22,731	22,127	22,456	25,867	26,177	25,580
98 (2086)	26,774	25,525	28,025	22,163	22,593	21,769	22,216	25,549	25,975	25,160
99 (2087)	26,497	25,260	27,736	21,904	22,462	21,399	21,975	25,231	25,783	24,732
100 (2088)	26,221	24,994	27,449	21,644	22,334	21,024	21,733	24,914	25,596	24,301
101 (2089)	25,947	24,730	27,164	21,385	22,207	20,649	21,491	24,600	25,412	23,872
102 (2090)	25,674	24,467	26,882	21,129	22,079	20,278	21,251	24,289	25,229	23,448
103 (2091)	25,404	24,206	26,603	20,876	21,951	19,915	21,014	23,983	25,047	23,031
104 (2092)	25,138	23,949	26,327	20,629	21,822	19,561	20,780	23,682	24,864	22,623
105 (2093)	24,875	23,695	26,054	20,387	21,693	19,216	20,551	23,386	24,682	22,224
106 (2094)	24,615	23,445	25,785	20,151	21,564	18,882	20,327	23,095	24,498	21,834
107 (2095)	24,359	23,199	25,519	19,921	21,433	18,558	20,107	22,808	24,314	21,453
108 (2096)	24,106	22,956	25,257	19,695	21,302	18,243	19,892	22,526	24,128	21,079
109 (2097)	23,856	22,717	24,997	19,473	21,168	17,938	19,680	22,247	23,941	20,713
110 (2098)	23,610	22,481	24,740	19,255	21,032	17,641	19,473	21,971	23,752	20,355
111 (2099)	23,366	22,248	24,485	19,041	20,895	17,353	19,268	21,699	23,562	20,004
112 (2100)	23,124	22,017	24,233	18,830	20,755	17,074	19,067	21,430	23,372	19,660
113 (2101)	22,886	21,790	23,984	18,623	20,613	16,803	18,868	21,165	23,181	19,324
114 (2102)	22,650	21,565	23,737	18,420	20,470	16,541	18,673	20,904	22,989	18,995
115 (2103)	22,417	21,343	23,492	18,220	20,324	16,287	18,479	20,647	22,798	18,674
116 (2104)	22,186	21,123	23,251	18,023	20,177	16,041	18,288	20,393	22,607	18,361
117 (2105)	21,957	20,905	23,011	17,829	20,029	15,802	18,100	20,143	22,416	18,054
118 (2106)	21,731	20,690	22,774	17,638	19,879	15,572	17,913	19,897	22,225	17,755
119 (2107)	21,507	20,477	22,539	17,450	19,728	15,348	17,728	19,654	22,034	17,463
120 (2108)	21,285	20,266	22,307	17,263	19,576	15,130	17,546	19,414	21,845	17,177
121 (2109)	21,066	20,057	22,077	17,080	19,424	14,918	17,365	19,177	21,657	16,897
122 (2110)	20,849	19,851	21,849	16,898	19,273	14,710	17,186	18,944	21,470	16,623
123 (2111)	20,634	19,646	21,623	16,718	19,124	14,507	17,010	18,713	21,286	16,354
124 (2112)	20,421	19,443	21,400	16,539	18,977	14,305	16,834	18,484	21,104	16,089
125 (2113)	20,209	19,242	21,178	16,362	18,833	14,105	16,660	18,259	20,925	15,828
126 (2114)	19,999	19,043	20,958	16,185	18,692	13,906	16,487	18,035	20,749	15,571
127 (2115)	19,791	18,844	20,739	16,009	18,554	13,706	16,314	17,814	20,575	15,317

各年10月1日現在の総人口（日本における外国人を含む）.

表B-7　老年人口割合（65歳以上）（総人口）：仮定値一定推計における各推計値　　　　　　　　　　　　　　　　(%)

年　次	仮定値一定							封鎖人口		
	出生率一定			死亡率一定			出生一定	出生中位	出生高位	出生低位
	死亡中位	死亡高位	死亡低位	出生中位	出生高位	出生低位	死亡一定	死亡中位	死亡中位	死亡中位
平成 27 (2015)	26.6	26.6	26.6	26.6	26.6	26.6	26.6	26.6	26.6	26.6
28 (2016)	27.3	27.2	27.3	27.3	27.2	27.3	27.3	27.3	27.3	27.3
29 (2017)	27.8	27.7	27.9	27.8	27.7	27.8	27.8	27.8	27.8	27.8
30 (2018)	28.2	28.1	28.3	28.2	28.1	28.2	28.2	28.3	28.2	28.3
31 (2019)	28.5	28.4	28.7	28.5	28.4	28.5	28.4	28.6	28.6	28.7
32 (2020)	28.9	28.6	29.1	28.7	28.7	28.8	28.7	28.9	28.9	29.0
33 (2021)	29.1	28.9	29.4	29.0	28.8	29.1	28.9	29.2	29.1	29.3
34 (2022)	29.3	29.0	29.6	29.1	29.0	29.2	29.1	29.4	29.3	29.6
35 (2023)	29.5	29.2	29.9	29.3	29.1	29.4	29.2	29.7	29.5	29.8
36 (2024)	29.8	29.4	30.1	29.4	29.2	29.6	29.4	29.9	29.7	30.1
37 (2025)	30.0	29.6	30.4	29.6	29.3	29.8	29.5	30.2	29.9	30.4
38 (2026)	30.2	29.7	30.6	29.7	29.4	29.9	29.6	30.4	30.1	30.6
39 (2027)	30.3	29.9	30.8	29.8	29.5	30.1	29.8	30.6	30.3	30.9
40 (2028)	30.6	30.1	31.0	29.9	29.6	30.3	29.9	30.8	30.5	31.2
41 (2029)	30.8	30.3	31.3	30.1	29.7	30.5	30.1	31.1	30.7	31.5
42 (2030)	31.1	30.6	31.7	30.4	29.9	30.8	30.3	31.5	31.0	31.9
43 (2031)	31.2	30.6	31.7	30.3	29.9	30.8	30.3	31.5	31.1	32.0
44 (2032)	31.6	31.0	32.1	30.6	30.1	31.1	30.6	31.9	31.4	32.4
45 (2033)	31.9	31.3	32.5	30.9	30.4	31.4	30.8	32.3	31.8	32.9
46 (2034)	32.3	31.7	32.9	31.2	30.6	31.8	31.1	32.8	32.2	33.3
47 (2035)	32.7	32.1	33.4	31.6	30.9	32.1	31.5	33.2	32.6	33.8
48 (2036)	33.2	32.5	33.9	31.9	31.3	32.6	31.9	33.7	33.1	34.4
49 (2037)	33.7	33.0	34.4	32.4	31.7	33.1	32.3	34.3	33.6	35.0
50 (2038)	34.3	33.6	34.9	32.8	32.1	33.6	32.8	34.9	34.1	35.6
51 (2039)	34.8	34.1	35.5	33.3	32.5	34.1	33.2	35.5	34.6	36.3
52 (2040)	35.2	34.5	35.9	33.7	32.8	34.5	33.6	35.9	35.1	36.8
53 (2041)	35.6	34.9	36.3	34.0	33.1	34.8	33.9	36.4	35.4	37.3
54 (2042)	35.9	35.2	36.7	34.2	33.3	35.1	34.1	36.7	35.8	37.7
55 (2043)	36.2	35.5	37.0	34.4	33.4	35.4	34.3	37.1	36.0	38.1
56 (2044)	36.5	35.7	37.2	34.6	33.5	35.6	34.5	37.4	36.3	38.4
57 (2045)	36.7	35.9	37.4	34.8	33.6	35.8	34.6	37.6	36.5	38.8
58 (2046)	36.9	36.1	37.6	34.9	33.7	36.0	34.7	37.8	36.6	39.0
59 (2047)	37.0	36.2	37.8	35.0	33.7	36.2	34.8	38.1	36.9	39.3
60 (2048)	37.2	36.4	38.0	35.1	33.8	36.3	34.9	38.3	36.9	39.6
61 (2049)	37.4	36.6	38.1	35.2	33.8	36.5	35.0	38.5	37.1	39.9
62 (2050)	37.5	36.7	38.3	35.2	33.8	36.6	35.1	38.7	37.2	40.1
63 (2051)	37.6	36.8	38.4	35.3	33.8	36.7	35.1	38.8	37.3	40.4
64 (2052)	37.7	36.8	38.5	35.3	33.7	36.8	35.1	39.0	37.3	40.6
65 (2053)	37.7	36.9	38.6	35.3	33.6	36.9	35.1	39.1	37.4	40.8
66 (2054)	37.8	36.9	38.6	35.2	33.5	36.9	35.0	39.2	37.4	40.9
67 (2055)	37.8	36.9	38.6	35.1	33.3	36.9	34.9	39.2	37.3	41.1
68 (2056)	37.8	36.9	38.6	35.0	33.2	36.9	34.8	39.3	37.3	41.2
69 (2057)	37.8	36.9	38.7	34.9	33.0	36.9	34.7	39.3	37.2	41.3
70 (2058)	37.8	36.8	38.7	34.8	32.8	36.9	34.6	39.3	37.2	41.4
71 (2059)	37.8	36.9	38.7	34.8	32.7	36.9	34.5	39.4	37.1	41.6
72 (2060)	37.8	36.9	38.8	34.7	32.5	36.9	34.5	39.4	37.1	41.7
73 (2061)	37.9	36.9	38.8	34.7	32.4	37.0	34.4	39.5	37.1	41.9
74 (2062)	37.9	36.9	38.9	34.6	32.2	37.0	34.3	39.5	37.0	42.0
75 (2063)	38.0	36.9	39.0	34.6	32.1	37.1	34.3	39.6	37.0	42.2
76 (2064)	38.0	37.0	39.0	34.5	32.0	37.1	34.2	39.7	36.9	42.4
77 (2065)	38.0	37.0	39.1	34.5	31.9	37.2	34.2	39.7	36.9	42.5

各年10月1日現在の総人口（日本における外国人を含む）. 平成27（2015）年は, 総務省統計局『平成27年国勢調査　年齢・国籍不詳をあん分した人口（参考表）』による.

参考表B-7　老年人口割合（65歳以上）（総人口）：仮定値一定推計における各推計値　　(%)

年　次	仮定値一定							封鎖人口		
	出生率一定			死亡率一定			出生一定死亡一定	出生中位死亡中位	出生高位死亡中位	出生低位死亡中位
	死亡中位	死亡高位	死亡低位	出生中位	出生高位	出生低位				
平成 78 (2066)	38.1	37.0	39.1	34.5	31.7	37.2	34.1	39.7	36.8	42.7
79 (2067)	38.1	37.0	39.1	34.4	31.6	37.3	34.1	39.7	36.7	42.8
80 (2068)	38.0	36.9	39.1	34.3	31.4	37.3	34.0	39.7	36.6	42.9
81 (2069)	38.0	36.9	39.0	34.3	31.3	37.4	33.9	39.7	36.5	42.9
82 (2070)	37.9	36.8	39.0	34.2	31.1	37.4	33.8	39.6	36.3	43.0
83 (2071)	37.8	36.7	38.9	34.1	30.9	37.4	33.7	39.5	36.1	43.0
84 (2072)	37.8	36.7	38.9	34.1	30.8	37.5	33.7	39.5	36.0	43.1
85 (2073)	37.8	36.7	38.8	34.1	30.7	37.6	33.6	39.5	35.9	43.2
86 (2074)	37.7	36.7	38.8	34.1	30.6	37.7	33.6	39.4	35.7	43.3
87 (2075)	37.7	36.6	38.8	34.1	30.5	37.8	33.6	39.4	35.6	43.4
88 (2076)	37.7	36.6	38.8	34.1	30.4	38.0	33.6	39.4	35.5	43.6
89 (2077)	37.7	36.6	38.8	34.1	30.3	38.1	33.6	39.4	35.4	43.7
90 (2078)	37.7	36.6	38.8	34.1	30.3	38.3	33.6	39.4	35.3	43.8
91 (2079)	37.7	36.6	38.7	34.1	30.2	38.4	33.6	39.4	35.1	44.0
92 (2080)	37.7	36.6	38.7	34.1	30.0	38.6	33.6	39.4	35.0	44.1
93 (2081)	37.7	36.7	38.7	34.2	30.0	38.7	33.6	39.4	35.0	44.3
94 (2082)	37.7	36.7	38.8	34.2	30.0	38.9	33.7	39.5	34.9	44.4
95 (2083)	37.8	36.7	38.8	34.3	30.0	39.0	33.7	39.5	34.9	44.5
96 (2084)	37.8	36.7	38.8	34.3	30.0	39.0	33.7	39.5	34.9	44.6
97 (2085)	37.8	36.7	38.8	34.3	30.0	39.0	33.7	39.5	34.9	44.6
98 (2086)	37.8	36.7	38.8	34.3	30.1	38.9	33.7	39.5	34.9	44.5
99 (2087)	37.8	36.7	38.8	34.2	30.1	38.9	33.7	39.5	35.0	44.5
100 (2088)	37.8	36.7	38.8	34.2	30.1	38.8	33.7	39.5	35.0	44.4
101 (2089)	37.8	36.7	38.8	34.2	30.2	38.7	33.7	39.5	35.0	44.4
102 (2090)	37.8	36.7	38.8	34.1	30.2	38.6	33.7	39.5	35.1	44.3
103 (2091)	37.8	36.7	38.8	34.1	30.2	38.5	33.6	39.5	35.1	44.2
104 (2092)	37.8	36.7	38.8	34.1	30.3	38.4	33.6	39.4	35.1	44.2
105 (2093)	37.8	36.7	38.8	34.1	30.3	38.3	33.6	39.4	35.2	44.1
106 (2094)	37.8	36.7	38.8	34.1	30.3	38.3	33.6	39.4	35.2	44.1
107 (2095)	37.8	36.7	38.8	34.1	30.4	38.2	33.6	39.4	35.2	44.1
108 (2096)	37.8	36.7	38.8	34.1	30.4	38.2	33.6	39.4	35.2	44.0
109 (2097)	37.8	36.7	38.8	34.0	30.4	38.1	33.6	39.4	35.2	44.0
110 (2098)	37.8	36.7	38.8	34.0	30.4	38.1	33.6	39.4	35.3	44.0
111 (2099)	37.8	36.7	38.8	34.1	30.4	38.1	33.6	39.4	35.3	44.0
112 (2100)	37.8	36.7	38.8	34.1	30.4	38.1	33.6	39.4	35.3	44.0
113 (2101)	37.8	36.7	38.9	34.1	30.4	38.1	33.6	39.4	35.3	44.0
114 (2102)	37.8	36.7	38.9	34.1	30.4	38.1	33.6	39.4	35.3	44.0
115 (2103)	37.8	36.7	38.9	34.1	30.4	38.1	33.6	39.4	35.3	44.0
116 (2104)	37.8	36.8	38.9	34.1	30.4	38.1	33.6	39.4	35.2	44.0
117 (2105)	37.8	36.8	38.9	34.1	30.4	38.2	33.7	39.4	35.2	44.0
118 (2106)	37.8	36.8	38.9	34.1	30.4	38.2	33.7	39.4	35.2	44.0
119 (2107)	37.9	36.8	38.9	34.1	30.4	38.2	33.7	39.5	35.2	44.1
120 (2108)	37.9	36.8	38.9	34.2	30.4	38.3	33.7	39.5	35.2	44.1
121 (2109)	37.9	36.8	38.9	34.2	30.4	38.3	33.7	39.5	35.2	44.1
122 (2110)	37.9	36.8	38.9	34.2	30.3	38.4	33.7	39.5	35.2	44.2
123 (2111)	37.9	36.8	38.9	34.2	30.3	38.5	33.7	39.5	35.1	44.2
124 (2112)	37.9	36.8	38.9	34.2	30.3	38.5	33.7	39.5	35.1	44.2
125 (2113)	37.9	36.8	38.9	34.2	30.3	38.6	33.7	39.5	35.1	44.3
126 (2114)	37.9	36.8	39.0	34.2	30.3	38.6	33.7	39.5	35.1	44.3
127 (2115)	37.9	36.8	39.0	34.2	30.3	38.6	33.8	39.5	35.1	44.3

各年10月1日現在の総人口（日本における外国人を含む）.

（C） 出生・外国人移動仮定による感応度分析
平成 27（2015）年～平成 127（2115）年

総人口、年齢 3 区分（0～14 歳、15～64 歳、65 歳以上）別人口
および年齢構造係数

結果表 C-1～C-5：死亡率が中位仮定、外国人移動が基本推計仮定で、2065 年における人口動態ベースの出生率が 1.00, 1.20, 1.40, 1.60, 1.80, 2.00, 2.20 の場合の 7 つの推計について、総人口、年齢 3 区分（0～14 歳、15～64 歳、65 歳以上）別人口および年齢構造係数の結果を示す。

結果表 C-6～C-12：出生率と死亡率が中位仮定で、外国人移動について 2035 年における年間の純移入数が 0 万人、5 万人、10 万人、25 万人、50 万人、75 万人、100 万人の場合の 7 つの推計について、総人口、年齢 3 区分（0～14 歳、15～64 歳、65 歳以上）別人口および年齢構造係数の結果を示す。

表C-1 総数, 年齢3区分(0～14歳, 15～64歳, 65歳以上)別総人口及び年齢構造係数：
　　　 出生率1.00(2065年)・外国人移動本推計仮定(死亡中位)推計

年　次	人　口　(1,000人)				割　合　(%)		
	総　数	0～14歳	15～64歳	65歳以上	0～14歳	15～64歳	65歳以上
平成 27 (2015)	127,095	15,945	77,282	33,868	12.5	60.8	26.6
28 (2016)	126,780	15,713	76,482	34,585	12.4	60.3	27.3
29 (2017)	126,372	15,426	75,782	35,163	12.2	60.0	27.8
30 (2018)	125,875	15,111	75,158	35,606	12.0	59.7	28.3
31 (2019)	125,287	14,749	74,622	35,916	11.8	59.6	28.7
32 (2020)	124,614	14,365	74,058	36,192	11.5	59.4	29.0
33 (2021)	123,870	13,933	73,550	36,386	11.2	59.4	29.4
34 (2022)	123,066	13,457	73,130	36,479	10.9	59.4	29.6
35 (2023)	122,216	12,949	72,683	36,584	10.6	59.5	29.9
36 (2024)	121,332	12,448	72,181	36,704	10.3	59.5	30.3
37 (2025)	120,422	11,951	71,701	36,771	9.9	59.5	30.5
38 (2026)	119,492	11,455	71,231	36,805	9.6	59.6	30.8
39 (2027)	118,544	10,988	70,716	36,840	9.3	59.7	31.1
40 (2028)	117,581	10,528	70,147	36,905	9.0	59.7	31.4
41 (2029)	116,603	10,106	69,507	36,990	8.7	59.6	31.7
42 (2030)	115,611	9,698	68,754	37,160	8.4	59.5	32.1
43 (2031)	114,605	9,310	68,295	37,000	8.1	59.6	32.3
44 (2032)	113,585	8,991	67,397	37,197	7.9	59.3	32.7
45 (2033)	112,552	8,733	66,437	37,383	7.8	59.0	33.2
46 (2034)	111,505	8,537	65,376	37,592	7.7	58.6	33.7
47 (2035)	110,446	8,396	64,233	37,817	7.6	58.2	34.2
48 (2036)	109,374	8,301	62,989	38,084	7.6	57.6	34.8
49 (2037)	108,288	8,236	61,660	38,391	7.6	56.9	35.5
50 (2038)	107,189	8,190	60,275	38,724	7.6	56.2	36.1
51 (2039)	106,079	8,151	58,911	39,016	7.7	55.5	36.8
52 (2040)	104,959	8,113	57,641	39,206	7.7	54.9	37.4
53 (2041)	103,829	8,068	56,443	39,318	7.8	54.4	37.9
54 (2042)	102,691	8,015	55,325	39,352	7.8	53.9	38.3
55 (2043)	101,547	7,950	54,251	39,346	7.8	53.4	38.7
56 (2044)	100,397	7,874	53,238	39,285	7.8	53.0	39.1
57 (2045)	99,243	7,786	52,265	39,192	7.8	52.7	39.5
58 (2046)	98,084	7,684	51,354	39,046	7.8	52.4	39.8
59 (2047)	96,921	7,569	50,458	38,894	7.8	52.1	40.1
60 (2048)	95,754	7,442	49,564	38,749	7.8	51.8	40.5
61 (2049)	94,582	7,301	48,688	38,594	7.7	51.5	40.8
62 (2050)	93,406	7,148	47,852	38,406	7.7	51.2	41.1
63 (2051)	92,223	6,983	47,064	38,177	7.6	51.0	41.4
64 (2052)	91,035	6,808	46,293	37,934	7.5	50.9	41.7
65 (2053)	89,839	6,624	45,550	37,665	7.4	50.7	41.9
66 (2054)	88,636	6,433	44,839	37,365	7.3	50.6	42.2
67 (2055)	87,426	6,237	44,146	37,042	7.1	50.5	42.4
68 (2056)	86,207	6,039	43,464	36,703	7.0	50.4	42.6
69 (2057)	84,980	5,841	42,767	36,372	6.9	50.3	42.8
70 (2058)	83,745	5,646	42,071	36,029	6.7	50.2	43.0
71 (2059)	82,503	5,455	41,337	35,711	6.6	50.1	43.3
72 (2060)	81,253	5,271	40,579	35,403	6.5	49.9	43.6
73 (2061)	79,998	5,097	39,821	35,081	6.4	49.8	43.9
74 (2062)	78,739	4,933	39,040	34,766	6.3	49.6	44.2
75 (2063)	77,477	4,783	38,239	34,456	6.2	49.4	44.5
76 (2064)	76,214	4,646	37,437	34,132	6.1	49.1	44.8
77 (2065)	74,953	4,523	36,620	33,810	6.0	48.9	45.1

　各年10月1日現在の総人口(日本における外国人を含む). 平成27(2015)年は, 総務省統計局『平成27年国勢調査　年齢・国籍不詳をあん分した人口(参考表)』による.

参考表C-1 総数,年齢3区分(0〜14歳,15〜64歳,65歳以上)別総人口及び年齢構造係数：
　　　　　出生率1.00(2065年)・外国人移動本推計仮定(死亡中位)推計

年　　次	人　口　(1,000人)				割　合　(%)		
	総　　数	0〜14歳	15〜64歳	65歳以上	0〜14歳	15〜64歳	65歳以上
平成 78 (2066)	73,688	4,414	35,812	33,462	6.0	48.6	45.4
79 (2067)	72,421	4,319	35,003	33,099	6.0	48.3	45.7
80 (2068)	71,155	4,235	34,211	32,709	6.0	48.1	46.0
81 (2069)	69,893	4,162	33,423	32,308	6.0	47.8	46.2
82 (2070)	68,639	4,098	32,658	31,884	6.0	47.6	46.5
83 (2071)	67,396	4,040	31,884	31,472	6.0	47.3	46.7
84 (2072)	66,166	3,987	31,095	31,084	6.0	47.0	47.0
85 (2073)	64,951	3,938	30,290	30,723	6.1	46.6	47.3
86 (2074)	63,753	3,890	29,499	30,365	6.1	46.3	47.6
87 (2075)	62,573	3,842	28,713	30,018	6.1	45.9	48.0
88 (2076)	61,410	3,792	27,927	29,690	6.2	45.5	48.3
89 (2077)	60,266	3,741	27,166	29,359	6.2	45.1	48.7
90 (2078)	59,139	3,686	26,408	29,045	6.2	44.7	49.1
91 (2079)	58,029	3,627	25,685	28,717	6.3	44.3	49.5
92 (2080)	56,935	3,564	24,974	28,397	6.3	43.9	49.9
93 (2081)	55,856	3,497	24,283	28,076	6.3	43.5	50.3
94 (2082)	54,790	3,426	23,659	27,705	6.3	43.2	50.6
95 (2083)	53,737	3,352	23,095	27,290	6.2	43.0	50.8
96 (2084)	52,695	3,274	22,595	26,826	6.2	42.9	50.9
97 (2085)	51,664	3,194	22,151	26,319	6.2	42.9	50.9
98 (2086)	50,643	3,111	21,753	25,779	6.1	43.0	50.9
99 (2087)	49,632	3,028	21,388	25,216	6.1	43.1	50.8
100 (2088)	48,629	2,943	21,043	24,643	6.1	43.3	50.7
101 (2089)	47,636	2,859	20,707	24,070	6.0	43.5	50.5
102 (2090)	46,651	2,777	20,372	23,502	6.0	43.7	50.4
103 (2091)	45,675	2,695	20,035	22,945	5.9	43.9	50.2
104 (2092)	44,709	2,617	19,692	22,401	5.9	44.0	50.1
105 (2093)	43,752	2,541	19,342	21,869	5.8	44.2	50.0
106 (2094)	42,805	2,469	18,984	21,352	5.8	44.4	49.9
107 (2095)	41,870	2,401	18,621	20,848	5.7	44.5	49.8
108 (2096)	40,946	2,338	18,251	20,357	5.7	44.6	49.7
109 (2097)	40,034	2,278	17,877	19,878	5.7	44.7	49.7
110 (2098)	39,135	2,223	17,499	19,413	5.7	44.7	49.6
111 (2099)	38,250	2,172	17,118	18,960	5.7	44.8	49.6
112 (2100)	37,380	2,126	16,735	18,519	5.7	44.8	49.5
113 (2101)	36,526	2,083	16,352	18,091	5.7	44.8	49.5
114 (2102)	35,687	2,043	15,969	17,675	5.7	44.7	49.5
115 (2103)	34,865	2,006	15,587	17,273	5.8	44.7	49.5
116 (2104)	34,060	1,971	15,207	16,882	5.8	44.6	49.6
117 (2105)	33,273	1,938	14,830	16,505	5.8	44.6	49.6
118 (2106)	32,505	1,907	14,459	16,140	5.9	44.5	49.7
119 (2107)	31,756	1,876	14,093	15,787	5.9	44.4	49.7
120 (2108)	31,026	1,845	13,734	15,447	5.9	44.3	49.8
121 (2109)	30,316	1,815	13,385	15,117	6.0	44.1	49.9
122 (2110)	29,627	1,784	13,045	14,798	6.0	44.0	49.9
123 (2111)	28,958	1,753	12,717	14,488	6.1	43.9	50.0
124 (2112)	28,310	1,720	12,402	14,187	6.1	43.8	50.1
125 (2113)	27,682	1,687	12,101	13,894	6.1	43.7	50.2
126 (2114)	27,075	1,653	11,815	13,606	6.1	43.6	50.3
127 (2115)	26,486	1,619	11,543	13,325	6.1	43.6	50.3

各年10月1日現在の総人口(日本における外国人を含む).

表C-2 総数, 年齢3区分(0〜14歳, 15〜64歳, 65歳以上)別総人口及び年齢構造係数:
　　　出生率1.20(2065年)・外国人移動本推計仮定(死亡中位)推計

年　次	人　口　(1,000人)				割　合　(%)		
	総　数	0〜14歳	15〜64歳	65歳以上	0〜14歳	15〜64歳	65歳以上
平成 27 (2015)	127,095	15,945	77,282	33,868	12.5	60.8	26.6
28 (2016)	126,806	15,739	76,482	34,585	12.4	60.3	27.3
29 (2017)	126,444	15,499	75,782	35,163	12.3	59.9	27.8
30 (2018)	126,011	15,247	75,158	35,606	12.1	59.6	28.3
31 (2019)	125,506	14,968	74,622	35,916	11.9	59.5	28.6
32 (2020)	124,935	14,685	74,058	36,192	11.8	59.3	29.0
33 (2021)	124,305	14,369	73,550	36,386	11.6	59.2	29.3
34 (2022)	123,627	14,018	73,130	36,479	11.3	59.2	29.5
35 (2023)	122,908	13,641	72,683	36,584	11.1	59.1	29.8
36 (2024)	122,157	13,273	72,181	36,704	10.9	59.1	30.0
37 (2025)	121,379	12,908	71,701	36,771	10.6	59.1	30.3
38 (2026)	120,579	12,543	71,231	36,805	10.4	59.1	30.5
39 (2027)	119,759	12,203	70,716	36,840	10.2	59.0	30.8
40 (2028)	118,922	11,869	70,147	36,905	10.0	59.0	31.0
41 (2029)	118,067	11,570	69,507	36,990	9.8	58.9	31.3
42 (2030)	117,195	11,282	68,754	37,160	9.6	58.7	31.7
43 (2031)	116,307	10,987	68,321	37,000	9.4	58.7	31.8
44 (2032)	115,403	10,736	67,469	37,197	9.3	58.5	32.2
45 (2033)	114,482	10,527	66,573	37,383	9.2	58.2	32.7
46 (2034)	113,547	10,359	65,595	37,592	9.1	57.8	33.1
47 (2035)	112,597	10,227	64,553	37,817	9.1	57.3	33.6
48 (2036)	111,632	10,124	63,424	38,084	9.1	56.8	34.1
49 (2037)	110,653	10,040	62,221	38,391	9.1	56.2	34.7
50 (2038)	109,661	9,969	60,969	38,724	9.1	55.6	35.3
51 (2039)	108,658	9,902	59,740	39,016	9.1	55.0	35.9
52 (2040)	107,644	9,834	58,604	39,206	9.1	54.4	36.4
53 (2041)	106,620	9,761	57,541	39,318	9.2	54.0	36.9
54 (2042)	105,589	9,682	56,556	39,352	9.2	53.6	37.3
55 (2043)	104,552	9,594	55,612	39,346	9.2	53.2	37.6
56 (2044)	103,509	9,497	54,727	39,285	9.2	52.9	38.0
57 (2045)	102,463	9,391	53,880	39,192	9.2	52.6	38.3
58 (2046)	101,414	9,276	53,092	39,046	9.1	52.4	38.5
59 (2047)	100,363	9,152	52,317	38,894	9.1	52.1	38.8
60 (2048)	99,308	9,018	51,542	38,749	9.1	51.9	39.0
61 (2049)	98,252	8,875	50,782	38,594	9.0	51.7	39.3
62 (2050)	97,192	8,724	50,062	38,406	9.0	51.5	39.5
63 (2051)	96,129	8,566	49,386	38,177	8.9	51.4	39.7
64 (2052)	95,061	8,400	48,727	37,934	8.8	51.3	39.9
65 (2053)	93,989	8,228	48,095	37,665	8.8	51.2	40.1
66 (2054)	92,910	8,053	47,493	37,365	8.7	51.1	40.2
67 (2055)	91,826	7,875	46,909	37,042	8.6	51.1	40.3
68 (2056)	90,734	7,696	46,334	36,703	8.5	51.1	40.5
69 (2057)	89,635	7,519	45,744	36,372	8.4	51.0	40.6
70 (2058)	88,528	7,345	45,155	36,029	8.3	51.0	40.7
71 (2059)	87,414	7,175	44,528	35,711	8.2	50.9	40.9
72 (2060)	86,292	7,012	43,878	35,403	8.1	50.8	41.0
73 (2061)	85,165	6,856	43,227	35,081	8.1	50.8	41.2
74 (2062)	84,032	6,710	42,556	34,766	8.0	50.6	41.4
75 (2063)	82,895	6,573	41,866	34,456	7.9	50.5	41.6
76 (2064)	81,756	6,447	41,178	34,132	7.9	50.4	41.7
77 (2065)	80,617	6,331	40,476	33,810	7.9	50.2	41.9

各年10月1日現在の総人口(日本における外国人を含む). 平成27(2015)年は, 総務省統計局『平成27年国勢調査　年齢・国籍不詳をあん分した人口(参考表)』による.

参考表C-2 総数, 年齢3区分(0〜14歳, 15〜64歳, 65歳以上)別総人口及び年齢構造係数：
出生率1.20(2065年)・外国人移動本推計仮定(死亡中位)推計

年　　次	人　口　(1,000人)				割　合　(%)		
	総　数	0〜14歳	15〜64歳	65歳以上	0〜14歳	15〜64歳	65歳以上
平成 78 (2066)	79,473	6,226	39,785	33,462	7.8	50.1	42.1
79 (2067)	78,326	6,131	39,096	33,099	7.8	49.9	42.3
80 (2068)	77,178	6,044	38,425	32,709	7.8	49.8	42.4
81 (2069)	76,033	5,965	37,760	32,308	7.8	49.7	42.5
82 (2070)	74,895	5,891	37,120	31,884	7.9	49.6	42.6
83 (2071)	73,766	5,822	36,472	31,472	7.9	49.4	42.7
84 (2072)	72,648	5,756	35,809	31,084	7.9	49.3	42.8
85 (2073)	71,545	5,691	35,130	30,723	8.0	49.1	42.9
86 (2074)	70,457	5,626	34,466	30,365	8.0	48.9	43.1
87 (2075)	69,385	5,561	33,806	30,018	8.0	48.7	43.3
88 (2076)	68,330	5,494	33,146	29,690	8.0	48.5	43.5
89 (2077)	67,293	5,425	32,508	29,359	8.1	48.3	43.6
90 (2078)	66,271	5,353	31,874	29,045	8.1	48.1	43.8
91 (2079)	65,266	5,277	31,272	28,717	8.1	47.9	44.0
92 (2080)	64,275	5,198	30,680	28,397	8.1	47.7	44.2
93 (2081)	63,298	5,116	30,081	28,101	8.1	47.5	44.4
94 (2082)	62,334	5,031	29,528	27,775	8.1	47.4	44.6
95 (2083)	61,381	4,943	29,016	27,422	8.1	47.3	44.7
96 (2084)	60,439	4,852	28,547	27,040	8.0	47.2	44.7
97 (2085)	59,506	4,760	28,115	26,631	8.0	47.2	44.8
98 (2086)	58,583	4,667	27,713	26,202	8.0	47.3	44.7
99 (2087)	57,667	4,574	27,332	25,761	7.9	47.4	44.7
100 (2088)	56,760	4,481	26,965	25,314	7.9	47.5	44.6
101 (2089)	55,860	4,389	26,604	24,867	7.9	47.6	44.5
102 (2090)	54,967	4,298	26,244	24,425	7.8	47.7	44.4
103 (2091)	54,082	4,210	25,882	23,990	7.8	47.9	44.4
104 (2092)	53,204	4,124	25,515	23,564	7.8	48.0	44.3
105 (2093)	52,333	4,042	25,144	23,148	7.7	48.0	44.2
106 (2094)	51,471	3,963	24,767	22,741	7.7	48.1	44.2
107 (2095)	50,617	3,888	24,386	22,343	7.7	48.2	44.1
108 (2096)	49,773	3,817	24,001	21,954	7.7	48.2	44.1
109 (2097)	48,938	3,750	23,614	21,574	7.7	48.3	44.1
110 (2098)	48,113	3,687	23,224	21,202	7.7	48.3	44.1
111 (2099)	47,299	3,628	22,833	20,838	7.7	48.3	44.1
112 (2100)	46,496	3,572	22,442	20,482	7.7	48.3	44.1
113 (2101)	45,705	3,519	22,051	20,135	7.7	48.2	44.1
114 (2102)	44,925	3,468	21,662	19,795	7.7	48.2	44.1
115 (2103)	44,158	3,420	21,274	19,464	7.7	48.2	44.1
116 (2104)	43,404	3,373	20,890	19,142	7.8	48.1	44.1
117 (2105)	42,663	3,327	20,508	18,827	7.8	48.1	44.1
118 (2106)	41,935	3,282	20,132	18,520	7.8	48.0	44.2
119 (2107)	41,220	3,238	19,761	18,221	7.9	47.9	44.2
120 (2108)	40,519	3,193	19,397	17,928	7.9	47.9	44.2
121 (2109)	39,832	3,148	19,041	17,642	7.9	47.8	44.3
122 (2110)	39,159	3,102	18,694	17,362	7.9	47.7	44.3
123 (2111)	38,500	3,056	18,356	17,087	7.9	47.7	44.4
124 (2112)	37,855	3,009	18,029	16,817	7.9	47.6	44.4
125 (2113)	37,225	2,961	17,713	16,550	8.0	47.6	44.5
126 (2114)	36,608	2,912	17,409	16,287	8.0	47.6	44.5
127 (2115)	36,005	2,863	17,116	16,026	8.0	47.5	44.5

各年10月1日現在の総人口(日本における外国人を含む).

表C-3 総数, 年齢3区分(0〜14歳, 15〜64歳, 65歳以上)別総人口及び年齢構造係数:
　　　出生率1.40(2065年)・外国人移動本推計仮定(死亡中位)推計

年　次	人　口　(1,000人)				割　合　(%)		
	総　数	0〜14歳	15〜64歳	65歳以上	0〜14歳	15〜64歳	65歳以上
平成 27 (2015)	127,095	15,945	77,282	33,868	12.5	60.8	26.6
28 (2016)	126,832	15,765	76,482	34,585	12.4	60.3	27.3
29 (2017)	126,517	15,572	75,782	35,163	12.3	59.9	27.8
30 (2018)	126,147	15,383	75,158	35,606	12.2	59.6	28.2
31 (2019)	125,725	15,187	74,622	35,916	12.1	59.4	28.6
32 (2020)	125,255	15,005	74,058	36,192	12.0	59.1	28.9
33 (2021)	124,742	14,805	73,550	36,386	11.9	59.0	29.2
34 (2022)	124,189	14,580	73,130	36,479	11.7	58.9	29.4
35 (2023)	123,601	14,334	72,683	36,584	11.6	58.8	29.6
36 (2024)	122,982	14,098	72,181	36,704	11.5	58.7	29.8
37 (2025)	122,337	13,865	71,701	36,771	11.3	58.6	30.1
38 (2026)	121,667	13,631	71,231	36,805	11.2	58.5	30.3
39 (2027)	120,976	13,420	70,716	36,840	11.1	58.5	30.5
40 (2028)	120,264	13,212	70,147	36,905	11.0	58.3	30.7
41 (2029)	119,533	13,035	69,507	36,990	10.9	58.1	30.9
42 (2030)	118,781	12,868	68,754	37,160	10.8	57.9	31.3
43 (2031)	118,011	12,664	68,347	37,000	10.7	57.9	31.4
44 (2032)	117,222	12,483	67,541	37,197	10.6	57.6	31.7
45 (2033)	116,415	12,323	66,709	37,383	10.6	57.3	32.1
46 (2034)	115,590	12,184	65,814	37,592	10.5	56.9	32.5
47 (2035)	114,749	12,060	64,873	37,817	10.5	56.5	33.0
48 (2036)	113,893	11,949	63,859	38,084	10.5	56.1	33.4
49 (2037)	113,021	11,847	62,783	38,391	10.5	55.5	34.0
50 (2038)	112,137	11,751	61,663	38,724	10.5	55.0	34.5
51 (2039)	111,241	11,656	60,568	39,016	10.5	54.4	35.1
52 (2040)	110,335	11,561	59,568	39,206	10.5	54.0	35.5
53 (2041)	109,420	11,463	58,639	39,318	10.5	53.6	35.9
54 (2042)	108,499	11,361	57,786	39,352	10.5	53.3	36.3
55 (2043)	107,573	11,254	56,973	39,346	10.5	53.0	36.6
56 (2044)	106,644	11,142	56,216	39,285	10.4	52.7	36.8
57 (2045)	105,713	11,026	55,495	39,192	10.4	52.5	37.1
58 (2046)	104,783	10,906	54,831	39,046	10.4	52.3	37.3
59 (2047)	103,853	10,783	54,177	38,894	10.4	52.2	37.5
60 (2048)	102,925	10,656	53,520	38,749	10.4	52.0	37.6
61 (2049)	101,997	10,526	52,877	38,594	10.3	51.8	37.8
62 (2050)	101,071	10,393	52,271	38,406	10.3	51.7	38.0
63 (2051)	100,144	10,258	51,709	38,177	10.2	51.6	38.1
64 (2052)	99,217	10,121	51,162	37,934	10.2	51.6	38.2
65 (2053)	98,289	9,982	50,641	37,665	10.2	51.5	38.3
66 (2054)	97,357	9,842	50,150	37,365	10.1	51.5	38.4
67 (2055)	96,420	9,702	49,676	37,042	10.1	51.5	38.4
68 (2056)	95,478	9,563	49,212	36,703	10.0	51.5	38.4
69 (2057)	94,530	9,426	48,731	36,372	10.0	51.6	38.5
70 (2058)	93,574	9,292	48,254	36,029	9.9	51.6	38.5
71 (2059)	92,611	9,161	47,740	35,711	9.9	51.5	38.6
72 (2060)	91,640	9,033	47,204	35,403	9.9	51.5	38.6
73 (2061)	90,663	8,910	46,671	35,081	9.8	51.5	38.7
74 (2062)	89,679	8,792	46,120	34,766	9.8	51.4	38.8
75 (2063)	88,689	8,679	45,555	34,456	9.8	51.4	38.8
76 (2064)	87,697	8,571	44,994	34,132	9.8	51.3	38.9
77 (2065)	86,703	8,469	44,424	33,810	9.8	51.2	39.0

各年10月1日現在の総人口(日本における外国人を含む). 平成27(2015)年は, 総務省統計局『平成27年国勢調査　年齢・国籍不詳をあん分した人口(参考表)』による.

参考表C-3 総数，年齢3区分(0〜14歳，15〜64歳，65歳以上)別総人口及び年齢構造係数：
出生率1.40(2065年)・外国人移動本推計仮定(死亡中位)推計

年　次	人　口　(1,000人)				割　合　(%)		
	総　数	0〜14歳	15〜64歳	65歳以上	0〜14歳	15〜64歳	65歳以上
平成 78 (2066)	85,702	8,371	43,869	33,462	9.8	51.2	39.0
79 (2067)	84,697	8,279	43,319	33,099	9.8	51.1	39.1
80 (2068)	83,690	8,190	42,791	32,709	9.8	51.1	39.1
81 (2069)	82,685	8,105	42,271	32,308	9.8	51.1	39.1
82 (2070)	81,685	8,023	41,778	31,884	9.8	51.1	39.0
83 (2071)	80,693	7,943	41,279	31,472	9.8	51.2	39.0
84 (2072)	79,713	7,863	40,766	31,084	9.9	51.1	39.0
85 (2073)	78,746	7,784	40,238	30,723	9.9	51.1	39.0
86 (2074)	77,793	7,705	39,724	30,365	9.9	51.1	39.0
87 (2075)	76,857	7,625	39,214	30,018	9.9	51.0	39.1
88 (2076)	75,938	7,545	38,703	29,690	9.9	51.0	39.1
89 (2077)	75,035	7,463	38,213	29,359	9.9	50.9	39.1
90 (2078)	74,149	7,380	37,725	29,045	10.0	50.9	39.2
91 (2079)	73,279	7,295	37,267	28,717	10.0	50.9	39.2
92 (2080)	72,424	7,209	36,819	28,397	10.0	50.8	39.2
93 (2081)	71,583	7,122	36,335	28,127	9.9	50.8	39.3
94 (2082)	70,754	7,033	35,875	27,846	9.9	50.7	39.4
95 (2083)	69,937	6,944	35,438	27,555	9.9	50.7	39.4
96 (2084)	69,131	6,854	35,023	27,253	9.9	50.7	39.4
97 (2085)	68,334	6,764	34,626	26,943	9.9	50.7	39.4
98 (2086)	67,545	6,675	34,244	26,626	9.9	50.7	39.4
99 (2087)	66,764	6,585	33,873	26,306	9.9	50.7	39.4
100 (2088)	65,990	6,497	33,509	25,984	9.8	50.8	39.4
101 (2089)	65,222	6,410	33,148	25,664	9.8	50.8	39.3
102 (2090)	64,461	6,324	32,790	25,347	9.8	50.9	39.3
103 (2091)	63,705	6,240	32,430	25,035	9.8	50.9	39.3
104 (2092)	62,955	6,158	32,069	24,727	9.8	50.9	39.3
105 (2093)	62,210	6,079	31,706	24,426	9.8	51.0	39.3
106 (2094)	61,472	6,002	31,340	24,130	9.8	51.0	39.3
107 (2095)	60,739	5,927	30,974	23,838	9.8	51.0	39.2
108 (2096)	60,013	5,855	30,607	23,552	9.8	51.0	39.2
109 (2097)	59,294	5,785	30,240	23,269	9.8	51.0	39.2
110 (2098)	58,582	5,717	29,874	22,990	9.8	51.0	39.2
111 (2099)	57,877	5,652	29,510	22,716	9.8	51.0	39.2
112 (2100)	57,181	5,588	29,147	22,445	9.8	51.0	39.3
113 (2101)	56,492	5,526	28,787	22,178	9.8	51.0	39.3
114 (2102)	55,810	5,466	28,429	21,916	9.8	50.9	39.3
115 (2103)	55,138	5,406	28,074	21,658	9.8	50.9	39.3
116 (2104)	54,473	5,347	27,722	21,404	9.8	50.9	39.3
117 (2105)	53,816	5,289	27,374	21,153	9.8	50.9	39.3
118 (2106)	53,168	5,231	27,030	20,907	9.8	50.8	39.3
119 (2107)	52,528	5,174	26,690	20,664	9.8	50.8	39.3
120 (2108)	51,896	5,116	26,356	20,424	9.9	50.8	39.4
121 (2109)	51,272	5,058	26,027	20,187	9.9	50.8	39.4
122 (2110)	50,657	5,000	25,703	19,953	9.9	50.7	39.4
123 (2111)	50,049	4,942	25,386	19,722	9.9	50.7	39.4
124 (2112)	49,451	4,883	25,075	19,493	9.9	50.7	39.4
125 (2113)	48,860	4,824	24,770	19,265	9.9	50.7	39.4
126 (2114)	48,277	4,765	24,472	19,040	9.9	50.7	39.4
127 (2115)	47,702	4,706	24,181	18,816	9.9	50.7	39.4

各年10月1日現在の総人口(日本における外国人を含む).

表C-4 総数, 年齢3区分(0〜14歳, 15〜64歳, 65歳以上)別総人口及び年齢構造係数：
　　　出生率1.60(2065年)・外国人移動本推計仮定(死亡中位)推計

年　次	人　口　(1,000人)				割　合　(%)		
	総　数	0〜14歳	15〜64歳	65歳以上	0〜14歳	15〜64歳	65歳以上
平成 27 (2015)	127,095	15,945	77,282	33,868	12.5	60.8	26.6
28 (2016)	126,858	15,791	76,482	34,585	12.4	60.3	27.3
29 (2017)	126,589	15,644	75,782	35,163	12.4	59.9	27.8
30 (2018)	126,284	15,520	75,158	35,606	12.3	59.5	28.2
31 (2019)	125,948	15,410	74,622	35,916	12.2	59.2	28.5
32 (2020)	125,584	15,334	74,058	36,192	12.2	59.0	28.8
33 (2021)	125,192	15,256	73,550	36,386	12.2	58.7	29.1
34 (2022)	124,773	15,165	73,130	36,479	12.2	58.6	29.2
35 (2023)	124,325	15,058	72,683	36,584	12.1	58.5	29.4
36 (2024)	123,847	14,963	72,181	36,704	12.1	58.3	29.6
37 (2025)	123,342	14,871	71,701	36,771	12.1	58.1	29.8
38 (2026)	122,811	14,774	71,231	36,805	12.0	58.0	30.0
39 (2027)	122,254	14,698	70,716	36,840	12.0	57.8	30.1
40 (2028)	121,672	14,620	70,147	36,905	12.0	57.7	30.3
41 (2029)	121,067	14,570	69,507	36,990	12.0	57.4	30.6
42 (2030)	120,439	14,526	68,754	37,160	12.1	57.1	30.9
43 (2031)	119,789	14,416	68,373	37,000	12.0	57.1	30.9
44 (2032)	119,116	14,306	67,613	37,197	12.0	56.8	31.2
45 (2033)	118,423	14,195	66,845	37,383	12.0	56.4	31.6
46 (2034)	117,710	14,082	66,036	37,592	12.0	56.1	31.9
47 (2035)	116,979	13,962	65,200	37,817	11.9	55.7	32.3
48 (2036)	116,231	13,837	64,310	38,084	11.9	55.3	32.8
49 (2037)	115,467	13,708	63,368	38,391	11.9	54.9	33.2
50 (2038)	114,691	13,579	62,388	38,724	11.8	54.4	33.8
51 (2039)	113,903	13,449	61,437	39,016	11.8	53.9	34.3
52 (2040)	113,106	13,321	60,580	39,206	11.8	53.6	34.7
53 (2041)	112,303	13,192	59,793	39,318	11.7	53.2	35.0
54 (2042)	111,494	13,065	59,078	39,352	11.7	53.0	35.3
55 (2043)	110,684	12,939	58,400	39,346	11.7	52.8	35.5
56 (2044)	109,875	12,815	57,775	39,285	11.7	52.6	35.8
57 (2045)	109,068	12,694	57,182	39,192	11.6	52.4	35.9
58 (2046)	108,267	12,577	56,644	39,046	11.6	52.3	36.1
59 (2047)	107,471	12,465	56,112	38,894	11.6	52.2	36.2
60 (2048)	106,683	12,359	55,575	38,749	11.6	52.1	36.3
61 (2049)	105,901	12,258	55,050	38,594	11.6	52.0	36.4
62 (2050)	105,127	12,162	54,559	38,406	11.6	51.9	36.5
63 (2051)	104,359	12,071	54,111	38,177	11.6	51.9	36.6
64 (2052)	103,595	11,984	53,677	37,934	11.6	51.8	36.6
65 (2053)	102,833	11,901	53,267	37,665	11.6	51.8	36.6
66 (2054)	102,072	11,820	52,887	37,365	11.6	51.8	36.6
67 (2055)	101,310	11,743	52,524	37,042	11.6	51.8	36.6
68 (2056)	100,544	11,668	52,173	36,703	11.6	51.9	36.5
69 (2057)	99,772	11,594	51,806	36,372	11.6	51.9	36.5
70 (2058)	98,994	11,521	51,444	36,029	11.6	52.0	36.4
71 (2059)	98,208	11,448	51,049	35,711	11.7	52.0	36.4
72 (2060)	97,413	11,374	50,636	35,403	11.7	52.0	36.3
73 (2061)	96,610	11,299	50,230	35,081	11.7	52.0	36.3
74 (2062)	95,800	11,221	49,812	34,766	11.7	52.0	36.3
75 (2063)	94,982	11,141	49,385	34,456	11.7	52.0	36.3
76 (2064)	94,159	11,059	48,969	34,132	11.7	52.0	36.2
77 (2065)	93,333	10,974	48,550	33,810	11.8	52.0	36.2

各年10月1日現在の総人口(日本における外国人を含む). 平成27(2015)年は, 総務省統計局『平成27年国勢調査　年齢・国籍不詳をあん分した人口(参考表)』による.

参考表C-4 総数, 年齢3区分(0〜14歳, 15〜64歳, 65歳以上)別総人口及び年齢構造係数：
出生率1.60(2065年)・外国人移動本推計仮定(死亡中位)推計

年　次	人　口　(1,000人)				割　合　(%)		
	総　数	0〜14歳	15〜64歳	65歳以上	0〜14歳	15〜64歳	65歳以上
平成 78 (2066)	92,499	10,886	48,151	33,462	11.8	52.1	36.2
79 (2067)	91,659	10,797	47,763	33,099	11.8	52.1	36.1
80 (2068)	90,816	10,706	47,401	32,709	11.8	52.2	36.0
81 (2069)	89,974	10,613	47,052	32,308	11.8	52.3	35.9
82 (2070)	89,137	10,520	46,733	31,884	11.8	52.4	35.8
83 (2071)	88,308	10,426	46,410	31,472	11.8	52.6	35.6
84 (2072)	87,490	10,332	46,073	31,084	11.8	52.7	35.5
85 (2073)	86,685	10,239	45,723	30,723	11.8	52.7	35.4
86 (2074)	85,897	10,147	45,385	30,365	11.8	52.8	35.4
87 (2075)	85,126	10,056	45,052	30,018	11.8	52.9	35.3
88 (2076)	84,373	9,967	44,715	29,690	11.8	53.0	35.2
89 (2077)	83,638	9,880	44,399	29,359	11.8	53.1	35.1
90 (2078)	82,922	9,795	44,082	29,045	11.8	53.2	35.0
91 (2079)	82,223	9,713	43,793	28,717	11.8	53.3	34.9
92 (2080)	81,541	9,634	43,511	28,397	11.8	53.4	34.8
93 (2081)	80,875	9,557	43,166	28,152	11.8	53.4	34.8
94 (2082)	80,223	9,482	42,824	27,916	11.8	53.4	34.8
95 (2083)	79,584	9,410	42,485	27,689	11.8	53.4	34.8
96 (2084)	78,956	9,340	42,146	27,470	11.8	53.4	34.8
97 (2085)	78,338	9,272	41,804	27,262	11.8	53.4	34.8
98 (2086)	77,730	9,206	41,459	27,064	11.8	53.3	34.8
99 (2087)	77,129	9,141	41,115	26,873	11.9	53.3	34.8
100 (2088)	76,535	9,077	40,772	26,686	11.9	53.3	34.9
101 (2089)	75,946	9,014	40,432	26,500	11.9	53.2	34.9
102 (2090)	75,362	8,951	40,096	26,316	11.9	53.2	34.9
103 (2091)	74,783	8,888	39,764	26,132	11.9	53.2	34.9
104 (2092)	74,207	8,824	39,435	25,949	11.9	53.1	35.0
105 (2093)	73,636	8,760	39,109	25,766	11.9	53.1	35.0
106 (2094)	73,067	8,696	38,788	25,584	11.9	53.1	35.0
107 (2095)	72,502	8,630	38,471	25,401	11.9	53.1	35.0
108 (2096)	71,941	8,564	38,159	25,217	11.9	53.0	35.1
109 (2097)	71,383	8,497	37,853	25,033	11.9	53.0	35.1
110 (2098)	70,830	8,429	37,553	24,848	11.9	53.0	35.1
111 (2099)	70,281	8,361	37,258	24,662	11.9	53.0	35.1
112 (2100)	69,736	8,292	36,968	24,476	11.9	53.0	35.1
113 (2101)	69,195	8,223	36,684	24,289	11.9	53.0	35.1
114 (2102)	68,659	8,153	36,403	24,102	11.9	53.0	35.1
115 (2103)	68,127	8,084	36,127	23,916	11.9	53.0	35.1
116 (2104)	67,599	8,015	35,854	23,730	11.9	53.0	35.1
117 (2105)	67,076	7,946	35,585	23,544	11.8	53.1	35.1
118 (2106)	66,556	7,878	35,319	23,359	11.8	53.1	35.1
119 (2107)	66,040	7,811	35,055	23,174	11.8	53.1	35.1
120 (2108)	65,527	7,745	34,793	22,989	11.8	53.1	35.1
121 (2109)	65,018	7,681	34,532	22,805	11.8	53.1	35.1
122 (2110)	64,512	7,617	34,272	22,623	11.8	53.1	35.1
123 (2111)	64,009	7,555	34,011	22,442	11.8	53.1	35.1
124 (2112)	63,508	7,495	33,751	22,263	11.8	53.1	35.1
125 (2113)	63,011	7,435	33,490	22,086	11.8	53.1	35.1
126 (2114)	62,517	7,377	33,228	21,911	11.8	53.2	35.0
127 (2115)	62,026	7,321	32,966	21,739	11.8	53.1	35.0

各年10月1日現在の総人口(日本における外国人を含む).

表C-5 総数, 年齢３区分(0〜14歳, 15〜64歳, 65歳以上)別総人口及び年齢構造係数：
　　　出生率1.80(2065年)・外国人移動本推計仮定(死亡中位)推計

年　次	人　口　(1,000人)				割　合　(%)		
	総　数	0〜14歳	15〜64歳	65歳以上	0〜14歳	15〜64歳	65歳以上
平成 27 (2015)	127,095	15,945	77,282	33,868	12.5	60.8	26.6
28 (2016)	126,884	15,817	76,482	34,585	12.5	60.3	27.3
29 (2017)	126,661	15,716	75,782	35,163	12.4	59.8	27.8
30 (2018)	126,422	15,658	75,158	35,606	12.4	59.4	28.2
31 (2019)	126,172	15,633	74,622	35,916	12.4	59.1	28.5
32 (2020)	125,914	15,665	74,058	36,192	12.4	58.8	28.7
33 (2021)	125,647	15,711	73,550	36,386	12.5	58.5	29.0
34 (2022)	125,364	15,756	73,130	36,479	12.6	58.3	29.1
35 (2023)	125,058	15,791	72,683	36,584	12.6	58.1	29.3
36 (2024)	124,725	15,840	72,181	36,704	12.7	57.9	29.4
37 (2025)	124,362	15,891	71,701	36,771	12.8	57.7	29.6
38 (2026)	123,970	15,934	71,231	36,805	12.9	57.5	29.7
39 (2027)	123,549	15,993	70,716	36,840	12.9	57.2	29.8
40 (2028)	123,099	16,047	70,147	36,905	13.0	57.0	30.0
41 (2029)	122,622	16,125	69,507	36,990	13.2	56.7	30.2
42 (2030)	122,118	16,205	68,754	37,160	13.3	56.3	30.4
43 (2031)	121,588	16,190	68,399	37,000	13.3	56.3	30.4
44 (2032)	121,033	16,150	67,685	37,197	13.3	55.9	30.7
45 (2033)	120,454	16,089	66,982	37,383	13.4	55.6	31.0
46 (2034)	119,853	16,001	66,259	37,592	13.4	55.3	31.4
47 (2035)	119,231	15,885	65,530	37,817	13.3	55.0	31.7
48 (2036)	118,592	15,744	64,764	38,084	13.3	54.6	32.1
49 (2037)	117,937	15,587	63,959	38,391	13.2	54.2	32.6
50 (2038)	117,269	15,423	63,123	38,724	13.2	53.8	33.0
51 (2039)	116,591	15,257	62,318	39,016	13.1	53.4	33.5
52 (2040)	115,906	15,094	61,606	39,206	13.0	53.2	33.8
53 (2041)	115,216	14,937	60,962	39,318	13.0	52.9	34.1
54 (2042)	114,525	14,786	60,387	39,352	12.9	52.7	34.4
55 (2043)	113,836	14,645	59,845	39,346	12.9	52.6	34.6
56 (2044)	113,153	14,514	59,354	39,285	12.8	52.5	34.7
57 (2045)	112,479	14,396	58,891	39,192	12.8	52.4	34.8
58 (2046)	111,817	14,293	58,478	39,046	12.8	52.3	34.9
59 (2047)	111,169	14,205	58,070	38,894	12.8	52.2	35.0
60 (2048)	110,535	14,134	57,653	38,749	12.8	52.2	35.1
61 (2049)	109,917	14,078	57,245	38,594	12.8	52.1	35.1
62 (2050)	109,314	14,038	56,870	38,406	12.8	52.0	35.1
63 (2051)	108,725	14,012	56,536	38,177	12.9	52.0	35.1
64 (2052)	108,146	13,997	56,215	37,934	12.9	52.0	35.1
65 (2053)	107,575	13,992	55,918	37,665	13.0	52.0	35.0
66 (2054)	107,010	13,995	55,650	37,365	13.1	52.0	34.9
67 (2055)	106,446	14,003	55,401	37,042	13.2	52.0	34.8
68 (2056)	105,881	14,013	55,164	36,703	13.2	52.1	34.7
69 (2057)	105,311	14,024	54,915	36,372	13.3	52.1	34.5
70 (2058)	104,735	14,032	54,675	36,029	13.4	52.2	34.4
71 (2059)	104,151	14,035	54,405	35,711	13.5	52.2	34.3
72 (2060)	103,557	14,031	54,123	35,403	13.5	52.3	34.2
73 (2061)	102,953	14,016	53,855	35,081	13.6	52.3	34.1
74 (2062)	102,339	13,990	53,583	34,766	13.7	52.4	34.0
75 (2063)	101,717	13,952	53,310	34,456	13.7	52.4	33.9
76 (2064)	101,087	13,901	53,055	34,132	13.8	52.5	33.8
77 (2065)	100,453	13,837	52,806	33,810	13.8	52.6	33.7

各年10月1日現在の総人口(日本における外国人を含む). 平成27(2015)年は, 総務省統計局『平成27年国勢調査　年齢・国籍不詳をあん分した人口(参考表)』による.

参考表C-5 総数, 年齢3区分(0〜14歳, 15〜64歳, 65歳以上)別総人口及び年齢構造係数 :
出生率1.80(2065年)・外国人移動本推計仮定(死亡中位)推計

年　次	人　口 (1,000人)				割　合 (%)		
	総　数	0〜14歳	15〜64歳	65歳以上	0〜14歳	15〜64歳	65歳以上
平成 78 (2066)	99,809	13,762	52,585	33,462	13.8	52.7	33.5
79 (2067)	99,157	13,676	52,382	33,099	13.8	52.8	33.4
80 (2068)	98,503	13,583	52,211	32,709	13.8	53.0	33.2
81 (2069)	97,849	13,483	52,057	32,308	13.8	53.2	33.0
82 (2070)	97,200	13,379	51,937	31,884	13.8	53.4	32.8
83 (2071)	96,560	13,274	51,815	31,472	13.7	53.7	32.6
84 (2072)	95,933	13,168	51,681	31,084	13.7	53.9	32.4
85 (2073)	95,322	13,065	51,534	30,723	13.7	54.1	32.2
86 (2074)	94,729	12,965	51,399	30,365	13.7	54.3	32.1
87 (2075)	94,156	12,871	51,267	30,018	13.7	54.4	31.9
88 (2076)	93,605	12,784	51,130	29,690	13.7	54.6	31.7
89 (2077)	93,076	12,705	51,012	29,359	13.7	54.8	31.5
90 (2078)	92,569	12,634	50,890	29,045	13.6	55.0	31.4
91 (2079)	92,083	12,572	50,794	28,717	13.7	55.2	31.2
92 (2080)	91,619	12,519	50,703	28,397	13.7	55.3	31.0
93 (2081)	91,173	12,474	50,522	28,177	13.7	55.4	30.9
94 (2082)	90,745	12,437	50,321	27,987	13.7	55.5	30.8
95 (2083)	90,332	12,406	50,104	27,822	13.7	55.5	30.8
96 (2084)	89,934	12,382	49,865	27,687	13.8	55.4	30.8
97 (2085)	89,548	12,361	49,603	27,584	13.8	55.4	30.8
98 (2086)	89,172	12,343	49,322	27,507	13.8	55.3	30.8
99 (2087)	88,804	12,327	49,030	27,447	13.9	55.2	30.9
100 (2088)	88,443	12,311	48,736	27,395	13.9	55.1	31.0
101 (2089)	88,087	12,294	48,447	27,347	14.0	55.0	31.0
102 (2090)	87,736	12,274	48,165	27,297	14.0	54.9	31.1
103 (2091)	87,387	12,250	47,893	27,244	14.0	54.8	31.2
104 (2092)	87,040	12,222	47,632	27,187	14.0	54.7	31.2
105 (2093)	86,695	12,188	47,383	27,124	14.1	54.7	31.3
106 (2094)	86,351	12,149	47,146	27,056	14.1	54.6	31.3
107 (2095)	86,007	12,103	46,922	26,982	14.1	54.6	31.4
108 (2096)	85,665	12,052	46,711	26,902	14.1	54.5	31.4
109 (2097)	85,324	11,994	46,513	26,817	14.1	54.5	31.4
110 (2098)	84,984	11,932	46,327	26,725	14.0	54.5	31.4
111 (2099)	84,645	11,866	46,152	26,628	14.0	54.5	31.5
112 (2100)	84,308	11,796	45,987	26,526	14.0	54.5	31.5
113 (2101)	83,973	11,723	45,831	26,419	14.0	54.6	31.5
114 (2102)	83,640	11,650	45,681	26,309	13.9	54.6	31.5
115 (2103)	83,308	11,576	45,537	26,195	13.9	54.7	31.4
116 (2104)	82,977	11,502	45,397	26,078	13.9	54.7	31.4
117 (2105)	82,648	11,431	45,260	25,958	13.8	54.8	31.4
118 (2106)	82,320	11,362	45,123	25,836	13.8	54.8	31.4
119 (2107)	81,993	11,296	44,985	25,712	13.8	54.9	31.4
120 (2108)	81,666	11,234	44,845	25,587	13.8	54.9	31.3
121 (2109)	81,339	11,177	44,700	25,462	13.7	55.0	31.3
122 (2110)	81,012	11,124	44,549	25,339	13.7	55.0	31.3
123 (2111)	80,684	11,076	44,390	25,218	13.7	55.0	31.3
124 (2112)	80,355	11,032	44,222	25,101	13.7	55.0	31.2
125 (2113)	80,025	10,992	44,044	24,988	13.7	55.0	31.2
126 (2114)	79,694	10,956	43,858	24,880	13.7	55.0	31.2
127 (2115)	79,362	10,923	43,662	24,777	13.8	55.0	31.2

各年10月1日現在の総人口(日本における外国人を含む).

表C-6 総数, 年齢3区分(0～14歳, 15～64歳, 65歳以上)別総人口及び年齢構造係数 :
　　　　出生率2.00(2065年)・外国人移動本推計仮定(死亡中位)推計

年　次	人　口 (1,000人)				割　合 (%)		
	総　数	0～14歳	15～64歳	65歳以上	0～14歳	15～64歳	65歳以上
平成 27 (2015)	127,095	15,945	77,282	33,868	12.5	60.8	26.6
28 (2016)	126,910	15,843	76,482	34,585	12.5	60.3	27.3
29 (2017)	126,733	15,788	75,782	35,163	12.5	59.8	27.7
30 (2018)	126,559	15,795	75,158	35,606	12.5	59.4	28.1
31 (2019)	126,395	15,857	74,622	35,916	12.5	59.0	28.4
32 (2020)	126,245	15,996	74,058	36,192	12.7	58.7	28.7
33 (2021)	126,103	16,167	73,550	36,386	12.8	58.3	28.9
34 (2022)	125,956	16,347	73,130	36,479	13.0	58.1	29.0
35 (2023)	125,792	16,525	72,683	36,584	13.1	57.8	29.1
36 (2024)	125,603	16,718	72,181	36,704	13.3	57.5	29.2
37 (2025)	125,383	16,912	71,701	36,771	13.5	57.2	29.3
38 (2026)	125,131	17,094	71,231	36,805	13.7	56.9	29.4
39 (2027)	124,846	17,290	70,716	36,840	13.8	56.6	29.5
40 (2028)	124,528	17,475	70,147	36,905	14.0	56.3	29.6
41 (2029)	124,179	17,682	69,507	36,990	14.2	56.0	29.8
42 (2030)	123,799	17,886	68,754	37,160	14.4	55.5	30.0
43 (2031)	123,390	17,965	68,424	37,000	14.6	55.5	30.0
44 (2032)	122,952	17,997	67,757	37,197	14.6	55.1	30.3
45 (2033)	122,487	17,985	67,119	37,383	14.7	54.8	30.5
46 (2034)	121,998	17,923	66,482	37,592	14.7	54.5	30.8
47 (2035)	121,486	17,809	65,860	37,817	14.7	54.2	31.1
48 (2036)	120,956	17,653	65,219	38,084	14.6	53.9	31.5
49 (2037)	120,410	17,469	64,550	38,391	14.5	53.6	31.9
50 (2038)	119,852	17,270	63,858	38,724	14.4	53.3	32.3
51 (2039)	119,285	17,070	63,199	39,016	14.3	53.0	32.7
52 (2040)	118,713	16,875	62,632	39,206	14.2	52.8	33.0
53 (2041)	118,140	16,691	62,131	39,318	14.1	52.6	33.3
54 (2042)	117,570	16,522	61,697	39,352	14.1	52.5	33.5
55 (2043)	117,008	16,370	61,292	39,346	14.0	52.4	33.6
56 (2044)	116,459	16,240	60,933	39,285	13.9	52.3	33.7
57 (2045)	115,926	16,134	60,600	39,192	13.9	52.3	33.8
58 (2046)	115,414	16,054	60,314	39,046	13.9	52.3	33.8
59 (2047)	114,925	16,003	60,028	38,894	13.9	52.2	33.8
60 (2048)	114,462	15,982	59,731	38,749	14.0	52.2	33.9
61 (2049)	114,024	15,989	59,441	38,594	14.0	52.1	33.8
62 (2050)	113,611	16,023	59,182	38,406	14.1	52.1	33.8
63 (2051)	113,220	16,081	58,962	38,177	14.2	52.1	33.7
64 (2052)	112,849	16,160	58,754	37,934	14.3	52.1	33.6
65 (2053)	112,492	16,255	58,571	37,665	14.5	52.1	33.5
66 (2054)	112,145	16,363	58,417	37,365	14.6	52.1	33.3
67 (2055)	111,804	16,478	58,284	37,042	14.7	52.1	33.1
68 (2056)	111,464	16,596	58,165	36,703	14.9	52.2	32.9
69 (2057)	111,121	16,711	58,038	36,372	15.0	52.2	32.7
70 (2058)	110,772	16,819	57,924	36,029	15.2	52.3	32.5
71 (2059)	110,413	16,916	57,787	35,711	15.3	52.3	32.3
72 (2060)	110,044	16,996	57,645	35,403	15.4	52.4	32.2
73 (2061)	109,663	17,055	57,526	35,081	15.6	52.5	32.0
74 (2062)	109,270	17,091	57,412	34,766	15.6	52.5	31.8
75 (2063)	108,866	17,103	57,307	34,456	15.7	52.6	31.6
76 (2064)	108,453	17,089	57,232	34,132	15.8	52.8	31.5
77 (2065)	108,033	17,052	57,172	33,810	15.8	52.9	31.3

各年10月1日現在の総人口(日本における外国人を含む). 平成27(2015)年は, 総務省統計局『平成27年国勢調査　年齢・国籍不詳をあん分した人口(参考表)』による.

参考表C-6 総数,年齢3区分(0～14歳,15～64歳,65歳以上)別総人口及び年齢構造係数：
出生率2.00(2065年)・外国人移動本推計仮定(死亡中位)推計

年　次	人　口　(1,000人)				割　合　(%)		
	総　数	0～14歳	15～64歳	65歳以上	0～14歳	15～64歳	65歳以上
平成 78 (2066)	107,603	16,992	57,150	33,462	15.8	53.1	31.1
79 (2067)	107,165	16,913	57,153	33,099	15.8	53.3	30.9
80 (2068)	106,724	16,819	57,196	32,709	15.8	53.6	30.6
81 (2069)	106,284	16,714	57,262	32,308	15.7	53.9	30.4
82 (2070)	105,851	16,603	57,365	31,884	15.7	54.2	30.1
83 (2071)	105,429	16,489	57,469	31,472	15.6	54.5	29.9
84 (2072)	105,024	16,377	57,563	31,084	15.6	54.8	29.6
85 (2073)	104,638	16,270	57,644	30,723	15.5	55.1	29.4
86 (2074)	104,275	16,173	57,737	30,365	15.5	55.4	29.1
87 (2075)	103,938	16,089	57,832	30,018	15.5	55.6	28.9
88 (2076)	103,628	16,018	57,919	29,690	15.5	55.9	28.7
89 (2077)	103,346	15,964	58,023	29,359	15.4	56.1	28.4
90 (2078)	103,093	15,928	58,121	29,045	15.4	56.4	28.2
91 (2079)	102,868	15,908	58,242	28,717	15.5	56.6	27.9
92 (2080)	102,669	15,906	58,366	28,397	15.5	56.8	27.7
93 (2081)	102,495	15,920	58,373	28,202	15.5	57.0	27.5
94 (2082)	102,344	15,948	58,339	28,057	15.6	57.0	27.4
95 (2083)	102,214	15,989	58,269	27,956	15.6	57.0	27.4
96 (2084)	102,101	16,039	58,158	27,905	15.7	57.0	27.3
97 (2085)	102,004	16,096	58,003	27,906	15.8	56.9	27.4
98 (2086)	101,920	16,157	57,814	27,949	15.9	56.7	27.4
99 (2087)	101,845	16,218	57,607	28,020	15.9	56.6	27.5
100 (2088)	101,778	16,278	57,394	28,106	16.0	56.4	27.6
101 (2089)	101,716	16,333	57,189	28,194	16.1	56.2	27.7
102 (2090)	101,657	16,380	56,998	28,279	16.1	56.1	27.8
103 (2091)	101,600	16,418	56,826	28,357	16.2	55.9	27.9
104 (2092)	101,544	16,444	56,675	28,425	16.2	55.8	28.0
105 (2093)	101,487	16,458	56,547	28,482	16.2	55.7	28.1
106 (2094)	101,429	16,458	56,442	28,529	16.2	55.6	28.1
107 (2095)	101,369	16,445	56,360	28,564	16.2	55.6	28.2
108 (2096)	101,308	16,419	56,301	28,588	16.2	55.6	28.2
109 (2097)	101,247	16,382	56,265	28,601	16.2	55.6	28.2
110 (2098)	101,184	16,334	56,248	28,602	16.1	55.6	28.3
111 (2099)	101,122	16,277	56,251	28,594	16.1	55.6	28.3
112 (2100)	101,059	16,214	56,269	28,576	16.0	55.7	28.3
113 (2101)	100,997	16,147	56,300	28,550	16.0	55.7	28.3
114 (2102)	100,936	16,078	56,341	28,517	15.9	55.8	28.3
115 (2103)	100,875	16,010	56,389	28,476	15.9	55.9	28.2
116 (2104)	100,816	15,945	56,442	28,429	15.8	56.0	28.2
117 (2105)	100,757	15,884	56,496	28,377	15.8	56.1	28.2
118 (2106)	100,699	15,831	56,547	28,321	15.7	56.2	28.1
119 (2107)	100,641	15,785	56,594	28,262	15.7	56.2	28.1
120 (2108)	100,583	15,748	56,632	28,203	15.7	56.3	28.0
121 (2109)	100,523	15,721	56,658	28,144	15.6	56.4	28.0
122 (2110)	100,463	15,704	56,670	28,088	15.6	56.4	28.0
123 (2111)	100,400	15,697	56,665	28,038	15.6	56.4	27.9
124 (2112)	100,335	15,699	56,640	27,995	15.6	56.5	27.9
125 (2113)	100,266	15,709	56,596	27,961	15.7	56.4	27.9
126 (2114)	100,194	15,726	56,533	27,935	15.7	56.4	27.9
127 (2115)	100,119	15,749	56,452	27,918	15.7	56.4	27.9

各年10月1日現在の総人口(日本における外国人を含む).

表C-7 総数,年齢3区分(0～14歳,15～64歳,65歳以上)別総人口及び年齢構造係数:
　　　出生率2.20(2065年)・外国人移動本推計仮定(死亡中位)推計

年　次	人　口　(1,000人)				割　合　(%)		
	総　数	0～14歳	15～64歳	65歳以上	0～14歳	15～64歳	65歳以上
平成 27 (2015)	127,095	15,945	77,282	33,868	12.5	60.8	26.6
28 (2016)	126,936	15,869	76,482	34,585	12.5	60.3	27.2
29 (2017)	126,806	15,860	75,782	35,163	12.5	59.8	27.7
30 (2018)	126,697	15,933	75,158	35,606	12.6	59.3	28.1
31 (2019)	126,619	16,081	74,622	35,916	12.7	58.9	28.4
32 (2020)	126,577	16,327	74,058	36,192	12.9	58.5	28.6
33 (2021)	126,559	16,623	73,550	36,386	13.1	58.1	28.8
34 (2022)	126,548	16,940	73,130	36,479	13.4	57.8	28.8
35 (2023)	126,527	17,260	72,683	36,584	13.6	57.4	28.9
36 (2024)	126,482	17,597	72,181	36,704	13.9	57.1	29.0
37 (2025)	126,405	17,934	71,701	36,771	14.2	56.7	29.1
38 (2026)	126,293	18,256	71,231	36,805	14.5	56.4	29.1
39 (2027)	126,144	18,588	70,716	36,840	14.7	56.1	29.2
40 (2028)	125,958	18,905	70,147	36,905	15.0	55.7	29.3
41 (2029)	125,737	19,240	69,507	36,990	15.3	55.3	29.4
42 (2030)	125,482	19,568	68,754	37,160	15.6	54.8	29.6
43 (2031)	125,193	19,742	68,450	37,000	15.8	54.7	29.6
44 (2032)	124,872	19,845	67,830	37,197	15.9	54.3	29.8
45 (2033)	124,522	19,883	67,257	37,383	16.0	54.0	30.0
46 (2034)	124,145	19,847	66,706	37,592	16.0	53.7	30.3
47 (2035)	123,744	19,736	66,191	37,817	15.9	53.5	30.6
48 (2036)	123,323	19,565	65,674	38,084	15.9	53.3	30.9
49 (2037)	122,887	19,353	65,143	38,391	15.7	53.0	31.2
50 (2038)	122,439	19,121	64,594	38,724	15.6	52.8	31.6
51 (2039)	121,985	18,887	64,081	39,016	15.5	52.5	32.0
52 (2040)	121,528	18,663	63,660	39,206	15.4	52.4	32.3
53 (2041)	121,075	18,455	63,302	39,318	15.2	52.3	32.5
54 (2042)	120,630	18,271	63,008	39,352	15.1	52.2	32.6
55 (2043)	120,200	18,115	62,739	39,346	15.1	52.2	32.7
56 (2044)	119,791	17,992	62,514	39,285	15.0	52.2	32.8
57 (2045)	119,408	17,906	62,310	39,192	15.0	52.2	32.8
58 (2046)	119,057	17,861	62,150	39,046	15.0	52.2	32.8
59 (2047)	118,741	17,860	61,987	38,894	15.0	52.2	32.8
60 (2048)	118,462	17,903	61,811	38,749	15.1	52.2	32.7
61 (2049)	118,221	17,989	61,638	38,594	15.2	52.1	32.6
62 (2050)	118,017	18,116	61,495	38,406	15.4	52.1	32.5
63 (2051)	117,846	18,279	61,390	38,177	15.5	52.1	32.4
64 (2052)	117,703	18,472	61,296	37,934	15.7	52.1	32.2
65 (2053)	117,583	18,690	61,227	37,665	15.9	52.1	32.0
66 (2054)	117,479	18,925	61,189	37,365	16.1	52.1	31.8
67 (2055)	117,385	19,169	61,174	37,042	16.3	52.1	31.6
68 (2056)	117,294	19,415	61,176	36,703	16.6	52.2	31.3
69 (2057)	117,202	19,656	61,174	36,372	16.8	52.2	31.0
70 (2058)	117,104	19,884	61,192	36,029	17.0	52.3	30.8
71 (2059)	116,996	20,090	61,194	35,711	17.2	52.3	30.5
72 (2060)	116,875	20,270	61,202	35,403	17.3	52.4	30.3
73 (2061)	116,740	20,416	61,243	35,081	17.5	52.5	30.1
74 (2062)	116,592	20,526	61,300	34,766	17.6	52.6	29.8
75 (2063)	116,430	20,596	61,379	34,456	17.7	52.7	29.6
76 (2064)	116,258	20,626	61,500	34,132	17.7	52.9	29.4
77 (2065)	116,077	20,620	61,648	33,810	17.8	53.1	29.1

各年10月1日現在の総人口(日本における外国人を含む).平成27(2015)年は,総務省統計局『平成27年国勢調査　年齢・国籍不詳をあん分した人口(参考表)』による.

参考表C-7 総数, 年齢3区分(0～14歳, 15～64歳, 65歳以上)別総人口及び年齢構造係数：
出生率2.20(2065年)・外国人移動本推計仮定(死亡中位)推計

年　　次	人　口 (1,000人)				割　合 (%)		
	総　数	0～14歳	15～64歳	65歳以上	0～14歳	15～64歳	65歳以上
平成 78 (2066)	115,885	20,579	61,845	33,462	17.8	53.4	28.9
79 (2067)	115,686	20,510	62,077	33,099	17.7	53.7	28.6
80 (2068)	115,484	20,418	62,357	32,709	17.7	54.0	28.3
81 (2069)	115,285	20,311	62,666	32,308	17.6	54.4	28.0
82 (2070)	115,097	20,196	63,018	31,884	17.5	54.8	27.7
83 (2071)	114,924	20,079	63,374	31,472	17.5	55.1	27.4
84 (2072)	114,773	19,968	63,721	31,084	17.4	55.5	27.1
85 (2073)	114,647	19,869	64,055	30,723	17.3	55.9	26.8
86 (2074)	114,552	19,786	64,401	30,365	17.3	56.2	26.5
87 (2075)	114,491	19,726	64,747	30,018	17.2	56.6	26.2
88 (2076)	114,465	19,691	65,083	29,690	17.2	56.9	25.9
89 (2077)	114,476	19,684	65,433	29,359	17.2	57.2	25.6
90 (2078)	114,525	19,705	65,776	29,045	17.2	57.4	25.4
91 (2079)	114,612	19,756	66,139	28,717	17.2	57.7	25.1
92 (2080)	114,733	19,834	66,503	28,397	17.3	58.0	24.8
93 (2081)	114,889	19,939	66,723	28,227	17.4	58.1	24.6
94 (2082)	115,074	20,066	66,881	28,127	17.4	58.1	24.4
95 (2083)	115,287	20,212	66,986	28,090	17.5	58.1	24.4
96 (2084)	115,524	20,373	67,029	28,123	17.6	58.0	24.3
97 (2085)	115,781	20,543	67,010	28,228	17.7	57.9	24.4
98 (2086)	116,053	20,717	66,945	28,391	17.9	57.7	24.5
99 (2087)	116,338	20,891	66,854	28,594	18.0	57.5	24.6
100 (2088)	116,632	21,058	66,758	28,816	18.1	57.2	24.7
101 (2089)	116,932	21,215	66,675	29,042	18.1	57.0	24.8
102 (2090)	117,235	21,358	66,615	29,262	18.2	56.8	25.0
103 (2091)	117,538	21,482	66,586	29,470	18.3	56.7	25.1
104 (2092)	117,841	21,586	66,591	29,663	18.3	56.5	25.2
105 (2093)	118,141	21,667	66,633	29,841	18.3	56.4	25.3
106 (2094)	118,439	21,726	66,711	30,002	18.3	56.3	25.3
107 (2095)	118,734	21,761	66,826	30,146	18.3	56.3	25.4
108 (2096)	119,026	21,775	66,977	30,274	18.3	56.3	25.4
109 (2097)	119,316	21,769	67,162	30,385	18.2	56.3	25.5
110 (2098)	119,605	21,747	67,377	30,481	18.2	56.3	25.5
111 (2099)	119,893	21,712	67,620	30,561	18.1	56.4	25.5
112 (2100)	120,183	21,668	67,886	30,628	18.0	56.5	25.5
113 (2101)	120,473	21,619	68,171	30,683	17.9	56.6	25.5
114 (2102)	120,766	21,570	68,470	30,726	17.9	56.7	25.4
115 (2103)	121,062	21,524	68,778	30,760	17.8	56.8	25.4
116 (2104)	121,361	21,486	69,090	30,785	17.7	56.9	25.4
117 (2105)	121,663	21,458	69,402	30,803	17.6	57.0	25.3
118 (2106)	121,969	21,444	69,709	30,816	17.6	57.2	25.3
119 (2107)	122,278	21,446	70,006	30,826	17.5	57.3	25.2
120 (2108)	122,589	21,465	70,287	30,836	17.5	57.3	25.2
121 (2109)	122,901	21,502	70,549	30,850	17.5	57.4	25.1
122 (2110)	123,215	21,558	70,786	30,871	17.5	57.4	25.1
123 (2111)	123,527	21,631	70,995	30,902	17.5	57.5	25.0
124 (2112)	123,839	21,719	71,174	30,945	17.5	57.5	25.0
125 (2113)	124,148	21,822	71,323	31,003	17.6	57.4	25.0
126 (2114)	124,454	21,936	71,442	31,076	17.6	57.4	25.0
127 (2115)	124,756	22,058	71,533	31,164	17.7	57.3	25.0

各年10月1日現在の総人口(日本における外国人を含む).

— 114 —

表C-8 総数, 年齢3区分(0〜14歳, 15〜64歳, 65歳以上)別総人口及び年齢構造係数:
　　　出生中位・外国人移動0万人(2035年)(死亡中位)推計

年　次	人　口 (1,000人)				割　合 (%)		
	総　数	0〜14歳	15〜64歳	65歳以上	0〜14歳	15〜64歳	65歳以上
平成 27 (2015)	127,095	15,945	77,282	33,868	12.5	60.8	26.6
28 (2016)	126,768	15,766	76,417	34,586	12.4	60.3	27.3
29 (2017)	126,393	15,577	75,651	35,164	12.3	59.9	27.8
30 (2018)	125,965	15,397	74,961	35,608	12.2	59.5	28.3
31 (2019)	125,488	15,211	74,359	35,918	12.1	59.3	28.6
32 (2020)	124,965	15,042	73,728	36,195	12.0	59.0	29.0
33 (2021)	124,400	14,856	73,153	36,390	11.9	58.8	29.3
34 (2022)	123,795	14,647	72,665	36,484	11.8	58.7	29.5
35 (2023)	123,155	14,414	72,150	36,591	11.7	58.6	29.7
36 (2024)	122,482	14,191	71,579	36,712	11.6	58.4	30.0
37 (2025)	121,780	13,969	71,030	36,780	11.5	58.3	30.2
38 (2026)	121,051	13,743	70,492	36,816	11.4	58.2	30.4
39 (2027)	120,297	13,538	69,906	36,853	11.3	58.1	30.6
40 (2028)	119,520	13,332	69,268	36,920	11.2	58.0	30.9
41 (2029)	118,721	13,157	68,558	37,006	11.1	57.7	31.2
42 (2030)	117,900	12,988	67,733	37,178	11.0	57.4	31.5
43 (2031)	117,057	12,776	67,261	37,020	10.9	57.5	31.6
44 (2032)	116,193	12,581	66,392	37,220	10.8	57.1	32.0
45 (2033)	115,310	12,403	65,500	37,407	10.8	56.8	32.4
46 (2034)	114,407	12,241	64,547	37,619	10.7	56.4	32.9
47 (2035)	113,487	12,091	63,551	37,845	10.7	56.0	33.3
48 (2036)	112,551	11,952	62,485	38,114	10.6	55.5	33.9
49 (2037)	111,601	11,820	61,357	38,423	10.6	55.0	34.4
50 (2038)	110,638	11,695	60,185	38,757	10.6	54.4	35.0
51 (2039)	109,664	11,573	59,039	39,051	10.6	53.8	35.6
52 (2040)	108,680	11,453	57,985	39,242	10.5	53.4	36.1
53 (2041)	107,689	11,332	57,002	39,355	10.5	52.9	36.5
54 (2042)	106,692	11,209	56,093	39,390	10.5	52.6	36.9
55 (2043)	105,692	11,085	55,222	39,385	10.5	52.2	37.3
56 (2044)	104,690	10,960	54,406	39,324	10.5	52.0	37.6
57 (2045)	103,688	10,832	53,625	39,231	10.4	51.7	37.8
58 (2046)	102,687	10,704	52,899	39,084	10.4	51.5	38.1
59 (2047)	101,688	10,574	52,183	38,931	10.4	51.3	38.3
60 (2048)	100,692	10,444	51,463	38,785	10.4	51.1	38.5
61 (2049)	99,698	10,313	50,758	38,627	10.3	50.9	38.7
62 (2050)	98,707	10,182	50,090	38,435	10.3	50.7	38.9
63 (2051)	97,717	10,049	49,467	38,201	10.3	50.6	39.1
64 (2052)	96,727	9,915	48,861	37,951	10.3	50.5	39.2
65 (2053)	95,736	9,780	48,283	37,673	10.2	50.4	39.4
66 (2054)	94,742	9,645	47,737	37,360	10.2	50.4	39.4
67 (2055)	93,745	9,510	47,212	37,023	10.1	50.4	39.5
68 (2056)	92,742	9,376	46,701	36,665	10.1	50.4	39.5
69 (2057)	91,734	9,243	46,180	36,310	10.1	50.3	39.6
70 (2058)	90,718	9,112	45,668	35,938	10.0	50.3	39.6
71 (2059)	89,695	8,983	45,126	35,586	10.0	50.3	39.7
72 (2060)	88,664	8,857	44,570	35,236	10.0	50.3	39.7
73 (2061)	87,626	8,733	44,026	34,867	10.0	50.2	39.8
74 (2062)	86,581	8,613	43,470	34,498	9.9	50.2	39.8
75 (2063)	85,532	8,496	42,906	34,130	9.9	50.2	39.9
76 (2064)	84,479	8,383	42,350	33,746	9.9	50.1	39.9
77 (2065)	83,426	8,274	41,786	33,365	9.9	50.1	40.0

各年10月1日現在の総人口(日本における外国人を含む). 平成27(2015)年は, 総務省統計局『平成27年国勢調査　年齢・国籍不詳をあん分した人口(参考表)』による.

参考表C-8 総数，年齢3区分(0〜14歳，15〜64歳，65歳以上)別総人口及び年齢構造係数：
出生中位・外国人移動0万人(2035年)(死亡中位)推計

年 次	人 口 (1,000人)				割 合 (%)		
	総 数	0〜14歳	15〜64歳	65歳以上	0〜14歳	15〜64歳	65歳以上
平成 78 (2066)	82,367	8,169	41,240	32,958	9.9	50.1	40.0
79 (2067)	81,303	8,067	40,699	32,536	9.9	50.1	40.0
80 (2068)	80,238	7,969	40,182	32,087	9.9	50.1	40.0
81 (2069)	79,177	7,874	39,674	31,629	9.9	50.1	39.9
82 (2070)	78,122	7,782	39,194	31,147	10.0	50.2	39.9
83 (2071)	77,077	7,691	38,707	30,678	10.0	50.2	39.8
84 (2072)	76,045	7,602	38,207	30,235	10.0	50.2	39.8
85 (2073)	75,027	7,514	37,693	29,820	10.0	50.2	39.7
86 (2074)	74,027	7,427	37,192	29,408	10.0	50.2	39.7
87 (2075)	73,045	7,341	36,695	29,009	10.0	50.2	39.7
88 (2076)	72,082	7,255	36,197	28,631	10.1	50.2	39.7
89 (2077)	71,139	7,168	35,719	28,252	10.1	50.2	39.7
90 (2078)	70,215	7,082	35,242	27,890	10.1	50.2	39.7
91 (2079)	69,309	6,995	34,795	27,518	10.1	50.2	39.7
92 (2080)	68,421	6,908	34,356	27,156	10.1	50.2	39.7
93 (2081)	67,549	6,821	33,878	26,850	10.1	50.2	39.7
94 (2082)	66,694	6,734	33,420	26,540	10.1	50.1	39.8
95 (2083)	65,852	6,646	32,981	26,225	10.1	50.1	39.8
96 (2084)	65,025	6,559	32,559	25,907	10.1	50.1	39.8
97 (2085)	64,209	6,472	32,152	25,585	10.1	50.1	39.8
98 (2086)	63,405	6,385	31,757	25,263	10.1	50.1	39.8
99 (2087)	62,611	6,299	31,372	24,940	10.1	50.1	39.8
100 (2088)	61,828	6,213	30,996	24,619	10.0	50.1	39.8
101 (2089)	61,053	6,129	30,624	24,300	10.0	50.2	39.8
102 (2090)	60,287	6,045	30,257	23,984	10.0	50.2	39.8
103 (2091)	59,528	5,963	29,891	23,674	10.0	50.2	39.8
104 (2092)	58,778	5,883	29,527	23,368	10.0	50.2	39.8
105 (2093)	58,036	5,804	29,164	23,068	10.0	50.3	39.7
106 (2094)	57,301	5,727	28,802	22,772	10.0	50.3	39.7
107 (2095)	56,574	5,652	28,442	22,480	10.0	50.3	39.7
108 (2096)	55,854	5,578	28,083	22,193	10.0	50.3	39.7
109 (2097)	55,143	5,507	27,727	21,909	10.0	50.3	39.7
110 (2098)	54,440	5,437	27,374	21,629	10.0	50.3	39.7
111 (2099)	53,745	5,369	27,023	21,353	10.0	50.3	39.7
112 (2100)	53,058	5,302	26,676	21,080	10.0	50.3	39.7
113 (2101)	52,380	5,237	26,332	20,811	10.0	50.3	39.7
114 (2102)	51,710	5,173	25,991	20,546	10.0	50.3	39.7
115 (2103)	51,048	5,111	25,653	20,285	10.0	50.3	39.7
116 (2104)	50,395	5,049	25,318	20,028	10.0	50.2	39.7
117 (2105)	49,750	4,988	24,987	19,775	10.0	50.2	39.7
118 (2106)	49,113	4,928	24,660	19,525	10.0	50.2	39.8
119 (2107)	48,485	4,869	24,337	19,279	10.0	50.2	39.8
120 (2108)	47,864	4,809	24,018	19,037	10.0	50.2	39.8
121 (2109)	47,252	4,751	23,704	18,797	10.1	50.2	39.8
122 (2110)	46,648	4,692	23,395	18,561	10.1	50.2	39.8
123 (2111)	46,052	4,634	23,090	18,328	10.1	50.1	39.8
124 (2112)	45,464	4,576	22,791	18,098	10.1	50.1	39.8
125 (2113)	44,884	4,518	22,496	17,870	10.1	50.1	39.8
126 (2114)	44,312	4,460	22,207	17,645	10.1	50.1	39.8
127 (2115)	43,748	4,402	21,924	17,422	10.1	50.1	39.8

各年10月1日現在の総人口（日本における外国人を含む）.

— 116 —

表C-9 総数, 年齢３区分(0～14歳, 15～64歳, 65歳以上)別総人口及び年齢構造係数 :
出生中位・外国人移動５万人(2035年)(死亡中位)推計

年　　次	人　口　(1,000人)				割　合　(%)		
	総　数	0～14歳	15～64歳	65歳以上	0～14歳	15～64歳	65歳以上
平成 27 (2015)	127,095	15,945	77,282	33,868	12.5	60.8	26.6
28 (2016)	126,818	15,769	76,464	34,585	12.4	60.3	27.3
29 (2017)	126,493	15,584	75,745	35,164	12.3	59.9	27.8
30 (2018)	126,118	15,408	75,103	35,607	12.2	59.5	28.2
31 (2019)	125,694	15,228	74,549	35,916	12.1	59.3	28.6
32 (2020)	125,225	15,066	73,966	36,193	12.0	59.1	28.9
33 (2021)	124,715	14,888	73,440	36,387	11.9	58.9	29.2
34 (2022)	124,167	14,687	73,000	36,480	11.8	58.8	29.4
35 (2023)	123,585	14,464	72,534	36,586	11.7	58.7	29.6
36 (2024)	122,972	14,253	72,013	36,706	11.6	58.6	29.8
37 (2025)	122,331	14,044	71,514	36,774	11.5	58.5	30.1
38 (2026)	121,666	13,832	71,026	36,808	11.4	58.4	30.3
39 (2027)	120,978	13,643	70,490	36,844	11.3	58.3	30.5
40 (2028)	120,267	13,455	69,903	36,909	11.2	58.1	30.7
41 (2029)	119,536	13,299	69,243	36,994	11.1	57.9	30.9
42 (2030)	118,784	13,150	68,470	37,165	11.1	57.6	31.3
43 (2031)	118,012	12,958	68,049	37,006	11.0	57.7	31.4
44 (2032)	117,220	12,784	67,233	37,204	10.9	57.4	31.7
45 (2033)	116,409	12,626	66,394	37,389	10.8	57.0	32.1
46 (2034)	115,580	12,485	65,496	37,600	10.8	56.7	32.5
47 (2035)	114,735	12,355	64,555	37,824	10.8	56.3	33.0
48 (2036)	113,873	12,235	63,545	38,093	10.7	55.8	33.5
49 (2037)	112,997	12,122	62,474	38,400	10.7	55.3	34.0
50 (2038)	112,107	12,014	61,360	38,733	10.7	54.7	34.6
51 (2039)	111,206	11,908	60,272	39,026	10.7	54.2	35.1
52 (2040)	110,295	11,801	59,278	39,216	10.7	53.7	35.6
53 (2041)	109,377	11,693	58,355	39,328	10.7	53.4	36.0
54 (2042)	108,452	11,582	57,507	39,362	10.7	53.0	36.3
55 (2043)	107,523	11,468	56,698	39,357	10.7	52.7	36.6
56 (2044)	106,591	11,351	55,945	39,296	10.6	52.5	36.9
57 (2045)	105,660	11,230	55,226	39,203	10.6	52.3	37.1
58 (2046)	104,729	11,108	54,564	39,057	10.6	52.1	37.3
59 (2047)	103,800	10,984	53,911	38,904	10.6	51.9	37.5
60 (2048)	102,873	10,859	53,255	38,759	10.6	51.8	37.7
61 (2049)	101,948	10,732	52,613	38,603	10.5	51.6	37.9
62 (2050)	101,026	10,604	52,008	38,414	10.5	51.5	38.0
63 (2051)	100,104	10,475	51,446	38,183	10.5	51.4	38.1
64 (2052)	99,183	10,344	50,900	37,939	10.4	51.3	38.3
65 (2053)	98,261	10,214	50,380	37,668	10.4	51.3	38.3
66 (2054)	97,336	10,082	49,890	37,364	10.4	51.3	38.4
67 (2055)	96,408	9,952	49,419	37,037	10.3	51.3	38.4
68 (2056)	95,474	9,822	48,959	36,693	10.3	51.3	38.4
69 (2057)	94,534	9,695	48,484	36,355	10.3	51.3	38.5
70 (2058)	93,587	9,569	48,014	36,003	10.2	51.3	38.5
71 (2059)	92,632	9,446	47,510	35,676	10.2	51.3	38.5
72 (2060)	91,670	9,326	46,987	35,357	10.2	51.3	38.6
73 (2061)	90,700	9,209	46,470	35,022	10.2	51.2	38.6
74 (2062)	89,724	9,095	45,937	34,692	10.1	51.2	38.7
75 (2063)	88,742	8,986	45,392	34,365	10.1	51.1	38.7
76 (2064)	87,757	8,880	44,853	34,024	10.1	51.1	38.8
77 (2065)	86,771	8,778	44,307	33,686	10.1	51.1	38.8

各年10月1日現在の総人口(日本における外国人を含む). 平成27(2015)年は, 総務省統計局『平成27年国勢調査　年齢・国籍不詳をあん分した人口(参考表)』による.

参考表C-9 総数, 年齢3区分(0～14歳, 15～64歳, 65歳以上)別総人口及び年齢構造係数：
出生中位・外国人移動5万人(2035年)(死亡中位)推計

年 次	人 口 (1,000人)				割 合 (%)		
	総 数	0～14歳	15～64歳	65歳以上	0～14歳	15～64歳	65歳以上
平成 78 (2066)	85,778	8,680	43,776	33,322	10.1	51.0	38.8
79 (2067)	84,780	8,585	43,252	32,942	10.1	51.0	38.9
80 (2068)	83,780	8,494	42,750	32,536	10.1	51.0	38.8
81 (2069)	82,783	8,405	42,258	32,119	10.2	51.0	38.8
82 (2070)	81,791	8,318	41,793	31,679	10.2	51.1	38.7
83 (2071)	80,807	8,233	41,323	31,251	10.2	51.1	38.7
84 (2072)	79,835	8,149	40,838	30,848	10.2	51.2	38.6
85 (2073)	78,877	8,066	40,339	30,472	10.2	51.1	38.6
86 (2074)	77,934	7,982	39,853	30,099	10.2	51.1	38.6
87 (2075)	77,008	7,899	39,372	29,737	10.3	51.1	38.6
88 (2076)	76,100	7,815	38,889	29,396	10.3	51.1	38.6
89 (2077)	75,209	7,731	38,427	29,051	10.3	51.1	38.6
90 (2078)	74,336	7,645	37,967	28,724	10.3	51.1	38.6
91 (2079)	73,479	7,560	37,536	28,383	10.3	51.1	38.6
92 (2080)	72,639	7,473	37,114	28,052	10.3	51.1	38.6
93 (2081)	71,813	7,387	36,651	27,775	10.3	51.0	38.7
94 (2082)	71,001	7,299	36,208	27,494	10.3	51.0	38.7
95 (2083)	70,201	7,212	35,783	27,206	10.3	51.0	38.8
96 (2084)	69,412	7,124	35,376	26,912	10.3	51.0	38.8
97 (2085)	68,634	7,037	34,984	26,614	10.3	51.0	38.8
98 (2086)	67,865	6,950	34,602	26,313	10.2	51.0	38.8
99 (2087)	67,104	6,863	34,230	26,011	10.2	51.0	38.8
100 (2088)	66,351	6,778	33,865	25,709	10.2	51.0	38.7
101 (2089)	65,606	6,694	33,504	25,408	10.2	51.1	38.7
102 (2090)	64,866	6,611	33,144	25,111	10.2	51.1	38.7
103 (2091)	64,133	6,529	32,786	24,818	10.2	51.1	38.7
104 (2092)	63,406	6,450	32,427	24,530	10.2	51.1	38.7
105 (2093)	62,685	6,372	32,067	24,246	10.2	51.2	38.7
106 (2094)	61,970	6,296	31,707	23,967	10.2	51.2	38.7
107 (2095)	61,261	6,222	31,347	23,692	10.2	51.2	38.7
108 (2096)	60,558	6,149	30,988	23,420	10.2	51.2	38.7
109 (2097)	59,862	6,079	30,631	23,152	10.2	51.2	38.7
110 (2098)	59,173	6,010	30,275	22,888	10.2	51.2	38.7
111 (2099)	58,491	5,943	29,922	22,626	10.2	51.2	38.7
112 (2100)	57,817	5,878	29,572	22,367	10.2	51.1	38.7
113 (2101)	57,150	5,814	29,224	22,112	10.2	51.1	38.7
114 (2102)	56,490	5,751	28,879	21,861	10.2	51.1	38.7
115 (2103)	55,838	5,688	28,537	21,613	10.2	51.1	38.7
116 (2104)	55,194	5,627	28,198	21,368	10.2	51.1	38.7
117 (2105)	54,557	5,566	27,864	21,127	10.2	51.1	38.7
118 (2106)	53,928	5,506	27,533	20,889	10.2	51.1	38.7
119 (2107)	53,306	5,446	27,206	20,654	10.2	51.0	38.7
120 (2108)	52,691	5,386	26,883	20,422	10.2	51.0	38.8
121 (2109)	52,084	5,326	26,566	20,192	10.2	51.0	38.8
122 (2110)	51,484	5,267	26,253	19,965	10.2	51.0	38.8
123 (2111)	50,892	5,207	25,945	19,740	10.2	51.0	38.8
124 (2112)	50,307	5,147	25,642	19,518	10.2	51.0	38.8
125 (2113)	49,729	5,087	25,344	19,298	10.2	51.0	38.8
126 (2114)	49,159	5,028	25,052	19,079	10.2	51.0	38.8
127 (2115)	48,595	4,968	24,765	18,862	10.2	51.0	38.8

各年10月1日現在の総人口(日本における外国人を含む).

表C-10 総数, 年齢3区分(0〜14歳, 15〜64歳, 65歳以上)別総人口及び年齢構造係数 : 出生中位・外国人移動10万人(2035年)(死亡中位)推計

年　　次	人　口 (1,000人)				割　合 (%)		
	総　数	0〜14歳	15〜64歳	65歳以上	0〜14歳	15〜64歳	65歳以上
平成 27 (2015)	127,095	15,945	77,282	33,868	12.5	60.8	26.6
28 (2016)	126,868	15,773	76,511	34,585	12.4	60.3	27.3
29 (2017)	126,594	15,592	75,840	35,163	12.3	59.9	27.8
30 (2018)	126,271	15,420	75,245	35,606	12.2	59.6	28.2
31 (2019)	125,899	15,246	74,739	35,915	12.1	59.4	28.5
32 (2020)	125,484	15,090	74,204	36,191	12.0	59.1	28.8
33 (2021)	125,030	14,919	73,726	36,384	11.9	59.0	29.1
34 (2022)	124,539	14,726	73,336	36,476	11.8	58.9	29.3
35 (2023)	124,015	14,514	72,919	36,581	11.7	58.8	29.5
36 (2024)	123,462	14,314	72,448	36,700	11.6	58.7	29.7
37 (2025)	122,883	14,119	71,998	36,767	11.5	58.6	29.9
38 (2026)	122,281	13,921	71,560	36,800	11.4	58.5	30.1
39 (2027)	121,658	13,748	71,074	36,835	11.3	58.4	30.3
40 (2028)	121,014	13,578	70,537	36,899	11.2	58.3	30.5
41 (2029)	120,351	13,440	69,928	36,982	11.2	58.1	30.7
42 (2030)	119,669	13,311	69,206	37,151	11.1	57.8	31.0
43 (2031)	118,967	13,140	68,837	36,991	11.0	57.9	31.1
44 (2032)	118,247	12,986	68,074	37,187	11.0	57.6	31.4
45 (2033)	117,509	12,850	67,288	37,372	10.9	57.3	31.8
46 (2034)	116,754	12,729	66,444	37,581	10.9	56.9	32.2
47 (2035)	115,982	12,620	65,559	37,804	10.9	56.5	32.6
48 (2036)	115,195	12,519	64,605	38,071	10.9	56.1	33.0
49 (2037)	114,393	12,424	63,592	38,377	10.9	55.6	33.5
50 (2038)	113,577	12,333	62,535	38,709	10.9	55.1	34.1
51 (2039)	112,750	12,242	61,506	39,001	10.9	54.6	34.6
52 (2040)	111,912	12,150	60,572	39,190	10.9	54.1	35.0
53 (2041)	111,066	12,055	59,710	39,301	10.9	53.8	35.4
54 (2042)	110,214	11,955	58,923	39,335	10.8	53.5	35.7
55 (2043)	109,357	11,851	58,177	39,329	10.8	53.2	36.0
56 (2044)	108,497	11,742	57,487	39,268	10.8	53.0	36.2
57 (2045)	107,637	11,629	56,832	39,175	10.8	52.8	36.4
58 (2046)	106,777	11,513	56,235	39,029	10.8	52.7	36.6
59 (2047)	105,919	11,395	55,647	38,877	10.8	52.5	36.7
60 (2048)	105,063	11,274	55,056	38,733	10.7	52.4	36.9
61 (2049)	104,209	11,152	54,478	38,579	10.7	52.3	37.0
62 (2050)	103,358	11,028	53,937	38,393	10.7	52.2	37.1
63 (2051)	102,508	10,903	53,439	38,166	10.6	52.1	37.2
64 (2052)	101,658	10,776	52,955	37,927	10.6	52.1	37.3
65 (2053)	100,807	10,650	52,495	37,662	10.6	52.1	37.4
66 (2054)	99,953	10,523	52,063	37,367	10.5	52.1	37.4
67 (2055)	99,096	10,397	51,648	37,051	10.5	52.1	37.4
68 (2056)	98,234	10,273	51,241	36,720	10.5	52.2	37.4
69 (2057)	97,366	10,151	50,816	36,399	10.4	52.2	37.4
70 (2058)	96,491	10,032	50,391	36,069	10.4	52.2	37.4
71 (2059)	95,608	9,915	49,927	35,766	10.4	52.2	37.4
72 (2060)	94,718	9,802	49,439	35,477	10.3	52.2	37.5
73 (2061)	93,820	9,693	48,951	35,176	10.3	52.2	37.5
74 (2062)	92,916	9,587	48,444	34,885	10.3	52.1	37.5
75 (2063)	92,006	9,485	47,921	34,600	10.3	52.1	37.6
76 (2064)	91,093	9,388	47,403	34,302	10.3	52.0	37.7
77 (2065)	90,177	9,294	46,876	34,007	10.3	52.0	37.7

各年10月1日現在の総人口(日本における外国人を含む). 平成27(2015)年は, 総務省統計局『平成27年国勢調査　年齢・国籍不詳をあん分した人口(参考表)』による.

参考表C-10 総数, 年齢3区分(0〜14歳, 15〜64歳, 65歳以上)別総人口及び年齢構造係数：
出生中位・外国人移動10万人(2035年)(死亡中位)推計

年　　次	人　口　(1,000人)				割　合　(%)		
	総　　数	0〜14歳	15〜64歳	65歳以上	0〜14歳	15〜64歳	65歳以上
平成 78 (2066)	89,254	9,204	46,365	33,685	10.3	51.9	37.7
79 (2067)	88,326	9,117	45,860	33,348	10.3	51.9	37.8
80 (2068)	87,395	9,034	45,378	32,984	10.3	51.9	37.7
81 (2069)	86,466	8,952	44,905	32,609	10.4	51.9	37.7
82 (2070)	85,541	8,872	44,459	32,210	10.4	52.0	37.7
83 (2071)	84,623	8,793	44,007	31,823	10.4	52.0	37.6
84 (2072)	83,716	8,715	43,542	31,460	10.4	52.0	37.6
85 (2073)	82,822	8,636	43,062	31,124	10.4	52.0	37.6
86 (2074)	81,941	8,557	42,596	30,788	10.4	52.0	37.6
87 (2075)	81,076	8,477	42,134	30,464	10.5	52.0	37.6
88 (2076)	80,227	8,397	41,671	30,160	10.5	51.9	37.6
89 (2077)	79,394	8,315	41,229	29,850	10.5	51.9	37.6
90 (2078)	78,576	8,232	40,789	29,556	10.5	51.9	37.6
91 (2079)	77,774	8,148	40,379	29,248	10.5	51.9	37.6
92 (2080)	76,986	8,062	39,977	28,946	10.5	51.9	37.6
93 (2081)	76,211	7,976	39,534	28,700	10.5	51.9	37.7
94 (2082)	75,447	7,890	39,110	28,447	10.5	51.8	37.7
95 (2083)	74,694	7,802	38,705	28,187	10.4	51.8	37.7
96 (2084)	73,950	7,715	38,318	27,918	10.4	51.8	37.8
97 (2085)	73,215	7,628	37,944	27,643	10.4	51.8	37.8
98 (2086)	72,487	7,542	37,580	27,365	10.4	51.8	37.8
99 (2087)	71,765	7,456	37,225	27,084	10.4	51.9	37.7
100 (2088)	71,049	7,372	36,876	26,802	10.4	51.9	37.7
101 (2089)	70,338	7,288	36,529	26,521	10.4	51.9	37.7
102 (2090)	69,632	7,207	36,182	26,243	10.3	52.0	37.7
103 (2091)	68,929	7,127	35,834	25,969	10.3	52.0	37.7
104 (2092)	68,232	7,049	35,484	25,699	10.3	52.0	37.7
105 (2093)	67,538	6,973	35,132	25,434	10.3	52.0	37.7
106 (2094)	66,849	6,898	34,777	25,173	10.3	52.0	37.7
107 (2095)	66,164	6,826	34,422	24,916	10.3	52.0	37.7
108 (2096)	65,485	6,756	34,066	24,663	10.3	52.0	37.7
109 (2097)	64,811	6,688	33,710	24,413	10.3	52.0	37.7
110 (2098)	64,143	6,622	33,356	24,165	10.3	52.0	37.7
111 (2099)	63,480	6,557	33,003	23,920	10.3	52.0	37.7
112 (2100)	62,825	6,493	32,653	23,679	10.3	52.0	37.7
113 (2101)	62,175	6,431	32,305	23,440	10.3	52.0	37.7
114 (2102)	61,533	6,369	31,960	23,204	10.4	51.9	37.7
115 (2103)	60,897	6,308	31,617	22,971	10.4	51.9	37.7
116 (2104)	60,268	6,248	31,278	22,741	10.4	51.9	37.7
117 (2105)	59,646	6,188	30,943	22,514	10.4	51.9	37.7
118 (2106)	59,030	6,128	30,612	22,290	10.4	51.9	37.8
119 (2107)	58,421	6,069	30,285	22,067	10.4	51.8	37.8
120 (2108)	57,819	6,009	29,963	21,847	10.4	51.8	37.8
121 (2109)	57,223	5,948	29,645	21,630	10.4	51.8	37.8
122 (2110)	56,634	5,888	29,333	21,413	10.4	51.8	37.8
123 (2111)	56,052	5,828	29,025	21,199	10.4	51.8	37.8
124 (2112)	55,476	5,767	28,723	20,987	10.4	51.8	37.8
125 (2113)	54,907	5,706	28,425	20,775	10.4	51.8	37.8
126 (2114)	54,344	5,645	28,133	20,565	10.4	51.8	37.8
127 (2115)	53,787	5,584	27,846	20,356	10.4	51.8	37.8

各年10月1日現在の総人口(日本における外国人を含む).

表C-11 総数, 年齢3区分(0〜14歳, 15〜64歳, 65歳以上)別総人口及び年齢構造係数:
　　　 出生中位・外国人移動25万人(2035年)(死亡中位)推計

年　次	人　口　(1,000人)				割　合　(%)		
	総　数	0〜14歳	15〜64歳	65歳以上	0〜14歳	15〜64歳	65歳以上
平成 27 (2015)	127,095	15,945	77,282	33,868	12.5	60.8	26.6
28 (2016)	127,018	15,783	76,651	34,584	12.4	60.3	27.2
29 (2017)	126,897	15,614	76,123	35,161	12.3	60.0	27.7
30 (2018)	126,729	15,456	75,671	35,602	12.2	59.7	28.1
31 (2019)	126,516	15,298	75,309	35,909	12.1	59.5	28.4
32 (2020)	126,263	15,161	74,919	36,183	12.0	59.3	28.7
33 (2021)	125,975	15,013	74,587	36,375	11.9	59.2	28.9
34 (2022)	125,654	14,846	74,343	36,464	11.8	59.2	29.0
35 (2023)	125,305	14,664	74,074	36,567	11.7	59.1	29.2
36 (2024)	124,932	14,499	73,751	36,682	11.6	59.0	29.4
37 (2025)	124,538	14,342	73,450	36,746	11.5	59.0	29.5
38 (2026)	124,126	14,189	73,161	36,776	11.4	58.9	29.6
39 (2027)	123,698	14,064	72,827	36,807	11.4	58.9	29.8
40 (2028)	123,254	13,946	72,441	36,867	11.3	58.8	29.9
41 (2029)	122,796	13,865	71,985	36,947	11.3	58.6	30.1
42 (2030)	122,322	13,795	71,416	37,111	11.3	58.4	30.3
43 (2031)	121,833	13,685	71,202	36,946	11.2	58.4	30.3
44 (2032)	121,328	13,594	70,596	37,139	11.2	58.2	30.6
45 (2033)	120,809	13,520	69,970	37,319	11.2	57.9	30.9
46 (2034)	120,274	13,461	69,289	37,523	11.2	57.6	31.2
47 (2035)	119,725	13,412	68,570	37,743	11.2	57.3	31.5
48 (2036)	119,161	13,369	67,786	38,005	11.2	56.9	31.9
49 (2037)	118,582	13,330	66,944	38,308	11.2	56.5	32.3
50 (2038)	117,990	13,290	66,063	38,636	11.3	56.0	32.7
51 (2039)	117,385	13,247	65,213	38,925	11.3	55.6	33.2
52 (2040)	116,770	13,198	64,460	39,111	11.3	55.2	33.5
53 (2041)	116,145	13,142	63,783	39,221	11.3	54.9	33.8
54 (2042)	115,514	13,076	63,185	39,253	11.3	54.7	34.0
55 (2043)	114,878	13,002	62,630	39,246	11.3	54.5	34.2
56 (2044)	114,239	12,919	62,135	39,184	11.3	54.4	34.3
57 (2045)	113,599	12,829	61,679	39,091	11.3	54.3	34.4
58 (2046)	112,960	12,733	61,281	38,946	11.3	54.3	34.5
59 (2047)	112,324	12,632	60,896	38,796	11.2	54.2	34.5
60 (2048)	111,690	12,527	60,507	38,656	11.2	54.2	34.6
61 (2049)	111,060	12,419	60,133	38,508	11.2	54.1	34.7
62 (2050)	110,433	12,309	59,794	38,329	11.1	54.1	34.7
63 (2051)	109,808	12,198	59,497	38,114	11.1	54.2	34.7
64 (2052)	109,185	12,086	59,210	37,890	11.1	54.2	34.7
65 (2053)	108,562	11,974	58,943	37,645	11.0	54.3	34.7
66 (2054)	107,939	11,864	58,699	37,376	11.0	54.4	34.6
67 (2055)	107,313	11,756	58,465	37,092	11.0	54.5	34.6
68 (2056)	106,683	11,651	58,230	36,802	10.9	54.6	34.5
69 (2057)	106,049	11,550	57,967	36,531	10.9	54.7	34.4
70 (2058)	105,409	11,454	57,692	36,263	10.9	54.7	34.4
71 (2059)	104,762	11,362	57,364	36,036	10.8	54.8	34.4
72 (2060)	104,108	11,275	56,998	35,835	10.8	54.7	34.4
73 (2061)	103,448	11,194	56,616	35,639	10.8	54.7	34.5
74 (2062)	102,781	11,117	56,202	35,463	10.8	54.7	34.5
75 (2063)	102,109	11,045	55,763	35,301	10.8	54.6	34.6
76 (2064)	101,433	10,978	55,324	35,131	10.8	54.5	34.6
77 (2065)	100,753	10,914	54,874	34,965	10.8	54.5	34.7

各年10月1日現在の総人口(日本における外国人を含む). 平成27(2015)年は, 総務省統計局『平成27年国勢調査　年齢・国籍不詳をあん分した人口(参考表)』による.

参考表C-11 総数, 年齢3区分(0～14歳, 15～64歳, 65歳以上)別総人口及び年齢構造係数: 出生中位・外国人移動25万人(2035年)(死亡中位)推計

年　次	人　口（1,000人）				割　合（%）		
	総　数	0～14歳	15～64歳	65歳以上	0～14歳	15～64歳	65歳以上
平成 78 (2066)	100,066	10,855	54,440	34,771	10.8	54.4	34.7
79 (2067)	99,372	10,798	54,012	34,562	10.9	54.4	34.8
80 (2068)	98,673	10,743	53,607	34,324	10.9	54.3	34.8
81 (2069)	97,974	10,689	53,211	34,074	10.9	54.3	34.8
82 (2070)	97,276	10,634	52,844	33,798	10.9	54.3	34.7
83 (2071)	96,583	10,579	52,471	33,532	11.0	54.3	34.7
84 (2072)	95,897	10,523	52,085	33,290	11.0	54.3	34.7
85 (2073)	95,220	10,464	51,686	33,071	11.0	54.3	34.7
86 (2074)	94,554	10,402	51,301	32,851	11.0	54.3	34.7
87 (2075)	93,900	10,337	50,923	32,640	11.0	54.2	34.8
88 (2076)	93,258	10,270	50,544	32,444	11.0	54.2	34.8
89 (2077)	92,627	10,199	50,188	32,240	11.0	54.2	34.8
90 (2078)	92,008	10,126	49,835	32,048	11.0	54.2	34.8
91 (2079)	91,399	10,050	49,515	31,835	11.0	54.2	34.8
92 (2080)	90,800	9,971	49,204	31,625	11.0	54.2	34.8
93 (2081)	90,209	9,891	48,847	31,471	11.0	54.1	34.9
94 (2082)	89,625	9,810	48,510	31,305	10.9	54.1	34.9
95 (2083)	89,046	9,728	48,191	31,127	10.9	54.1	35.0
96 (2084)	88,472	9,647	47,890	30,935	10.9	54.1	35.0
97 (2085)	87,900	9,565	47,601	30,734	10.9	54.2	35.0
98 (2086)	87,330	9,485	47,320	30,526	10.9	54.2	35.0
99 (2087)	86,762	9,406	47,043	30,313	10.8	54.2	34.9
100 (2088)	86,193	9,328	46,768	30,097	10.8	54.3	34.9
101 (2089)	85,625	9,253	46,490	29,881	10.8	54.3	34.9
102 (2090)	85,056	9,181	46,208	29,667	10.8	54.3	34.9
103 (2091)	84,486	9,111	45,918	29,458	10.8	54.3	34.9
104 (2092)	83,916	9,043	45,620	29,253	10.8	54.4	34.9
105 (2093)	83,345	8,979	45,314	29,053	10.8	54.4	34.9
106 (2094)	82,775	8,917	45,001	28,857	10.8	54.4	34.9
107 (2095)	82,205	8,857	44,682	28,666	10.8	54.4	34.9
108 (2096)	81,636	8,800	44,358	28,477	10.8	54.3	34.9
109 (2097)	81,069	8,745	44,032	28,292	10.8	54.3	34.9
110 (2098)	80,505	8,691	43,705	28,109	10.8	54.3	34.9
111 (2099)	79,944	8,639	43,377	27,928	10.8	54.3	34.9
112 (2100)	79,386	8,587	43,051	27,748	10.8	54.2	35.0
113 (2101)	78,833	8,536	42,725	27,571	10.8	54.2	35.0
114 (2102)	78,283	8,486	42,403	27,395	10.8	54.2	35.0
115 (2103)	77,739	8,435	42,084	27,221	10.8	54.1	35.0
116 (2104)	77,198	8,383	41,768	27,047	10.9	54.1	35.0
117 (2105)	76,663	8,330	41,457	26,875	10.9	54.1	35.1
118 (2106)	76,131	8,277	41,150	26,704	10.9	54.1	35.1
119 (2107)	75,605	8,223	40,849	26,533	10.9	54.0	35.1
120 (2108)	75,082	8,167	40,553	26,362	10.9	54.0	35.1
121 (2109)	74,564	8,110	40,263	26,192	10.9	54.0	35.1
122 (2110)	74,050	8,052	39,978	26,021	10.9	54.0	35.1
123 (2111)	73,540	7,993	39,698	25,849	10.9	54.0	35.1
124 (2112)	73,035	7,933	39,424	25,678	10.9	54.0	35.2
125 (2113)	72,533	7,872	39,156	25,505	10.9	54.0	35.2
126 (2114)	72,035	7,811	38,892	25,332	10.8	54.0	35.2
127 (2115)	71,540	7,750	38,632	25,158	10.8	54.0	35.2

各年10月1日現在の総人口（日本における外国人を含む）.

表C-12 総数, 年齢3区分(0〜14歳, 15〜64歳, 65歳以上)別総人口及び年齢構造係数 :
　　　　出生中位・外国人移動50万人(2035年)(死亡中位)推計

年　次	人　口 (1,000人)				割　合 (%)		
	総　数	0〜14歳	15〜64歳	65歳以上	0〜14歳	15〜64歳	65歳以上
平成 27 (2015)	127,095	15,945	77,282	33,868	12.5	60.8	26.6
28 (2016)	127,268	15,800	76,886	34,582	12.4	60.4	27.2
29 (2017)	127,401	15,650	76,594	35,157	12.3	60.1	27.6
30 (2018)	127,492	15,516	76,380	35,596	12.2	59.9	27.9
31 (2019)	127,544	15,385	76,258	35,901	12.1	59.8	28.1
32 (2020)	127,561	15,280	76,110	36,172	12.0	59.7	28.4
33 (2021)	127,549	15,169	76,021	36,359	11.9	59.6	28.5
34 (2022)	127,513	15,046	76,022	36,445	11.8	59.6	28.6
35 (2023)	127,456	14,914	75,999	36,542	11.7	59.6	28.7
36 (2024)	127,382	14,806	75,923	36,653	11.6	59.6	28.8
37 (2025)	127,297	14,715	75,871	36,711	11.6	59.6	28.8
38 (2026)	127,202	14,635	75,831	36,736	11.5	59.6	28.9
39 (2027)	127,099	14,591	75,747	36,761	11.5	59.6	28.9
40 (2028)	126,988	14,560	75,614	36,814	11.5	59.5	29.0
41 (2029)	126,870	14,572	75,411	36,887	11.5	59.4	29.1
42 (2030)	126,744	14,601	75,098	37,044	11.5	59.3	29.2
43 (2031)	126,609	14,594	75,142	36,872	11.5	59.4	29.1
44 (2032)	126,464	14,607	74,799	37,057	11.6	59.1	29.3
45 (2033)	126,308	14,637	74,440	37,230	11.6	58.9	29.5
46 (2034)	126,141	14,681	74,032	37,428	11.6	58.7	29.7
47 (2035)	125,963	14,733	73,590	37,640	11.7	58.4	29.9
48 (2036)	125,772	14,787	73,088	37,897	11.8	58.1	30.1
49 (2037)	125,568	14,839	72,535	38,193	11.8	57.8	30.4
50 (2038)	125,351	14,886	71,950	38,516	11.9	57.4	30.7
51 (2039)	125,124	14,923	71,401	38,799	11.9	57.1	31.0
52 (2040)	124,886	14,947	70,959	38,981	12.0	56.8	31.2
53 (2041)	124,641	14,956	70,599	39,087	12.0	56.6	31.4
54 (2042)	124,390	14,949	70,325	39,116	12.0	56.5	31.4
55 (2043)	124,136	14,926	70,103	39,107	12.0	56.5	31.5
56 (2044)	123,882	14,889	69,949	39,044	12.0	56.5	31.5
57 (2045)	123,630	14,839	69,841	38,951	12.0	56.5	31.5
58 (2046)	123,383	14,778	69,798	38,807	12.0	56.6	31.5
59 (2047)	123,142	14,709	69,773	38,661	11.9	56.7	31.4
60 (2048)	122,909	14,633	69,749	38,527	11.9	56.7	31.3
61 (2049)	122,684	14,554	69,742	38,388	11.9	56.8	31.3
62 (2050)	122,467	14,472	69,772	38,223	11.8	57.0	31.2
63 (2051)	122,258	14,389	69,842	38,026	11.8	57.1	31.1
64 (2052)	122,057	14,308	69,921	37,828	11.7	57.3	31.0
65 (2053)	121,861	14,230	70,015	37,617	11.7	57.5	30.9
66 (2054)	121,670	14,156	70,125	37,389	11.6	57.6	30.7
67 (2055)	121,483	14,088	70,236	37,159	11.6	57.8	30.6
68 (2056)	121,297	14,027	70,334	36,936	11.6	58.0	30.5
69 (2057)	121,111	13,974	70,388	36,749	11.5	58.1	30.3
70 (2058)	120,925	13,931	70,411	36,583	11.5	58.2	30.3
71 (2059)	120,736	13,896	70,360	36,480	11.5	58.3	30.2
72 (2060)	120,544	13,869	70,247	36,428	11.5	58.3	30.2
73 (2061)	120,348	13,851	70,095	36,402	11.5	58.2	30.2
74 (2062)	120,149	13,841	69,890	36,418	11.5	58.2	30.3
75 (2063)	119,947	13,838	69,647	36,462	11.5	58.1	30.4
76 (2064)	119,741	13,840	69,397	36,503	11.6	58.0	30.5
77 (2065)	119,533	13,847	69,136	36,550	11.6	57.8	30.6

各年10月1日現在の総人口(日本における外国人を含む). 平成27(2015)年は, 総務省統計局『平成27年国勢調査　年齢・国籍不詳をあん分
した人口(参考表)』による.

参考表C-12 総数，年齢3区分(0〜14歳，15〜64歳，65歳以上)別総人口及び年齢構造係数：
　　　　　出生中位・外国人移動50万人(2035年)(死亡中位)推計

年　次	人　口　(1,000人)				割　合　(%)		
	総　数	0〜14歳	15〜64歳	65歳以上	0〜14歳	15〜64歳	65歳以上
平成 78 (2066)	119,317	13,857	68,892	36,568	11.6	57.7	30.6
79 (2067)	119,094	13,869	68,655	36,569	11.6	57.6	30.7
80 (2068)	118,864	13,881	68,443	36,541	11.7	57.6	30.7
81 (2069)	118,632	13,891	68,244	36,498	11.7	57.5	30.8
82 (2070)	118,400	13,897	68,076	36,426	11.7	57.5	30.8
83 (2071)	118,169	13,899	67,907	36,363	11.8	57.5	30.8
84 (2072)	117,943	13,895	67,729	36,319	11.8	57.4	30.8
85 (2073)	117,722	13,884	67,541	36,296	11.8	57.4	30.8
86 (2074)	117,508	13,866	67,374	36,268	11.8	57.3	30.9
87 (2075)	117,302	13,841	67,218	36,243	11.8	57.3	30.9
88 (2076)	117,104	13,809	67,066	36,229	11.8	57.3	30.9
89 (2077)	116,913	13,770	66,943	36,199	11.8	57.3	31.0
90 (2078)	116,729	13,726	66,827	36,177	11.8	57.2	31.0
91 (2079)	116,551	13,676	66,750	36,125	11.7	57.3	31.0
92 (2080)	116,378	13,622	66,687	36,069	11.7	57.3	31.0
93 (2081)	116,208	13,565	66,573	36,070	11.7	57.3	31.0
94 (2082)	116,040	13,506	66,481	36,053	11.6	57.3	31.1
95 (2083)	115,872	13,447	66,409	36,016	11.6	57.3	31.1
96 (2084)	115,702	13,389	66,354	35,960	11.6	57.3	31.1
97 (2085)	115,530	13,332	66,308	35,890	11.5	57.4	31.1
98 (2086)	115,354	13,278	66,266	35,810	11.5	57.4	31.0
99 (2087)	115,174	13,228	66,223	35,723	11.5	57.5	31.0
100 (2088)	114,987	13,182	66,173	35,633	11.5	57.5	31.0
101 (2089)	114,795	13,140	66,110	35,544	11.4	57.6	31.0
102 (2090)	114,597	13,104	66,033	35,460	11.4	57.6	30.9
103 (2091)	114,391	13,073	65,936	35,382	11.4	57.6	30.9
104 (2092)	114,180	13,047	65,821	35,312	11.4	57.6	30.9
105 (2093)	113,963	13,025	65,687	35,251	11.4	57.6	30.9
106 (2094)	113,741	13,008	65,536	35,197	11.4	57.6	30.9
107 (2095)	113,515	12,995	65,371	35,149	11.4	57.6	31.0
108 (2096)	113,285	12,985	65,194	35,106	11.5	57.5	31.0
109 (2097)	113,054	12,977	65,009	35,068	11.5	57.5	31.0
110 (2098)	112,821	12,971	64,819	35,031	11.5	57.5	31.1
111 (2099)	112,588	12,965	64,626	34,997	11.5	57.4	31.1
112 (2100)	112,355	12,959	64,433	34,963	11.5	57.3	31.1
113 (2101)	112,123	12,951	64,242	34,929	11.6	57.3	31.2
114 (2102)	111,892	12,942	64,055	34,895	11.6	57.2	31.2
115 (2103)	111,664	12,930	63,873	34,860	11.6	57.2	31.2
116 (2104)	111,437	12,915	63,698	34,824	11.6	57.2	31.2
117 (2105)	111,212	12,897	63,530	34,785	11.6	57.1	31.3
118 (2106)	110,989	12,875	63,371	34,743	11.6	57.1	31.3
119 (2107)	110,768	12,849	63,221	34,698	11.6	57.1	31.3
120 (2108)	110,548	12,819	63,079	34,650	11.6	57.1	31.3
121 (2109)	110,330	12,786	62,947	34,598	11.6	57.1	31.4
122 (2110)	110,113	12,749	62,823	34,541	11.6	57.1	31.4
123 (2111)	109,898	12,710	62,706	34,481	11.6	57.1	31.4
124 (2112)	109,683	12,669	62,597	34,417	11.6	57.1	31.4
125 (2113)	109,469	12,626	62,495	34,348	11.5	57.1	31.4
126 (2114)	109,256	12,582	62,397	34,276	11.5	57.1	31.4
127 (2115)	109,042	12,538	62,304	34,200	11.5	57.1	31.4

各年10月1日現在の総人口(日本における外国人を含む).

— 124 —

表C-13 総数, 年齢3区分(0〜14歳, 15〜64歳, 65歳以上)別総人口及び年齢構造係数:
　　　　出生中位・外国人移動75万人(2035年)(死亡中位)推計

年　次	人　口 (1,000人)				割　合 (%)		
	総　数	0〜14歳	15〜64歳	65歳以上	0〜14歳	15〜64歳	65歳以上
平成 27 (2015)	127,095	15,945	77,282	33,868	12.5	60.8	26.6
28 (2016)	127,519	15,817	77,121	34,581	12.4	60.5	27.1
29 (2017)	127,906	15,687	77,066	35,153	12.3	60.3	27.5
30 (2018)	128,256	15,575	77,090	35,590	12.1	60.1	27.7
31 (2019)	128,571	15,471	77,208	35,892	12.0	60.1	27.9
32 (2020)	128,859	15,399	77,301	36,160	11.9	60.0	28.1
33 (2021)	129,124	15,325	77,455	36,344	11.9	60.0	28.1
34 (2022)	129,371	15,246	77,700	36,425	11.8	60.1	28.2
35 (2023)	129,606	15,164	77,924	36,518	11.7	60.1	28.2
36 (2024)	129,833	15,114	78,095	36,624	11.6	60.2	28.2
37 (2025)	130,056	15,088	78,291	36,677	11.6	60.2	28.2
38 (2026)	130,277	15,081	78,501	36,696	11.6	60.3	28.2
39 (2027)	130,499	15,117	78,668	36,714	11.6	60.3	28.1
40 (2028)	130,722	15,174	78,786	36,761	11.6	60.3	28.1
41 (2029)	130,945	15,279	78,838	36,827	11.7	60.2	28.1
42 (2030)	131,166	15,408	78,781	36,977	11.7	60.1	28.2
43 (2031)	131,385	15,503	79,083	36,798	11.8	60.2	28.0
44 (2032)	131,599	15,620	79,002	36,976	11.9	60.0	28.1
45 (2033)	131,807	15,755	78,910	37,142	12.0	59.9	28.2
46 (2034)	132,007	15,902	78,774	37,332	12.0	59.7	28.3
47 (2035)	132,201	16,053	78,609	37,538	12.1	59.5	28.4
48 (2036)	132,384	16,205	78,392	37,788	12.2	59.2	28.5
49 (2037)	132,557	16,350	78,130	38,078	12.3	58.9	28.7
50 (2038)	132,721	16,483	77,843	38,395	12.4	58.7	28.9
51 (2039)	132,877	16,601	77,603	38,673	12.5	58.4	29.1
52 (2040)	133,025	16,698	77,477	38,850	12.6	58.2	29.2
53 (2041)	133,170	16,774	77,444	38,952	12.6	58.2	29.3
54 (2042)	133,313	16,826	77,508	38,979	12.6	58.1	29.2
55 (2043)	133,457	16,856	77,633	38,968	12.6	58.2	29.2
56 (2044)	133,607	16,866	77,837	38,904	12.6	58.3	29.1
57 (2045)	133,766	16,858	78,098	38,811	12.6	58.4	29.0
58 (2046)	133,937	16,835	78,434	38,668	12.6	58.6	28.9
59 (2047)	134,122	16,801	78,796	38,525	12.5	58.7	28.7
60 (2048)	134,323	16,759	79,167	38,397	12.5	58.9	28.6
61 (2049)	134,542	16,712	79,562	38,268	12.4	59.1	28.4
62 (2050)	134,778	16,664	79,998	38,116	12.4	59.4	28.3
63 (2051)	135,032	16,617	80,477	37,939	12.3	59.6	28.1
64 (2052)	135,303	16,574	80,964	37,765	12.2	59.8	27.9
65 (2053)	135,590	16,538	81,465	37,587	12.2	60.1	27.7
66 (2054)	135,891	16,512	81,978	37,402	12.2	60.3	27.5
67 (2055)	136,205	16,496	82,485	37,225	12.1	60.6	27.3
68 (2056)	136,530	16,493	82,969	37,068	12.1	60.8	27.2
69 (2057)	136,864	16,504	83,396	36,964	12.1	60.9	27.0
70 (2058)	137,205	16,530	83,775	36,900	12.0	61.1	26.9
71 (2059)	137,551	16,570	84,061	36,920	12.0	61.1	26.8
72 (2060)	137,901	16,624	84,264	37,014	12.1	61.1	26.8
73 (2061)	138,254	16,690	84,405	37,158	12.1	61.1	26.9
74 (2062)	138,608	16,769	84,476	37,363	12.1	60.9	27.0
75 (2063)	138,964	16,856	84,497	37,611	12.1	60.8	27.1
76 (2064)	139,320	16,952	84,506	37,862	12.2	60.7	27.2
77 (2065)	139,678	17,053	84,505	38,120	12.2	60.5	27.3

各年10月1日現在の総人口(日本における外国人を含む). 平成27(2015)年は, 総務省統計局『平成27年国勢調査　年齢・国籍不詳をあん分した人口(参考表)』による.

参考表C-13 総数, 年齢3区分(0〜14歳, 15〜64歳, 65歳以上)別総人口及び年齢構造係数：
出生中位・外国人移動75万人(2035年)(死亡中位)推計

年　次	人　口　(1,000人)				割　合　(%)		
	総　数	0〜14歳	15〜64歳	65歳以上	0〜14歳	15〜64歳	65歳以上
平成 78 (2066)	140,030	17,157	84,525	38,349	12.3	60.4	27.4
79 (2067)	140,376	17,261	84,557	38,559	12.3	60.2	27.5
80 (2068)	140,718	17,362	84,618	38,738	12.3	60.1	27.5
81 (2069)	141,058	17,459	84,699	38,900	12.4	60.0	27.6
82 (2070)	141,397	17,548	84,818	39,032	12.4	60.0	27.6
83 (2071)	141,739	17,628	84,943	39,169	12.4	59.9	27.6
84 (2072)	142,085	17,697	85,066	39,322	12.5	59.9	27.7
85 (2073)	142,437	17,754	85,189	39,494	12.5	59.8	27.7
86 (2074)	142,795	17,799	85,341	39,656	12.5	59.8	27.8
87 (2075)	143,161	17,831	85,514	39,816	12.5	59.7	27.8
88 (2076)	143,535	17,852	85,700	39,983	12.4	59.7	27.9
89 (2077)	143,916	17,862	85,927	40,128	12.4	59.7	27.9
90 (2078)	144,304	17,862	86,168	40,274	12.4	59.7	27.9
91 (2079)	144,699	17,856	86,459	40,384	12.3	59.8	27.9
92 (2080)	145,098	17,843	86,772	40,483	12.3	59.8	27.9
93 (2081)	145,501	17,827	87,033	40,641	12.3	59.8	27.9
94 (2082)	145,905	17,810	87,322	40,774	12.2	59.8	27.9
95 (2083)	146,310	17,793	87,634	40,883	12.2	59.9	27.9
96 (2084)	146,713	17,779	87,964	40,970	12.1	60.0	27.9
97 (2085)	147,113	17,770	88,303	41,041	12.1	60.0	27.9
98 (2086)	147,509	17,766	88,641	41,101	12.0	60.1	27.9
99 (2087)	147,899	17,771	88,973	41,156	12.0	60.2	27.8
100 (2088)	148,283	17,784	89,289	41,210	12.0	60.2	27.8
101 (2089)	148,659	17,806	89,583	41,270	12.0	60.3	27.8
102 (2090)	149,028	17,837	89,851	41,341	12.0	60.3	27.7
103 (2091)	149,390	17,878	90,088	41,424	12.0	60.3	27.7
104 (2092)	149,744	17,928	90,294	41,522	12.0	60.3	27.7
105 (2093)	150,090	17,986	90,470	41,634	12.0	60.3	27.7
106 (2094)	150,431	18,051	90,619	41,760	12.0	60.2	27.8
107 (2095)	150,766	18,122	90,746	41,898	12.0	60.2	27.8
108 (2096)	151,097	18,198	90,854	42,045	12.0	60.1	27.8
109 (2097)	151,425	18,277	90,950	42,198	12.1	60.1	27.9
110 (2098)	151,751	18,357	91,038	42,356	12.1	60.0	27.9
111 (2099)	152,077	18,436	91,124	42,517	12.1	59.9	28.0
112 (2100)	152,403	18,514	91,211	42,678	12.1	59.8	28.0
113 (2101)	152,730	18,588	91,303	42,838	12.2	59.8	28.0
114 (2102)	153,058	18,657	91,404	42,996	12.2	59.7	28.1
115 (2103)	153,389	18,721	91,517	43,151	12.2	59.7	28.1
116 (2104)	153,722	18,777	91,643	43,301	12.2	59.6	28.2
117 (2105)	154,058	18,827	91,785	43,446	12.2	59.6	28.2
118 (2106)	154,396	18,869	91,943	43,584	12.2	59.6	28.2
119 (2107)	154,737	18,903	92,119	43,714	12.2	59.5	28.3
120 (2108)	155,080	18,930	92,312	43,837	12.2	59.5	28.3
121 (2109)	155,425	18,951	92,522	43,952	12.2	59.5	28.3
122 (2110)	155,773	18,966	92,747	44,059	12.2	59.5	28.3
123 (2111)	156,122	18,977	92,987	44,159	12.2	59.6	28.3
124 (2112)	156,473	18,984	93,238	44,250	12.1	59.6	28.3
125 (2113)	156,825	18,989	93,501	44,335	12.1	59.6	28.3
126 (2114)	157,179	18,994	93,771	44,414	12.1	59.7	28.3
127 (2115)	157,532	18,999	94,046	44,488	12.1	59.7	28.2

各年10月1日現在の総人口（日本における外国人を含む）.

表C-14 総数, 年齢３区分(0～14歳, 15～64歳, 65歳以上)別総人口及び年齢構造係数：
　　　　出生中位・外国人移動100万人(2035年)(死亡中位)推計

年　次	人　口（1,000人）				割　合（%）		
	総　数	0～14歳	15～64歳	65歳以上	0～14歳	15～64歳	65歳以上
平成 27 (2015)	127,095	15,945	77,282	33,868	12.5	60.8	26.6
28 (2016)	127,769	15,834	77,356	34,579	12.4	60.5	27.1
29 (2017)	128,410	15,723	77,537	35,150	12.2	60.4	27.4
30 (2018)	129,019	15,635	77,800	35,584	12.1	60.3	27.6
31 (2019)	129,599	15,558	78,158	35,883	12.0	60.3	27.7
32 (2020)	130,157	15,517	78,492	36,148	11.9	60.3	27.8
33 (2021)	130,699	15,482	78,889	36,328	11.8	60.4	27.8
34 (2022)	131,230	15,446	79,379	36,405	11.8	60.5	27.7
35 (2023)	131,756	15,414	79,848	36,494	11.7	60.6	27.7
36 (2024)	132,283	15,421	80,267	36,595	11.7	60.7	27.7
37 (2025)	132,814	15,461	80,711	36,642	11.6	60.8	27.6
38 (2026)	133,353	15,527	81,171	36,655	11.6	60.9	27.5
39 (2027)	133,900	15,644	81,588	36,668	11.7	60.9	27.4
40 (2028)	134,456	15,788	81,959	36,708	11.7	61.0	27.3
41 (2029)	135,019	15,987	82,265	36,767	11.8	60.9	27.2
42 (2030)	135,588	16,214	82,463	36,911	12.0	60.8	27.2
43 (2031)	136,161	16,412	83,024	36,724	12.1	61.0	27.0
44 (2032)	136,734	16,633	83,206	36,895	12.2	60.9	27.0
45 (2033)	137,306	16,872	83,380	37,053	12.3	60.7	27.0
46 (2034)	137,874	17,122	83,516	37,237	12.4	60.6	27.0
47 (2035)	138,438	17,374	83,629	37,436	12.6	60.4	27.0
48 (2036)	138,997	17,622	83,696	37,679	12.7	60.2	27.1
49 (2037)	139,550	17,860	83,727	37,963	12.8	60.0	27.2
50 (2038)	140,098	18,081	83,743	38,274	12.9	59.8	27.3
51 (2039)	140,641	18,280	83,815	38,547	13.0	59.6	27.4
52 (2040)	141,183	18,451	84,012	38,720	13.1	59.5	27.4
53 (2041)	141,727	18,594	84,315	38,818	13.1	59.5	27.4
54 (2042)	142,275	18,707	84,726	38,842	13.1	59.6	27.3
55 (2043)	142,833	18,791	85,213	38,829	13.2	59.7	27.2
56 (2044)	143,405	18,849	85,791	38,764	13.1	59.8	27.0
57 (2045)	143,995	18,884	86,440	38,671	13.1	60.0	26.9
58 (2046)	144,608	18,902	87,177	38,530	13.1	60.3	26.6
59 (2047)	145,247	18,905	87,952	38,390	13.0	60.6	26.4
60 (2048)	145,914	18,900	88,747	38,268	13.0	60.8	26.2
61 (2049)	146,612	18,890	89,574	38,148	12.9	61.1	26.0
62 (2050)	147,342	18,881	90,451	38,010	12.8	61.4	25.8
63 (2051)	148,102	18,876	91,376	37,850	12.7	61.7	25.6
64 (2052)	148,894	18,879	92,313	37,702	12.7	62.0	25.3
65 (2053)	149,715	18,894	93,265	37,556	12.6	62.3	25.1
66 (2054)	150,564	18,924	94,227	37,413	12.6	62.6	24.8
67 (2055)	151,439	18,973	95,178	37,288	12.5	62.8	24.6
68 (2056)	152,338	19,041	96,100	37,197	12.5	63.1	24.4
69 (2057)	153,258	19,130	96,952	37,175	12.5	63.3	24.3
70 (2058)	154,196	19,241	97,743	37,212	12.5	63.4	24.1
71 (2059)	155,151	19,374	98,423	37,354	12.5	63.4	24.1
72 (2060)	156,119	19,526	99,000	37,593	12.5	63.4	24.1
73 (2061)	157,100	19,697	99,497	37,906	12.5	63.3	24.1
74 (2062)	158,090	19,885	99,906	38,299	12.6	63.2	24.2
75 (2063)	159,089	20,086	100,255	38,748	12.6	63.0	24.4
76 (2064)	160,095	20,296	100,591	39,208	12.7	62.8	24.5
77 (2065)	161,109	20,514	100,920	39,675	12.7	62.6	24.6

各年10月1日現在の総人口(日本における外国人を含む). 平成27(2015)年は, 総務省統計局『平成27年国勢調査　年齢・国籍不詳をあん分した人口(参考表)』による.

参考表C-14 総数, 年齢3区分(0～14歳, 15～64歳, 65歳以上)別総人口及び年齢構造係数：
　　　　　出生中位・外国人移動100万人(2035年)(死亡中位)推計

年　次	人　口 (1,000人)				割　合 (%)		
	総　数	0～14歳	15～64歳	65歳以上	0～14歳	15～64歳	65歳以上
平成 78 (2066)	162,122	20,734	101,275	40,112	12.8	62.5	24.7
79 (2067)	163,134	20,953	101,650	40,530	12.8	62.3	24.8
80 (2068)	164,145	21,168	102,063	40,914	12.9	62.2	24.9
81 (2069)	165,159	21,373	102,505	41,281	12.9	62.1	25.0
82 (2070)	166,176	21,566	102,996	41,613	13.0	62.0	25.0
83 (2071)	167,199	21,745	103,504	41,949	13.0	61.9	25.1
84 (2072)	168,229	21,907	104,024	42,299	13.0	61.8	25.1
85 (2073)	169,270	22,051	104,555	42,663	13.0	61.8	25.2
86 (2074)	170,321	22,177	105,131	43,014	13.0	61.7	25.3
87 (2075)	171,384	22,285	105,742	43,358	13.0	61.7	25.3
88 (2076)	172,461	22,376	106,381	43,704	13.0	61.7	25.3
89 (2077)	173,550	22,452	107,076	44,022	12.9	61.7	25.4
90 (2078)	174,652	22,516	107,799	44,338	12.9	61.7	25.4
91 (2079)	175,766	22,569	108,587	44,609	12.8	61.8	25.4
92 (2080)	176,892	22,617	109,411	44,864	12.8	61.9	25.4
93 (2081)	178,027	22,660	110,188	45,178	12.7	61.9	25.4
94 (2082)	179,170	22,705	111,002	45,464	12.7	62.0	25.4
95 (2083)	180,320	22,752	111,845	45,723	12.6	62.0	25.4
96 (2084)	181,475	22,806	112,710	45,959	12.6	62.1	25.3
97 (2085)	182,633	22,869	113,586	46,178	12.5	62.2	25.3
98 (2086)	183,793	22,944	114,459	46,390	12.5	62.3	25.2
99 (2087)	184,953	23,033	115,321	46,600	12.5	62.4	25.2
100 (2088)	186,113	23,137	116,160	46,816	12.4	62.4	25.2
101 (2089)	187,270	23,256	116,968	47,045	12.4	62.5	25.1
102 (2090)	188,424	23,392	117,738	47,293	12.4	62.5	25.1
103 (2091)	189,575	23,544	118,467	47,565	12.4	62.5	25.1
104 (2092)	190,722	23,710	119,152	47,860	12.4	62.5	25.1
105 (2093)	191,867	23,889	119,797	48,180	12.5	62.4	25.1
106 (2094)	193,009	24,081	120,406	48,523	12.5	62.4	25.1
107 (2095)	194,150	24,281	120,985	48,884	12.5	62.3	25.2
108 (2096)	195,291	24,489	121,541	49,262	12.5	62.2	25.2
109 (2097)	196,433	24,700	122,082	49,651	12.6	62.1	25.3
110 (2098)	197,577	24,913	122,617	50,048	12.6	62.1	25.3
111 (2099)	198,725	25,124	123,152	50,449	12.6	62.0	25.4
112 (2100)	199,878	25,332	123,695	50,852	12.7	61.9	25.4
113 (2101)	201,037	25,532	124,251	51,254	12.7	61.8	25.5
114 (2102)	202,203	25,725	124,826	51,652	12.7	61.7	25.5
115 (2103)	203,377	25,907	125,425	52,044	12.7	61.7	25.6
116 (2104)	204,558	26,077	126,052	52,429	12.7	61.6	25.6
117 (2105)	205,749	26,236	126,708	52,805	12.8	61.6	25.7
118 (2106)	206,948	26,382	127,397	53,169	12.7	61.6	25.7
119 (2107)	208,157	26,517	128,118	53,523	12.7	61.5	25.7
120 (2108)	209,375	26,640	128,871	53,864	12.7	61.6	25.7
121 (2109)	210,603	26,753	129,656	54,193	12.7	61.6	25.7
122 (2110)	211,840	26,859	130,471	54,510	12.7	61.6	25.7
123 (2111)	213,086	26,958	131,312	54,817	12.7	61.6	25.7
124 (2112)	214,342	27,053	132,176	55,113	12.6	61.7	25.7
125 (2113)	215,607	27,147	133,061	55,400	12.6	61.7	25.7
126 (2114)	216,880	27,241	133,960	55,680	12.6	61.8	25.7
127 (2115)	218,162	27,338	134,870	55,954	12.5	61.8	25.6

各年10月1日現在の総人口(日本における外国人を含む).

— 128 —

(D) 出生中位～人口置換水準到達（死亡中位）推計
平成27(2015)年～平成127(2115)年

結　果　表

結果表 D-1～D-8：死亡率が中位仮定で、出生率が平成77(2065)年に中位仮定から平成 177(2165)年に人口置換水準に到達するシナリオの推計について、8種の結果表を示す。

表D-1 総数, 年齢3区分(0〜14歳, 15〜64歳, 65歳以上)別総人口及び年齢構造係数:
出生中位〜人口置換水準到達（死亡中位）推計

年　　次	人　口　(1,000人)				割　合　(%)		
	総　数	0〜14歳	15〜64歳	65歳以上	0〜14歳	15〜64歳	65歳以上
平成 27 (2015)	127,095	15,945	77,282	33,868	12.5	60.8	26.6
28 (2016)	126,838	15,771	76,482	34,585	12.4	60.3	27.3
29 (2017)	126,532	15,587	75,782	35,163	12.3	59.9	27.8
30 (2018)	126,177	15,413	75,158	35,606	12.2	59.6	28.2
31 (2019)	125,773	15,235	74,622	35,916	12.1	59.3	28.6
32 (2020)	125,325	15,075	74,058	36,192	12.0	59.1	28.9
33 (2021)	124,836	14,900	73,550	36,386	11.9	58.9	29.1
34 (2022)	124,310	14,702	73,130	36,479	11.8	58.8	29.3
35 (2023)	123,751	14,484	72,683	36,584	11.7	58.7	29.6
36 (2024)	123,161	14,276	72,181	36,704	11.6	58.6	29.8
37 (2025)	122,544	14,073	71,701	36,771	11.5	58.5	30.0
38 (2026)	121,903	13,867	71,231	36,805	11.4	58.4	30.2
39 (2027)	121,240	13,684	70,716	36,840	11.3	58.3	30.4
40 (2028)	120,555	13,502	70,147	36,905	11.2	58.2	30.6
41 (2029)	119,850	13,353	69,507	36,990	11.1	58.0	30.9
42 (2030)	119,125	13,212	68,754	37,160	11.1	57.7	31.2
43 (2031)	118,380	13,028	68,353	37,000	11.0	57.7	31.3
44 (2032)	117,616	12,862	67,557	37,197	10.9	57.4	31.6
45 (2033)	116,833	12,713	66,738	37,383	10.9	57.1	32.0
46 (2034)	116,033	12,579	65,861	37,592	10.8	56.8	32.4
47 (2035)	115,216	12,457	64,942	37,817	10.8	56.4	32.8
48 (2036)	114,383	12,344	63,954	38,084	10.8	55.9	33.3
49 (2037)	113,535	12,239	62,905	38,391	10.8	55.4	33.8
50 (2038)	112,674	12,137	61,813	38,724	10.8	54.9	34.4
51 (2039)	111,801	12,037	60,748	39,016	10.8	54.3	34.9
52 (2040)	110,919	11,936	59,777	39,206	10.8	53.9	35.3
53 (2041)	110,028	11,833	58,877	39,318	10.8	53.5	35.7
54 (2042)	109,131	11,726	58,053	39,352	10.7	53.2	36.1
55 (2043)	108,229	11,616	57,268	39,346	10.7	52.9	36.4
56 (2044)	107,326	11,501	56,539	39,285	10.7	52.7	36.6
57 (2045)	106,421	11,384	55,845	39,192	10.7	52.5	36.8
58 (2046)	105,518	11,264	55,207	39,046	10.7	52.3	37.0
59 (2047)	104,616	11,142	54,580	38,894	10.7	52.2	37.2
60 (2048)	103,716	11,019	53,948	38,749	10.6	52.0	37.4
61 (2049)	102,819	10,894	53,331	38,594	10.6	51.9	37.5
62 (2050)	101,923	10,767	52,750	38,406	10.6	51.8	37.7
63 (2051)	101,029	10,639	52,213	38,177	10.5	51.7	37.8
64 (2052)	100,135	10,511	51,690	37,934	10.5	51.6	37.9
65 (2053)	99,240	10,381	51,193	37,665	10.5	51.6	38.0
66 (2054)	98,342	10,252	50,726	37,365	10.4	51.6	38.0
67 (2055)	97,441	10,123	50,276	37,042	10.4	51.6	38.0
68 (2056)	96,534	9,996	49,836	36,703	10.4	51.6	38.0
69 (2057)	95,622	9,870	49,380	36,372	10.3	51.6	38.0
70 (2058)	94,702	9,747	48,927	36,029	10.3	51.7	38.0
71 (2059)	93,775	9,626	48,438	35,711	10.3	51.7	38.1
72 (2060)	92,840	9,508	47,928	35,403	10.2	51.6	38.1
73 (2061)	91,897	9,394	47,422	35,081	10.2	51.6	38.2
74 (2062)	90,949	9,284	46,899	34,766	10.2	51.6	38.2
75 (2063)	89,994	9,177	46,362	34,456	10.2	51.5	38.3
76 (2064)	89,036	9,074	45,831	34,132	10.2	51.5	38.3
77 (2065)	88,077	8,975	45,291	33,810	10.2	51.4	38.4

各年10月1日現在の総人口（日本における外国人を含む）. 平成27(2015)年は, 総務省統計局『平成27年国勢調査　年齢・国籍不詳をあん分した人口（参考表）』による.

参考表D-1　総数, 年齢3区分(0〜14歳, 15〜64歳, 65歳以上)別総人口及び年齢構造係数：出生中位〜人口置換水準到達（死亡中位）推計

年　次	人　口（1,000人）				割　合（%）		
	総　数	0〜14歳	15〜64歳	65歳以上	0〜14歳	15〜64歳	65歳以上
平成 78 (2066)	87,114	8,884	44,768	33,462	10.2	51.4	38.4
79 (2067)	86,152	8,802	44,251	33,099	10.2	51.4	38.4
80 (2068)	85,193	8,728	43,756	32,709	10.2	51.4	38.4
81 (2069)	84,241	8,662	43,271	32,308	10.3	51.4	38.4
82 (2070)	83,299	8,602	42,813	31,884	10.3	51.4	38.3
83 (2071)	82,370	8,549	42,349	31,472	10.4	51.4	38.2
84 (2072)	81,457	8,502	41,871	31,084	10.4	51.4	38.2
85 (2073)	80,562	8,459	41,380	30,723	10.5	51.4	38.1
86 (2074)	79,686	8,421	40,901	30,365	10.6	51.3	38.1
87 (2075)	78,831	8,387	40,427	30,018	10.6	51.3	38.1
88 (2076)	77,998	8,356	39,951	29,690	10.7	51.2	38.1
89 (2077)	77,185	8,329	39,496	29,359	10.8	51.2	38.0
90 (2078)	76,393	8,306	39,043	29,045	10.9	51.1	38.0
91 (2079)	75,622	8,285	38,620	28,717	11.0	51.1	38.0
92 (2080)	74,869	8,268	38,205	28,397	11.0	51.0	37.9
93 (2081)	74,134	8,249	37,753	28,132	11.1	50.9	37.9
94 (2082)	73,416	8,228	37,326	27,861	11.2	50.8	37.9
95 (2083)	72,713	8,206	36,923	27,584	11.3	50.8	37.9
96 (2084)	72,024	8,181	36,543	27,300	11.4	50.7	37.9
97 (2085)	71,348	8,155	36,182	27,011	11.4	50.7	37.9
98 (2086)	70,684	8,128	35,837	26,718	11.5	50.7	37.8
99 (2087)	70,031	8,101	35,506	26,424	11.6	50.7	37.7
100 (2088)	69,389	8,073	35,186	26,130	11.6	50.7	37.7
101 (2089)	68,756	8,045	34,874	25,837	11.7	50.7	37.6
102 (2090)	68,133	8,018	34,568	25,547	11.8	50.7	37.5
103 (2091)	67,520	7,992	34,267	25,261	11.8	50.8	37.4
104 (2092)	66,915	7,967	33,969	24,979	11.9	50.8	37.3
105 (2093)	66,320	7,944	33,674	24,703	12.0	50.8	37.2
106 (2094)	65,735	7,922	33,382	24,430	12.1	50.8	37.2
107 (2095)	65,160	7,904	33,094	24,162	12.1	50.8	37.1
108 (2096)	64,597	7,889	32,811	23,898	12.2	50.8	37.0
109 (2097)	64,044	7,876	32,532	23,636	12.3	50.8	36.9
110 (2098)	63,504	7,868	32,258	23,378	12.4	50.8	36.8
111 (2099)	62,977	7,863	31,991	23,122	12.5	50.8	36.7
112 (2100)	62,462	7,862	31,729	22,870	12.6	50.8	36.6
113 (2101)	61,961	7,866	31,474	22,621	12.7	50.8	36.5
114 (2102)	61,473	7,873	31,225	22,375	12.8	50.8	36.4
115 (2103)	61,000	7,883	30,983	22,133	12.9	50.8	36.3
116 (2104)	60,540	7,898	30,748	21,894	13.0	50.8	36.2
117 (2105)	60,093	7,916	30,520	21,658	13.2	50.8	36.0
118 (2106)	59,661	7,936	30,300	21,425	13.3	50.8	35.9
119 (2107)	59,242	7,960	30,088	21,194	13.4	50.8	35.8
120 (2108)	58,837	7,986	29,885	20,967	13.6	50.8	35.6
121 (2109)	58,445	8,014	29,690	20,741	13.7	50.8	35.5
122 (2110)	58,067	8,043	29,506	20,518	13.9	50.8	35.3
123 (2111)	57,701	8,073	29,331	20,297	14.0	50.8	35.2
124 (2112)	57,349	8,105	29,166	20,078	14.1	50.9	35.0
125 (2113)	57,010	8,136	29,012	19,861	14.3	50.9	34.8
126 (2114)	56,684	8,168	28,870	19,646	14.4	50.9	34.7
127 (2115)	56,370	8,200	28,738	19,432	14.5	51.0	34.5

各年10月1日現在の総人口（日本における外国人を含む）.

— 132 —

表D-2 総数, 年齢4区分(0〜19歳, 20〜64歳, 65〜74歳, 75歳以上)別総人口及び年齢構造係数：
出生中位〜人口置換水準到達（死亡中位）推計

年　次	人　口　(1,000人)					割　合　(%)			
	総　数	0〜19歳	20〜64歳	65〜74歳	75歳以上	0〜19歳	20〜64歳	65〜74歳	75歳以上
平成 27 (2015)	127,095	22,000	71,227	17,546	16,322	17.3	56.0	13.8	12.8
28 (2016)	126,838	21,795	70,458	17,682	16,903	17.2	55.5	13.9	13.3
29 (2017)	126,532	21,556	69,813	17,671	17,492	17.0	55.2	14.0	13.8
30 (2018)	126,177	21,289	69,282	17,608	17,999	16.9	54.9	14.0	14.3
31 (2019)	125,773	21,014	68,843	17,399	18,516	16.7	54.7	13.8	14.7
32 (2020)	125,325	20,720	68,412	17,472	18,720	16.5	54.6	13.9	14.9
33 (2021)	124,836	20,438	68,012	17,579	18,807	16.4	54.5	14.1	15.1
34 (2022)	124,310	20,156	67,675	16,904	19,574	16.2	54.4	13.6	15.7
35 (2023)	123,751	19,896	67,270	16,182	20,402	16.1	54.4	13.1	16.5
36 (2024)	123,161	19,646	66,811	15,496	21,207	16.0	54.2	12.6	17.2
37 (2025)	122,544	19,426	66,347	14,971	21,800	15.9	54.1	12.2	17.8
38 (2026)	121,903	19,201	65,896	14,571	22,234	15.8	54.1	12.0	18.2
39 (2027)	121,240	18,964	65,435	14,296	22,545	15.6	54.0	11.8	18.6
40 (2028)	120,555	18,714	64,936	14,165	22,740	15.5	53.9	11.7	18.9
41 (2029)	119,850	18,479	64,381	14,166	22,823	15.4	53.7	11.8	19.0
42 (2030)	119,125	18,249	63,716	14,275	22,884	15.3	53.5	12.0	19.2
43 (2031)	118,380	18,017	63,363	14,120	22,880	15.2	53.5	11.9	19.3
44 (2032)	117,616	17,806	62,613	14,405	22,792	15.1	53.2	12.2	19.4
45 (2033)	116,833	17,595	61,856	14,658	22,725	15.1	52.9	12.5	19.5
46 (2034)	116,033	17,412	61,029	14,912	22,680	15.0	52.6	12.9	19.5
47 (2035)	115,216	17,235	60,164	15,219	22,597	15.0	52.2	13.2	19.6
48 (2036)	114,383	17,014	59,284	15,589	22,495	14.9	51.8	13.6	19.7
49 (2037)	113,535	16,810	58,334	15,988	22,404	14.8	51.4	14.1	19.7
50 (2038)	112,674	16,621	57,329	16,373	22,350	14.8	50.9	14.5	19.8
51 (2039)	111,801	16,448	56,336	16,690	22,326	14.7	50.4	14.9	20.0
52 (2040)	110,919	16,287	55,426	16,814	22,392	14.7	50.0	15.2	20.2
53 (2041)	110,028	16,134	54,576	17,145	22,172	14.7	49.6	15.6	20.2
54 (2042)	109,131	15,987	53,792	17,060	22,292	14.6	49.3	15.6	20.4
55 (2043)	108,229	15,844	53,039	16,931	22,415	14.6	49.0	15.6	20.7
56 (2044)	107,326	15,702	52,338	16,709	22,577	14.6	48.8	15.6	21.0
57 (2045)	106,421	15,559	51,670	16,426	22,767	14.6	48.6	15.4	21.4
58 (2046)	105,518	15,412	51,059	16,034	23,012	14.6	48.4	15.2	21.8
59 (2047)	104,616	15,262	50,460	15,587	23,307	14.6	48.2	14.9	22.3
60 (2048)	103,716	15,108	49,859	15,110	23,639	14.6	48.1	14.6	22.8
61 (2049)	102,819	14,949	49,276	14,647	23,947	14.5	47.9	14.2	23.3
62 (2050)	101,923	14,787	48,730	14,235	24,170	14.5	47.8	14.0	23.7
63 (2051)	101,029	14,622	48,230	13,846	24,331	14.5	47.7	13.7	24.1
64 (2052)	100,135	14,455	47,746	13,510	24,424	14.4	47.7	13.5	24.4
65 (2053)	99,240	14,287	47,288	13,182	24,483	14.4	47.7	13.3	24.7
66 (2054)	98,342	14,118	46,860	12,875	24,490	14.4	47.6	13.1	24.9
67 (2055)	97,441	13,950	46,449	12,581	24,462	14.3	47.7	12.9	25.1
68 (2056)	96,534	13,782	46,049	12,327	24,376	14.3	47.7	12.8	25.3
69 (2057)	95,622	13,615	45,634	12,097	24,275	14.2	47.7	12.7	25.4
70 (2058)	94,702	13,451	45,223	11,860	24,169	14.2	47.8	12.5	25.5
71 (2059)	93,775	13,288	44,776	11,671	24,039	14.2	47.7	12.4	25.6
72 (2060)	92,840	13,128	44,309	11,536	23,866	14.1	47.7	12.4	25.7
73 (2061)	91,897	12,971	43,846	11,438	23,644	14.1	47.7	12.4	25.7
74 (2062)	90,949	12,816	43,366	11,368	23,398	14.1	47.7	12.5	25.7
75 (2063)	89,994	12,665	42,873	11,335	23,121	14.1	47.6	12.6	25.7
76 (2064)	89,036	12,518	42,387	11,321	22,811	14.1	47.6	12.7	25.6
77 (2065)	88,077	12,374	41,893	11,330	22,479	14.0	47.6	12.9	25.5

各年10月1日現在の総人口（日本における外国人を含む）. 平成27(2015)年は, 総務省統計局『平成27年国勢調査　年齢・国籍不詳をあん分した人口（参考表）』による.

参考表D-2 総数, 年齢4区分(0〜19歳, 20〜64歳, 65〜74歳, 75歳以上)別総人口及び年齢構造係数:
出生中位〜人口置換水準到達(死亡中位)推計

年　次	人　口　(1,000人)					割　合　(%)			
	総　数	0〜19歳	20〜64歳	65〜74歳	75歳以上	0〜19歳	20〜64歳	65〜74歳	75歳以上
平成 78 (2066)	87,114	12,238	41,415	11,331	22,131	14.0	47.5	13.0	25.4
79 (2067)	86,152	12,110	40,943	11,310	21,789	14.1	47.5	13.1	25.3
80 (2068)	85,193	11,992	40,493	11,268	21,441	14.1	47.5	13.2	25.2
81 (2069)	84,241	11,882	40,051	11,182	21,126	14.1	47.5	13.3	25.1
82 (2070)	83,299	11,780	39,635	11,051	20,832	14.1	47.6	13.3	25.0
83 (2071)	82,370	11,687	39,211	10,930	20,541	14.2	47.6	13.3	24.9
84 (2072)	81,457	11,602	38,771	10,810	20,274	14.2	47.6	13.3	24.9
85 (2073)	80,562	11,524	38,314	10,693	20,030	14.3	47.6	13.3	24.9
86 (2074)	79,686	11,453	37,869	10,572	19,793	14.4	47.5	13.3	24.8
87 (2075)	78,831	11,387	37,427	10,442	19,576	14.4	47.5	13.2	24.8
88 (2076)	77,998	11,327	36,980	10,333	19,357	14.5	47.4	13.2	24.8
89 (2077)	77,185	11,272	36,554	10,212	19,148	14.6	47.4	13.2	24.8
90 (2078)	76,393	11,221	36,128	10,113	18,931	14.7	47.3	13.2	24.8
91 (2079)	75,622	11,173	35,732	9,997	18,720	14.8	47.3	13.2	24.8
92 (2080)	74,869	11,129	35,343	9,900	18,497	14.9	47.2	13.2	24.7
93 (2081)	74,134	11,089	34,914	9,841	18,291	15.0	47.1	13.3	24.7
94 (2082)	73,416	11,051	34,503	9,750	18,111	15.1	47.0	13.3	24.7
95 (2083)	72,713	11,017	34,112	9,630	17,954	15.2	46.9	13.2	24.7
96 (2084)	72,024	10,986	33,739	9,505	17,795	15.3	46.8	13.2	24.7
97 (2085)	71,348	10,958	33,380	9,371	17,640	15.4	46.8	13.1	24.7
98 (2086)	70,684	10,929	33,037	9,224	17,494	15.5	46.7	13.0	24.8
99 (2087)	70,031	10,899	32,708	9,088	17,336	15.6	46.7	13.0	24.8
100 (2088)	69,389	10,867	32,392	8,947	17,183	15.7	46.7	12.9	24.8
101 (2089)	68,756	10,834	32,085	8,830	17,006	15.8	46.7	12.8	24.7
102 (2090)	68,133	10,801	31,785	8,719	16,828	15.9	46.7	12.8	24.7
103 (2091)	67,520	10,768	31,491	8,570	16,691	15.9	46.6	12.7	24.7
104 (2092)	66,915	10,736	31,200	8,440	16,540	16.0	46.6	12.6	24.7
105 (2093)	66,320	10,704	30,914	8,328	16,375	16.1	46.6	12.6	24.7
106 (2094)	65,735	10,674	30,631	8,233	16,197	16.2	46.6	12.5	24.6
107 (2095)	65,160	10,646	30,353	8,151	16,011	16.3	46.6	12.5	24.6
108 (2096)	64,597	10,620	30,079	8,080	15,818	16.4	46.6	12.5	24.5
109 (2097)	64,044	10,598	29,811	8,015	15,621	16.5	46.5	12.5	24.4
110 (2098)	63,504	10,578	29,548	7,955	15,423	16.7	46.5	12.5	24.3
111 (2099)	62,977	10,563	29,291	7,896	15,226	16.8	46.5	12.5	24.2
112 (2100)	62,462	10,552	29,040	7,837	15,033	16.9	46.5	12.5	24.1
113 (2101)	61,961	10,545	28,795	7,776	14,845	17.0	46.5	12.5	24.0
114 (2102)	61,473	10,542	28,556	7,712	14,663	17.1	46.5	12.5	23.9
115 (2103)	61,000	10,544	28,323	7,645	14,487	17.3	46.4	12.5	23.8
116 (2104)	60,540	10,550	28,096	7,576	14,318	17.4	46.4	12.5	23.7
117 (2105)	60,093	10,561	27,875	7,504	14,154	17.6	46.4	12.5	23.6
118 (2106)	59,661	10,575	27,661	7,430	13,995	17.7	46.4	12.5	23.5
119 (2107)	59,242	10,594	27,454	7,354	13,840	17.9	46.3	12.4	23.4
120 (2108)	58,837	10,616	27,255	7,278	13,689	18.0	46.3	12.4	23.3
121 (2109)	58,445	10,641	27,063	7,200	13,541	18.2	46.3	12.3	23.2
122 (2110)	58,067	10,670	26,879	7,121	13,397	18.4	46.3	12.3	23.1
123 (2111)	57,701	10,701	26,703	7,041	13,256	18.5	46.3	12.2	23.0
124 (2112)	57,349	10,735	26,536	6,961	13,118	18.7	46.3	12.1	22.9
125 (2113)	57,010	10,771	26,378	6,879	12,983	18.9	46.3	12.1	22.8
126 (2114)	56,684	10,808	26,229	6,796	12,850	19.1	46.3	12.0	22.7
127 (2115)	56,370	10,848	26,091	6,712	12,720	19.2	46.3	11.9	22.6

各年10月1日現在の総人口(日本における外国人を含む).

表D-3 総数, 年齢4区分(0～17歳, 18～34歳, 35～59歳, 60歳以上)別総人口及び年齢構造係数：
　　　　出生中位～人口置換水準到達（死亡中位）推計

年　　次	人　　口　（1,000人）					割　　合　（%）			
	総　　数	0～17歳	18～34歳	35～59歳	60歳以上	0～17歳	18～34歳	35～59歳	60歳以上
平成 27 (2015)	127,095	19,568	22,451	42,655	42,420	15.4	17.7	33.6	33.4
28 (2016)	126,838	19,349	22,198	42,546	42,744	15.3	17.5	33.5	33.7
29 (2017)	126,532	19,122	21,947	42,501	42,963	15.1	17.3	33.6	34.0
30 (2018)	126,177	18,871	21,698	42,416	43,192	15.0	17.2	33.6	34.2
31 (2019)	125,773	18,624	21,446	42,272	43,431	14.8	17.1	33.6	34.5
32 (2020)	125,325	18,374	21,224	42,116	43,611	14.7	16.9	33.6	34.8
33 (2021)	124,836	18,140	21,023	41,920	43,752	14.5	16.8	33.6	35.0
34 (2022)	124,310	17,911	20,828	41,682	43,889	14.4	16.8	33.5	35.3
35 (2023)	123,751	17,708	20,630	41,361	44,051	14.3	16.7	33.4	35.6
36 (2024)	123,161	17,497	20,471	40,964	44,229	14.2	16.6	33.3	35.9
37 (2025)	122,544	17,270	20,347	40,437	44,489	14.1	16.6	33.0	36.3
38 (2026)	121,903	17,029	20,252	40,215	44,407	14.0	16.6	33.0	36.4
39 (2027)	121,240	16,804	20,128	39,621	44,686	13.9	16.6	32.7	36.9
40 (2028)	120,555	16,585	20,006	39,015	44,948	13.8	16.6	32.4	37.3
41 (2029)	119,850	16,364	19,852	38,403	45,231	13.7	16.6	32.0	37.7
42 (2030)	119,125	16,166	19,657	37,778	45,524	13.6	16.5	31.7	38.2
43 (2031)	118,380	15,968	19,469	37,088	45,855	13.5	16.4	31.3	38.7
44 (2032)	117,616	15,800	19,236	36,359	46,221	13.4	16.4	30.9	39.3
45 (2033)	116,833	15,639	18,984	35,603	46,607	13.4	16.2	30.5	39.9
46 (2034)	116,033	15,433	18,785	34,868	46,946	13.3	16.2	30.1	40.5
47 (2035)	115,216	15,245	18,562	34,237	47,172	13.2	16.1	29.7	40.9
48 (2036)	114,383	15,073	18,341	33,658	47,310	13.2	16.0	29.4	41.4
49 (2037)	113,535	14,916	18,112	33,146	47,361	13.1	16.0	29.2	41.7
50 (2038)	112,674	14,770	17,896	32,646	47,361	13.1	15.9	29.0	42.0
51 (2039)	111,801	14,634	17,682	32,190	47,295	13.1	15.8	28.8	42.3
52 (2040)	110,919	14,504	17,489	31,739	47,186	13.1	15.8	28.6	42.5
53 (2041)	110,028	14,378	17,284	31,351	47,014	13.1	15.7	28.5	42.7
54 (2042)	109,131	14,254	17,062	30,988	46,827	13.1	15.6	28.4	42.9
55 (2043)	108,229	14,128	16,823	30,637	46,641	13.1	15.5	28.3	43.1
56 (2044)	107,326	13,999	16,598	30,288	46,440	13.0	15.5	28.2	43.3
57 (2045)	106,421	13,866	16,378	29,974	46,203	13.0	15.4	28.2	43.4
58 (2046)	105,518	13,730	16,157	29,709	45,923	13.0	15.3	28.2	43.5
59 (2047)	104,616	13,589	15,958	29,438	45,630	13.0	15.3	28.1	43.6
60 (2048)	103,716	13,445	15,760	29,195	45,316	13.0	15.2	28.1	43.7
61 (2049)	102,819	13,298	15,593	28,954	44,974	12.9	15.2	28.2	43.7
62 (2050)	101,923	13,149	15,432	28,724	44,617	12.9	15.1	28.2	43.8
63 (2051)	101,029	12,999	15,226	28,552	44,252	12.9	15.1	28.3	43.8
64 (2052)	100,135	12,846	15,038	28,347	43,904	12.8	15.0	28.3	43.8
65 (2053)	99,240	12,694	14,867	28,128	43,551	12.8	15.0	28.3	43.9
66 (2054)	98,342	12,541	14,713	27,857	43,232	12.8	15.0	28.3	44.0
67 (2055)	97,441	12,388	14,570	27,554	42,929	12.7	15.0	28.3	44.1
68 (2056)	96,534	12,236	14,437	27,246	42,616	12.7	15.0	28.2	44.1
69 (2057)	95,622	12,086	14,311	26,914	42,311	12.6	15.0	28.1	44.2
70 (2058)	94,702	11,937	14,189	26,566	42,010	12.6	15.0	28.1	44.4
71 (2059)	93,775	11,791	14,069	26,223	41,692	12.6	15.0	28.0	44.5
72 (2060)	92,840	11,647	13,947	25,873	41,372	12.5	15.0	27.9	44.6
73 (2061)	91,897	11,507	13,823	25,544	41,024	12.5	15.0	27.8	44.6
74 (2062)	90,949	11,370	13,694	25,224	40,659	12.5	15.1	27.7	44.7
75 (2063)	89,994	11,237	13,562	24,932	40,263	12.5	15.1	27.7	44.7
76 (2064)	89,036	11,107	13,426	24,653	39,851	12.5	15.1	27.7	44.8
77 (2065)	88,077	10,981	13,286	24,405	39,405	12.5	15.1	27.7	44.7

各年10月1日現在の総人口（日本における外国人を含む）. 平成27(2015)年は, 総務省統計局『平成27年国勢調査　年齢・国籍不詳をあん分した人口(参考表)』による.

参考表D-3　総数，年齢4区分（0〜17歳，18〜34歳，35〜59歳，60歳以上）別総人口及び年齢構造係数：
　　　　出生中位〜人口置換水準到達（死亡中位）推計

年　　次	人　口　（1,000人）					割　合　（％）			
	総　数	0〜17歳	18〜34歳	35〜59歳	60歳以上	0〜17歳	18〜34歳	35〜59歳	60歳以上
平成 78 (2066)	87,114	10,863	13,143	24,151	38,958	12.5	15.1	27.7	44.7
79 (2067)	86,152	10,753	12,998	23,882	38,519	12.5	15.1	27.7	44.7
80 (2068)	85,193	10,653	12,850	23,599	38,091	12.5	15.1	27.7	44.7
81 (2069)	84,241	10,562	12,702	23,326	37,651	12.5	15.1	27.7	44.7
82 (2070)	83,299	10,478	12,552	23,057	37,212	12.6	15.1	27.7	44.7
83 (2071)	82,370	10,403	12,401	22,783	36,784	12.6	15.1	27.7	44.7
84 (2072)	81,457	10,334	12,250	22,528	36,345	12.7	15.0	27.7	44.6
85 (2073)	80,562	10,271	12,100	22,272	35,919	12.7	15.0	27.6	44.6
86 (2074)	79,686	10,215	11,950	22,043	35,478	12.8	15.0	27.7	44.5
87 (2075)	78,831	10,163	11,802	21,820	35,046	12.9	15.0	27.7	44.5
88 (2076)	77,998	10,116	11,656	21,552	34,674	13.0	14.9	27.6	44.5
89 (2077)	77,185	10,072	11,512	21,300	34,300	13.0	14.9	27.6	44.4
90 (2078)	76,393	10,033	11,372	21,064	33,924	13.1	14.9	27.6	44.4
91 (2079)	75,622	9,997	11,235	20,843	33,547	13.2	14.9	27.6	44.4
92 (2080)	74,869	9,963	11,101	20,633	33,172	13.3	14.8	27.6	44.3
93 (2081)	74,134	9,933	10,971	20,430	32,799	13.4	14.8	27.6	44.2
94 (2082)	73,416	9,906	10,845	20,234	32,431	13.5	14.8	27.6	44.2
95 (2083)	72,713	9,882	10,723	20,040	32,067	13.6	14.7	27.6	44.1
96 (2084)	72,024	9,858	10,609	19,847	31,711	13.7	14.7	27.6	44.0
97 (2085)	71,348	9,831	10,505	19,651	31,361	13.8	14.7	27.5	44.0
98 (2086)	70,684	9,802	10,409	19,453	31,020	13.9	14.7	27.5	43.9
99 (2087)	70,031	9,772	10,323	19,250	30,686	14.0	14.7	27.5	43.8
100 (2088)	69,389	9,742	10,244	19,044	30,359	14.0	14.8	27.4	43.8
101 (2089)	68,756	9,710	10,173	18,834	30,039	14.1	14.8	27.4	43.7
102 (2090)	68,133	9,679	10,109	18,622	29,723	14.2	14.8	27.3	43.6
103 (2091)	67,520	9,648	10,051	18,410	29,410	14.3	14.9	27.3	43.6
104 (2092)	66,915	9,618	9,999	18,198	29,101	14.4	14.9	27.2	43.5
105 (2093)	66,320	9,589	9,951	17,987	28,793	14.5	15.0	27.1	43.4
106 (2094)	65,735	9,562	9,908	17,777	28,488	14.5	15.1	27.0	43.3
107 (2095)	65,160	9,538	9,869	17,570	28,184	14.6	15.1	27.0	43.3
108 (2096)	64,597	9,516	9,833	17,366	27,882	14.7	15.2	26.9	43.2
109 (2097)	64,044	9,498	9,801	17,164	27,582	14.8	15.3	26.8	43.1
110 (2098)	63,504	9,483	9,772	16,965	27,285	14.9	15.4	26.7	43.0
111 (2099)	62,977	9,472	9,746	16,768	26,990	15.0	15.5	26.6	42.9
112 (2100)	62,462	9,465	9,724	16,575	26,699	15.2	15.6	26.5	42.7
113 (2101)	61,961	9,462	9,700	16,390	26,409	15.3	15.7	26.5	42.6
114 (2102)	61,473	9,463	9,674	16,213	26,123	15.4	15.7	26.4	42.5
115 (2103)	61,000	9,469	9,646	16,044	25,839	15.5	15.8	26.3	42.4
116 (2104)	60,540	9,479	9,617	15,885	25,558	15.7	15.9	26.2	42.2
117 (2105)	60,093	9,493	9,587	15,734	25,279	15.8	16.0	26.2	42.1
118 (2106)	59,661	9,511	9,555	15,591	25,003	15.9	16.0	26.1	41.9
119 (2107)	59,242	9,532	9,524	15,457	24,729	16.1	16.1	26.1	41.7
120 (2108)	58,837	9,557	9,493	15,331	24,457	16.2	16.1	26.1	41.6
121 (2109)	58,445	9,584	9,462	15,212	24,187	16.4	16.2	26.0	41.4
122 (2110)	58,067	9,614	9,432	15,102	23,919	16.6	16.2	26.0	41.2
123 (2111)	57,701	9,646	9,404	14,999	23,653	16.7	16.3	26.0	41.0
124 (2112)	57,349	9,680	9,378	14,903	23,389	16.9	16.4	26.0	40.8
125 (2113)	57,010	9,715	9,354	14,814	23,127	17.0	16.4	26.0	40.6
126 (2114)	56,684	9,751	9,333	14,731	22,868	17.2	16.5	26.0	40.3
127 (2115)	56,370	9,788	9,316	14,654	22,612	17.4	16.5	26.0	40.1

各年10月1日現在の総人口（日本における外国人を含む）．

表D-4 総数, 高年齢区分(70歳, 80歳, 90歳, 100歳以上)別総人口及び年齢構造係数：
　　　出生中位〜人口置換水準到達（死亡中位）推計

年　次	人　口　(1,000人)					総人口に占める割合　(%)			
	人口総数	70歳以上	80歳以上	90歳以上	100歳以上	70歳以上	80歳以上	90歳以上	100歳以上
平成 27 (2015)	127,095	24,109	9,969	1,786	62	19.0	7.8	1.4	0.0
28 (2016)	126,838	24,312	10,379	1,929	65	19.2	8.2	1.5	0.1
29 (2017)	126,532	25,244	10,754	2,068	68	20.0	8.5	1.6	0.1
30 (2018)	126,177	26,240	11,065	2,205	71	20.8	8.8	1.7	0.1
31 (2019)	125,773	27,211	11,271	2,338	74	21.6	9.0	1.9	0.1
32 (2020)	125,325	27,953	11,609	2,463	84	22.3	9.3	2.0	0.1
33 (2021)	124,836	28,523	12,038	2,601	91	22.8	9.6	2.1	0.1
34 (2022)	124,310	28,957	12,473	2,740	99	23.3	10.0	2.2	0.1
35 (2023)	123,751	29,266	12,835	2,875	109	23.6	10.4	2.3	0.1
36 (2024)	123,161	29,451	13,210	2,990	120	23.9	10.7	2.4	0.1
37 (2025)	122,544	29,607	13,308	3,121	133	24.2	10.9	2.5	0.1
38 (2026)	121,903	29,690	13,308	3,264	146	24.4	10.9	2.7	0.1
39 (2027)	121,240	29,680	13,920	3,386	158	24.5	11.5	2.8	0.1
40 (2028)	120,555	29,687	14,588	3,477	170	24.6	12.1	2.9	0.1
41 (2029)	119,850	29,713	15,234	3,516	182	24.8	12.7	2.9	0.2
42 (2030)	119,125	29,693	15,688	3,634	192	24.9	13.2	3.1	0.2
43 (2031)	118,380	29,645	16,001	3,808	206	25.0	13.5	3.2	0.2
44 (2032)	117,616	29,603	16,203	3,984	219	25.2	13.8	3.4	0.2
45 (2033)	116,833	29,595	16,304	4,120	232	25.3	14.0	3.5	0.2
46 (2034)	116,033	29,609	16,306	4,265	243	25.5	14.1	3.7	0.2
47 (2035)	115,216	29,711	16,293	4,254	256	25.8	14.1	3.7	0.2
48 (2036)	114,383	29,503	16,225	4,197	272	25.8	14.2	3.7	0.2
49 (2037)	113,535	29,644	16,088	4,501	284	26.1	14.2	4.0	0.3
50 (2038)	112,674	29,779	15,977	4,829	292	26.4	14.2	4.3	0.3
51 (2039)	111,801	29,945	15,892	5,133	293	26.8	14.2	4.6	0.3
52 (2040)	110,919	30,131	15,780	5,317	309	27.2	14.2	4.8	0.3
53 (2041)	110,028	30,367	15,659	5,413	334	27.6	14.2	4.9	0.3
54 (2042)	109,131	30,648	15,557	5,447	357	28.1	14.3	5.0	0.3
55 (2043)	108,229	30,963	15,500	5,426	372	28.6	14.3	5.0	0.3
56 (2044)	107,326	31,248	15,480	5,357	390	29.1	14.4	5.0	0.4
57 (2045)	106,421	31,443	15,551	5,292	380	29.5	14.6	5.0	0.4
58 (2046)	105,518	31,571	15,372	5,208	367	29.9	14.6	4.9	0.3
59 (2047)	104,616	31,631	15,512	5,100	420	30.2	14.8	4.9	0.4
60 (2048)	103,716	31,659	15,661	5,025	472	30.5	15.1	4.8	0.5
61 (2049)	102,819	31,639	15,850	4,983	514	30.8	15.4	4.8	0.5
62 (2050)	101,923	31,590	16,068	4,939	532	31.0	15.8	4.8	0.5
63 (2051)	101,029	31,490	16,336	4,903	534	31.2	16.2	4.9	0.5
64 (2052)	100,135	31,382	16,647	4,890	528	31.3	16.6	4.9	0.5
65 (2053)	99,240	31,278	16,987	4,913	516	31.5	17.1	5.0	0.5
66 (2054)	98,342	31,158	17,296	4,964	501	31.7	17.6	5.0	0.5
67 (2055)	97,441	30,998	17,519	5,071	491	31.8	18.0	5.2	0.5
68 (2056)	96,534	30,790	17,675	5,018	483	31.9	18.3	5.2	0.5
69 (2057)	95,622	30,561	17,759	5,165	472	32.0	18.6	5.4	0.5
70 (2058)	94,702	30,298	17,802	5,307	470	32.0	18.8	5.6	0.5
71 (2059)	93,775	29,997	17,788	5,462	476	32.0	19.0	5.8	0.5
72 (2060)	92,840	29,669	17,736	5,620	480	32.0	19.1	6.1	0.5
73 (2061)	91,897	29,321	17,626	5,796	484	31.9	19.2	6.3	0.5
74 (2062)	90,949	28,980	17,499	5,983	492	31.9	19.2	6.6	0.5
75 (2063)	89,994	28,627	17,367	6,173	505	31.8	19.3	6.9	0.6
76 (2064)	89,036	28,302	17,216	6,328	521	31.8	19.3	7.1	0.6
77 (2065)	88,077	27,991	17,028	6,416	547	31.8	19.3	7.3	0.6

各年10月1日現在の総人口（日本における外国人を含む）. 平成27(2015)年は, 総務省統計局『平成27年国勢調査　年齢・国籍不詳をあん分した人口（参考表）』による.

参考表D-4 総数, 高年齢区分(70歳, 80歳, 90歳, 100歳以上)別総人口及び年齢構造係数：
出生中位～人口置換水準到達（死亡中位）推計

年　次	人　口　(1,000人)					総人口に占める割合（%）			
	人口総数	70歳以上	80歳以上	90歳以上	100歳以上	70歳以上	80歳以上	90歳以上	100歳以上
平成 78 (2066)	87,114	27,668	16,795	6,450	534	31.8	19.3	7.4	0.6
79 (2067)	86,152	27,353	16,543	6,432	565	31.7	19.2	7.5	0.7
80 (2068)	85,193	27,046	16,265	6,386	591	31.7	19.1	7.5	0.7
81 (2069)	84,241	26,732	15,963	6,305	615	31.7	18.9	7.5	0.7
82 (2070)	83,299	26,428	15,650	6,206	637	31.7	18.8	7.5	0.8
83 (2071)	82,370	26,112	15,335	6,080	660	31.7	18.6	7.4	0.8
84 (2072)	81,457	25,799	15,043	5,957	683	31.7	18.5	7.3	0.8
85 (2073)	80,562	25,475	14,760	5,845	705	31.6	18.3	7.3	0.9
86 (2074)	79,686	25,154	14,522	5,735	717	31.6	18.2	7.2	0.9
87 (2075)	78,831	24,822	14,315	5,617	715	31.5	18.2	7.1	0.9
88 (2076)	77,998	24,511	14,120	5,486	705	31.4	18.1	7.0	0.9
89 (2077)	77,185	24,230	13,954	5,362	688	31.4	18.1	6.9	0.9
90 (2078)	76,393	23,979	13,813	5,238	670	31.4	18.1	6.9	0.9
91 (2079)	75,622	23,731	13,680	5,112	651	31.4	18.1	6.8	0.9
92 (2080)	74,869	23,493	13,565	4,991	633	31.4	18.1	6.7	0.8
93 (2081)	74,134	23,272	13,447	4,878	613	31.4	18.1	6.6	0.8
94 (2082)	73,416	23,044	13,334	4,785	597	31.4	18.2	6.5	0.8
95 (2083)	72,713	22,826	13,209	4,702	586	31.4	18.2	6.5	0.8
96 (2084)	72,024	22,590	13,084	4,648	576	31.4	18.2	6.5	0.8
97 (2085)	71,348	22,355	12,942	4,612	564	31.3	18.1	6.5	0.8
98 (2086)	70,684	22,168	12,812	4,578	550	31.4	18.1	6.5	0.8
99 (2087)	70,031	21,969	12,699	4,558	537	31.4	18.1	6.5	0.8
100 (2088)	69,389	21,758	12,603	4,546	524	31.4	18.2	6.6	0.8
101 (2089)	68,756	21,536	12,499	4,532	510	31.3	18.2	6.6	0.7
102 (2090)	68,133	21,305	12,396	4,521	498	31.3	18.2	6.6	0.7
103 (2091)	67,520	21,066	12,297	4,501	487	31.2	18.2	6.7	0.7
104 (2092)	66,915	20,824	12,184	4,476	480	31.1	18.2	6.7	0.7
105 (2093)	66,320	20,578	12,073	4,438	474	31.0	18.2	6.7	0.7
106 (2094)	65,735	20,333	11,940	4,395	473	30.9	18.2	6.7	0.7
107 (2095)	65,160	20,090	11,803	4,337	474	30.8	18.1	6.7	0.7
108 (2096)	64,597	19,851	11,705	4,285	474	30.7	18.1	6.6	0.7
109 (2097)	64,044	19,617	11,594	4,243	475	30.6	18.1	6.6	0.7
110 (2098)	63,504	19,389	11,472	4,211	476	30.5	18.1	6.6	0.8
111 (2099)	62,977	19,166	11,339	4,173	476	30.4	18.0	6.6	0.8
112 (2100)	62,462	18,949	11,198	4,135	475	30.3	17.9	6.6	0.8
113 (2101)	61,961	18,736	11,053	4,102	472	30.2	17.8	6.6	0.8
114 (2102)	61,473	18,528	10,906	4,059	468	30.1	17.7	6.6	0.8
115 (2103)	61,000	18,323	10,759	4,019	462	30.0	17.6	6.6	0.8
116 (2104)	60,540	18,122	10,614	3,965	455	29.9	17.5	6.6	0.8
117 (2105)	60,093	17,925	10,473	3,912	446	29.8	17.4	6.5	0.7
118 (2106)	59,661	17,731	10,337	3,885	439	29.7	17.3	6.5	0.7
119 (2107)	59,242	17,540	10,207	3,849	435	29.6	17.2	6.5	0.7
120 (2108)	58,837	17,353	10,083	3,806	433	29.5	17.1	6.5	0.7
121 (2109)	58,445	17,168	9,965	3,756	430	29.4	17.1	6.4	0.7
122 (2110)	58,067	16,987	9,852	3,702	427	29.3	17.0	6.4	0.7
123 (2111)	57,701	16,808	9,744	3,646	424	29.1	16.9	6.3	0.7
124 (2112)	57,349	16,632	9,640	3,590	419	29.0	16.8	6.3	0.7
125 (2113)	57,010	16,458	9,539	3,534	415	28.9	16.7	6.2	0.7
126 (2114)	56,684	16,286	9,441	3,481	408	28.7	16.7	6.1	0.7
127 (2115)	56,370	16,116	9,346	3,431	401	28.6	16.6	6.1	0.7

各年10月1日現在の総人口（日本における外国人を含む）.

表D-5 人口の平均年齢，中位数年齢および年齢構造指数（総人口）：出生中位～人口置換水準到達（死亡中位）推計

| 年次 | 平均年齢（歳） | 中位数年齢（歳） | 生産年齢人口を15～64歳とした場合 | | | | 生産年齢人口を20～64歳とした場合 | | | |
| | | | 従属人口指数 | | | 老年化指数 | 従属人口指数 | | | 老年化指数 |
			総数	年少人口	老年人口		総数	年少人口	老年人口	
平成 27 (2015)	46.4	46.7	64.5	20.6	43.8	212.4	78.4	30.9	47.5	153.9
28 (2016)	46.7	47.1	65.8	20.6	45.2	219.3	80.0	30.9	49.1	158.7
29 (2017)	47.0	47.5	67.0	20.6	46.4	225.6	81.2	30.9	50.4	163.1
30 (2018)	47.2	47.9	67.9	20.5	47.4	231.0	82.1	30.7	51.4	167.3
31 (2019)	47.5	48.3	68.5	20.4	48.1	235.7	82.7	30.5	52.2	170.9
32 (2020)	47.8	48.7	69.2	20.4	48.9	240.1	83.2	30.3	52.9	174.7
33 (2021)	48.0	49.1	69.7	20.3	49.5	244.2	83.5	30.0	53.5	178.0
34 (2022)	48.3	49.6	70.0	20.1	49.9	248.1	83.7	29.8	53.9	181.0
35 (2023)	48.5	50.0	70.3	19.9	50.3	252.6	84.0	29.6	54.4	183.9
36 (2024)	48.7	50.4	70.6	19.8	50.8	257.1	84.3	29.4	54.9	186.8
37 (2025)	49.0	50.8	70.9	19.6	51.3	261.3	84.7	29.3	55.4	189.3
38 (2026)	49.2	51.1	71.1	19.5	51.7	265.4	85.0	29.1	55.9	191.7
39 (2027)	49.4	51.5	71.4	19.4	52.1	269.2	85.3	29.0	56.3	194.3
40 (2028)	49.6	51.8	71.9	19.2	52.6	273.3	85.7	28.8	56.8	197.2
41 (2029)	49.8	52.1	72.4	19.2	53.2	277.0	86.2	28.7	57.5	200.2
42 (2030)	50.0	52.4	73.3	19.2	54.0	281.3	87.0	28.6	58.3	203.6
43 (2031)	50.1	52.6	73.2	19.1	54.1	284.0	86.8	28.4	58.4	205.4
44 (2032)	50.3	52.9	74.1	19.0	55.1	289.2	87.8	28.4	59.4	208.9
45 (2033)	50.4	53.1	75.1	19.0	56.0	294.1	88.9	28.4	60.4	212.5
46 (2034)	50.6	53.3	76.2	19.1	57.1	298.8	90.1	28.5	61.6	215.9
47 (2035)	50.7	53.4	77.4	19.2	58.2	303.6	91.5	28.6	62.9	219.4
48 (2036)	50.9	53.6	78.9	19.3	59.5	308.5	92.9	28.7	64.2	223.8
49 (2037)	51.0	53.8	80.5	19.5	61.0	313.7	94.6	28.8	65.8	228.4
50 (2038)	51.1	53.9	82.3	19.6	62.6	319.1	96.5	29.0	67.5	233.0
51 (2039)	51.2	54.1	84.0	19.8	64.2	324.1	98.5	29.2	69.3	237.2
52 (2040)	51.4	54.2	85.6	20.0	65.6	328.5	100.1	29.4	70.7	240.7
53 (2041)	51.5	54.2	86.9	20.1	66.8	332.3	101.6	29.6	72.0	243.7
54 (2042)	51.6	54.3	88.0	20.2	67.8	335.6	102.9	29.7	73.2	246.1
55 (2043)	51.7	54.4	89.0	20.3	68.7	338.7	104.1	29.9	74.2	248.3
56 (2044)	51.8	54.4	89.8	20.3	69.5	341.6	105.1	30.0	75.1	250.2
57 (2045)	51.9	54.4	90.6	20.4	70.2	344.3	106.0	30.1	75.9	251.9
58 (2046)	52.0	54.5	91.1	20.4	70.7	346.6	106.7	30.2	76.5	253.3
59 (2047)	52.0	54.5	91.7	20.4	71.3	349.1	107.3	30.2	77.1	254.8
60 (2048)	52.1	54.5	92.3	20.4	71.8	351.7	108.0	30.3	77.7	256.5
61 (2049)	52.2	54.6	92.8	20.4	72.4	354.6	108.7	30.3	78.3	258.2
62 (2050)	52.3	54.7	93.2	20.4	72.8	356.7	109.2	30.3	78.8	259.7
63 (2051)	52.4	54.8	93.5	20.4	73.1	358.8	109.5	30.3	79.2	261.1
64 (2052)	52.5	54.9	93.7	20.3	73.4	360.9	109.7	30.3	79.4	262.4
65 (2053)	52.6	55.0	93.9	20.3	73.6	362.8	109.9	30.2	79.7	263.6
66 (2054)	52.7	55.1	93.9	20.2	73.7	364.5	109.9	30.1	79.7	264.7
67 (2055)	52.8	55.2	93.8	20.1	73.7	365.9	109.7	30.0	79.7	265.5
68 (2056)	52.9	55.3	93.7	20.1	73.6	367.2	109.6	29.9	79.7	266.3
69 (2057)	53.0	55.4	93.6	20.0	73.7	368.5	109.5	29.8	79.7	267.1
70 (2058)	53.1	55.5	93.6	19.9	73.6	369.7	109.4	29.7	79.7	267.9
71 (2059)	53.2	55.6	93.6	19.9	73.7	371.0	109.4	29.7	79.8	268.7
72 (2060)	53.2	55.6	93.7	19.8	73.9	372.3	109.5	29.6	79.9	269.7
73 (2061)	53.3	55.6	93.8	19.8	74.0	373.4	109.6	29.6	80.0	270.5
74 (2062)	53.3	55.6	93.9	19.8	74.1	374.5	109.7	29.6	80.2	271.3
75 (2063)	53.4	55.7	94.1	19.8	74.3	375.5	109.9	29.5	80.4	272.0
76 (2064)	53.4	55.7	94.3	19.8	74.5	376.1	110.1	29.5	80.5	272.7
77 (2065)	53.4	55.7	94.5	19.8	74.6	376.7	110.2	29.5	80.7	273.2

各年10月1日現在の総人口（日本における外国人を含む）．平成27(2015)年は，総務省統計局『平成27年国勢調査　年齢・国籍不詳をあん分した人口（参考表）』による．中位数年齢とは人口を年齢順に並べてちょうど真ん中にあたる人の年齢．従属人口指数とは，従属人口を生産年齢人口（15～64歳人口）で除した比であり，本表では生産年齢人口100に対する従属人口を表している．従属人口のうち年少人口（0～14歳または0～19歳人口）のみを除した比を年少従属人口指数，老年人口（65歳以上人口）のみを除した比を老年従属人口指数と呼び，表では単に年少人口，老年人口と標記している．従属人口指数は年少従属人口指数と老年従属人口指数の和となる．老年化指数は老年人口の年少人口に対する比であり，年少人口100に対する老年人口を表している．

参考表D-5 人口の平均年齢, 中位数年齢および年齢構造指数（総人口）：出生中位～人口置換水準到達（死亡中位）推計

年　次	平均年齢（歳）	中位数年齢（歳）	生産年齢人口を15〜64歳とした場合				生産年齢人口を20〜64歳とした場合			
			従属人口指数			老年化指数	従属人口指数			老年化指数
			総　数	年少人口	老年人口		総　数	年少人口	老年人口	
平成 78 (2066)	53.4	55.7	94.6	19.8	74.7	376.6	110.3	29.5	80.8	273.4
79 (2067)	53.4	55.8	94.7	19.9	74.8	376.0	110.4	29.6	80.8	273.3
80 (2068)	53.4	55.7	94.7	19.9	74.8	374.8	110.4	29.6	80.8	272.8
81 (2069)	53.4	55.7	94.7	20.0	74.7	373.0	110.3	29.7	80.7	271.9
82 (2070)	53.3	55.7	94.6	20.1	74.5	370.6	110.2	29.7	80.4	270.6
83 (2071)	53.3	55.6	94.5	20.2	74.3	368.1	110.1	29.8	80.3	269.3
84 (2072)	53.2	55.6	94.5	20.3	74.2	365.6	110.1	29.9	80.2	267.9
85 (2073)	53.2	55.6	94.7	20.4	74.2	363.2	110.3	30.1	80.2	266.6
86 (2074)	53.1	55.6	94.8	20.6	74.2	360.6	110.4	30.2	80.2	265.1
87 (2075)	53.0	55.5	95.0	20.7	74.3	357.9	110.6	30.4	80.2	263.6
88 (2076)	53.0	55.5	95.2	20.9	74.3	355.3	110.9	30.6	80.3	262.1
89 (2077)	52.9	55.4	95.4	21.1	74.3	352.5	111.2	30.8	80.3	260.5
90 (2078)	52.9	55.3	95.7	21.3	74.4	349.7	111.5	31.1	80.4	258.9
91 (2079)	52.8	55.3	95.8	21.5	74.4	346.6	111.6	31.3	80.4	257.0
92 (2080)	52.8	55.2	96.0	21.6	74.3	343.5	111.8	31.5	80.3	255.2
93 (2081)	52.7	55.1	96.4	21.8	74.5	341.0	112.3	31.8	80.6	253.7
94 (2082)	52.7	55.1	96.7	22.0	74.6	338.6	112.8	32.0	80.7	252.1
95 (2083)	52.7	55.0	96.9	22.2	74.7	336.2	113.2	32.3	80.9	250.4
96 (2084)	52.6	55.0	97.1	22.4	74.7	333.7	113.5	32.6	80.9	248.5
97 (2085)	52.6	54.9	97.2	22.5	74.7	331.2	113.7	32.8	80.9	246.5
98 (2086)	52.5	54.9	97.2	22.7	74.6	328.7	114.0	33.1	80.9	244.5
99 (2087)	52.5	54.8	97.2	22.8	74.4	326.2	114.1	33.3	80.8	242.5
100 (2088)	52.4	54.8	97.2	22.9	74.3	323.7	114.2	33.5	80.7	240.5
101 (2089)	52.4	54.7	97.2	23.1	74.1	321.1	114.3	33.8	80.5	238.5
102 (2090)	52.3	54.7	97.1	23.2	73.9	318.6	114.4	34.0	80.4	236.5
103 (2091)	52.3	54.6	97.0	23.3	73.7	316.1	114.4	34.2	80.2	234.6
104 (2092)	52.2	54.6	97.0	23.5	73.5	313.5	114.5	34.4	80.1	232.7
105 (2093)	52.1	54.5	96.9	23.6	73.4	311.0	114.5	34.6	79.9	230.8
106 (2094)	52.1	54.4	96.9	23.7	73.2	308.4	114.6	34.8	79.8	228.9
107 (2095)	52.0	54.3	96.9	23.9	73.0	305.7	114.7	35.1	79.6	227.0
108 (2096)	51.9	54.2	96.9	24.0	72.8	302.9	114.8	35.3	79.4	225.0
109 (2097)	51.8	54.2	96.9	24.2	72.7	300.1	114.8	35.5	79.3	223.0
110 (2098)	51.7	54.0	96.9	24.4	72.5	297.1	114.9	35.8	79.1	221.0
111 (2099)	51.6	53.9	96.9	24.6	72.3	294.1	115.0	36.1	78.9	218.9
112 (2100)	51.5	53.8	96.9	24.8	72.1	290.9	115.1	36.3	78.8	216.7
113 (2101)	51.4	53.7	96.9	25.0	71.9	287.6	115.2	36.6	78.6	214.5
114 (2102)	51.3	53.5	96.9	25.2	71.7	284.2	115.3	36.9	78.4	212.2
115 (2103)	51.2	53.4	96.9	25.4	71.4	280.8	115.4	37.2	78.1	209.9
116 (2104)	51.0	53.2	96.9	25.7	71.2	277.2	115.5	37.6	77.9	207.5
117 (2105)	50.9	53.0	96.9	25.9	71.0	273.6	115.6	37.9	77.7	205.1
118 (2106)	50.8	52.8	96.9	26.2	70.7	270.0	115.7	38.2	77.5	202.6
119 (2107)	50.7	52.6	96.9	26.5	70.4	266.3	115.8	38.6	77.2	200.1
120 (2108)	50.5	52.4	96.9	26.7	70.2	262.6	115.9	39.0	76.9	197.5
121 (2109)	50.4	52.2	96.8	27.0	69.9	258.8	116.0	39.3	76.6	194.9
122 (2110)	50.2	52.0	96.8	27.3	69.5	255.1	116.0	39.7	76.3	192.3
123 (2111)	50.1	51.7	96.7	27.5	69.2	251.4	116.1	40.1	76.0	189.7
124 (2112)	50.0	51.5	96.6	27.8	68.8	247.7	116.1	40.5	75.7	187.0
125 (2113)	49.8	51.2	96.5	28.0	68.5	244.1	116.1	40.8	75.3	184.4
126 (2114)	49.7	51.0	96.3	28.3	68.1	240.5	116.1	41.2	74.9	181.8
127 (2115)	49.5	50.7	96.2	28.5	67.6	237.0	116.1	41.6	74.5	179.1

各年10月1日現在の総人口（日本における外国人を含む）. 中位数年齢とは人口を年齢順に並べてちょうど真ん中にあたる人の年齢. 従属人口指数とは, 従属人口を生産年齢人口（15〜64歳人口）で除した比であり, 本表では生産年齢人口100に対する従属人口を表している. 従属人口のうち年少人口（0〜14歳または0〜19歳人口）のみを除した比を年少従属人口指数, 老年人口（65歳以上人口）のみを除した比を老年従属人口指数と呼び, 表では単に年少人口, 老年人口と標記している. 従属人口指数は年少従属人口指数と老年従属人口指数の和となる. 老年化指数は老年人口の年少人口に対する比であり, 年少人口100に対する老年人口を表している.

表D-5A 年少人口および老年人口に対する潜在扶養指数：出生中位～人口置換水準到達（死亡中位）推計

年　次	生産年齢人口15～64歳の場合			生産年齢人口20～64歳の場合		
	潜在扶養指数			潜在扶養指数		
	総　数	年少人口	老年人口	総　数	年少人口	老年人口
平成 27 (2015)	1.55	4.85	2.28	1.27	3.24	2.10
28 (2016)	1.52	4.85	2.21	1.25	3.23	2.04
29 (2017)	1.49	4.86	2.16	1.23	3.24	1.99
30 (2018)	1.47	4.88	2.11	1.22	3.25	1.95
31 (2019)	1.46	4.90	2.08	1.21	3.28	1.92
32 (2020)	1.44	4.91	2.05	1.20	3.30	1.89
33 (2021)	1.43	4.94	2.02	1.20	3.33	1.87
34 (2022)	1.43	4.97	2.00	1.19	3.36	1.86
35 (2023)	1.42	5.02	1.99	1.19	3.38	1.84
36 (2024)	1.42	5.06	1.97	1.19	3.40	1.82
37 (2025)	1.41	5.09	1.95	1.18	3.42	1.80
38 (2026)	1.41	5.14	1.94	1.18	3.43	1.79
39 (2027)	1.40	5.17	1.92	1.17	3.45	1.78
40 (2028)	1.39	5.20	1.90	1.17	3.47	1.76
41 (2029)	1.38	5.21	1.88	1.16	3.48	1.74
42 (2030)	1.36	5.20	1.85	1.15	3.49	1.71
43 (2031)	1.37	5.25	1.85	1.15	3.52	1.71
44 (2032)	1.35	5.25	1.82	1.14	3.52	1.68
45 (2033)	1.33	5.25	1.79	1.13	3.52	1.65
46 (2034)	1.31	5.24	1.75	1.11	3.50	1.62
47 (2035)	1.29	5.21	1.72	1.09	3.49	1.59
48 (2036)	1.27	5.18	1.68	1.08	3.48	1.56
49 (2037)	1.24	5.14	1.64	1.06	3.47	1.52
50 (2038)	1.22	5.09	1.60	1.04	3.45	1.48
51 (2039)	1.19	5.05	1.56	1.02	3.43	1.44
52 (2040)	1.17	5.01	1.52	1.00	3.40	1.41
53 (2041)	1.15	4.98	1.50	0.98	3.38	1.39
54 (2042)	1.14	4.95	1.48	0.97	3.36	1.37
55 (2043)	1.12	4.93	1.46	0.96	3.35	1.35
56 (2044)	1.11	4.92	1.44	0.95	3.33	1.33
57 (2045)	1.10	4.91	1.42	0.94	3.32	1.32
58 (2046)	1.10	4.90	1.41	0.94	3.31	1.31
59 (2047)	1.09	4.90	1.40	0.93	3.31	1.30
60 (2048)	1.08	4.90	1.39	0.93	3.30	1.29
61 (2049)	1.08	4.90	1.38	0.92	3.30	1.28
62 (2050)	1.07	4.90	1.37	0.92	3.30	1.27
63 (2051)	1.07	4.91	1.37	0.91	3.30	1.26
64 (2052)	1.07	4.92	1.36	0.91	3.30	1.26
65 (2053)	1.07	4.93	1.36	0.91	3.31	1.26
66 (2054)	1.07	4.95	1.36	0.91	3.32	1.25
67 (2055)	1.07	4.97	1.36	0.91	3.33	1.25
68 (2056)	1.07	4.99	1.36	0.91	3.34	1.25
69 (2057)	1.07	5.00	1.36	0.91	3.35	1.25
70 (2058)	1.07	5.02	1.36	0.91	3.36	1.26
71 (2059)	1.07	5.03	1.36	0.91	3.37	1.25
72 (2060)	1.07	5.04	1.35	0.91	3.38	1.25
73 (2061)	1.07	5.05	1.35	0.91	3.38	1.25
74 (2062)	1.06	5.05	1.35	0.91	3.38	1.25
75 (2063)	1.06	5.05	1.35	0.91	3.39	1.24
76 (2064)	1.06	5.05	1.34	0.91	3.39	1.24
77 (2065)	1.06	5.05	1.34	0.91	3.39	1.24

各年10月1日現在の総人口（日本における外国人を含む）．平成27(2015)年は，総務省統計局『平成27年国勢調査　年齢・国籍不詳をあん分した人口（参考表）』による．本報告において潜在扶養指数とは，生産年齢人口（15～64歳人口）を従属人口で除した比であり，従属人口1人に対する生産年齢人口の人数を与える．従属人口のうち年少人口（0～14歳人口）のみで除した比を年少潜在扶養指数，老年人口（65歳以上人口）のみで除した比を老年潜在扶養指数と呼び，本表では単に年少人口，老年人口と標記している．

参考表D-5A 年少人口および老年人口に対する潜在扶養指数：出生中位～人口置換水準到達（死亡中位）推計

年　次	生産年齢人口15～64歳の場合 潜在扶養指数			生産年齢人口20～64歳の場合 潜在扶養指数		
	総　数	年少人口	老年人口	総　数	年少人口	老年人口
78 (2066)	1.06	5.04	1.34	0.91	3.38	1.24
79 (2067)	1.06	5.03	1.34	0.91	3.38	1.24
80 (2068)	1.06	5.01	1.34	0.91	3.38	1.24
81 (2069)	1.06	5.00	1.34	0.91	3.37	1.24
82 (2070)	1.06	4.98	1.34	0.91	3.36	1.24
83 (2071)	1.06	4.95	1.35	0.91	3.36	1.25
84 (2072)	1.06	4.93	1.35	0.91	3.34	1.25
85 (2073)	1.06	4.89	1.35	0.91	3.32	1.25
86 (2074)	1.05	4.86	1.35	0.91	3.31	1.25
87 (2075)	1.05	4.82	1.35	0.90	3.29	1.25
88 (2076)	1.05	4.78	1.35	0.90	3.26	1.25
89 (2077)	1.05	4.74	1.35	0.90	3.24	1.25
90 (2078)	1.05	4.70	1.34	0.90	3.22	1.24
91 (2079)	1.04	4.66	1.34	0.90	3.20	1.24
92 (2080)	1.04	4.62	1.35	0.89	3.18	1.24
93 (2081)	1.04	4.58	1.34	0.89	3.15	1.24
94 (2082)	1.03	4.54	1.34	0.89	3.12	1.24
95 (2083)	1.03	4.50	1.34	0.88	3.10	1.24
96 (2084)	1.03	4.47	1.34	0.88	3.07	1.24
97 (2085)	1.03	4.44	1.34	0.88	3.05	1.24
98 (2086)	1.03	4.41	1.34	0.88	3.02	1.24
99 (2087)	1.03	4.38	1.34	0.88	3.00	1.24
100 (2088)	1.03	4.36	1.35	0.88	2.98	1.24
101 (2089)	1.03	4.33	1.35	0.87	2.96	1.24
102 (2090)	1.03	4.31	1.35	0.87	2.94	1.24
103 (2091)	1.03	4.29	1.36	0.87	2.92	1.25
104 (2092)	1.03	4.26	1.36	0.87	2.91	1.25
105 (2093)	1.03	4.24	1.36	0.87	2.89	1.25
106 (2094)	1.03	4.21	1.37	0.87	2.87	1.25
107 (2095)	1.03	4.19	1.37	0.87	2.85	1.26
108 (2096)	1.03	4.16	1.37	0.87	2.83	1.26
109 (2097)	1.03	4.13	1.38	0.87	2.81	1.26
110 (2098)	1.03	4.10	1.38	0.87	2.79	1.26
111 (2099)	1.03	4.07	1.38	0.87	2.77	1.27
112 (2100)	1.03	4.04	1.39	0.87	2.75	1.27
113 (2101)	1.03	4.00	1.39	0.87	2.73	1.27
114 (2102)	1.03	3.97	1.40	0.87	2.71	1.28
115 (2103)	1.03	3.93	1.40	0.87	2.69	1.28
116 (2104)	1.03	3.89	1.40	0.87	2.66	1.28
117 (2105)	1.03	3.86	1.41	0.87	2.64	1.29
118 (2106)	1.03	3.82	1.41	0.86	2.62	1.29
119 (2107)	1.03	3.78	1.42	0.86	2.59	1.30
120 (2108)	1.03	3.74	1.43	0.86	2.57	1.30
121 (2109)	1.03	3.71	1.43	0.86	2.54	1.30
122 (2110)	1.03	3.67	1.44	0.86	2.52	1.31
123 (2111)	1.03	3.63	1.45	0.86	2.50	1.32
124 (2112)	1.03	3.60	1.45	0.86	2.47	1.32
125 (2113)	1.04	3.57	1.46	0.86	2.45	1.33
126 (2114)	1.04	3.53	1.47	0.86	2.43	1.34
127 (2115)	1.04	3.50	1.48	0.86	2.41	1.34

各年10月1日現在の総人口（日本における外国人を含む）．本報告において潜在扶養指数とは，生産年齢人口（15～64歳人口）を従属人口で除した比であり，従属人口1人に対する生産年齢人口の人数を与える．従属人口のうち年少人口（0～14歳人口）のみで除した比を年少潜在扶養指数，老年人口（65歳以上人口）のみで除した比を老年潜在扶養指数と呼び，本表では単に年少人口，老年人口と標記している．

表D-6 総数, 年齢3区分(0〜14歳, 15〜64歳, 65歳以上)別総人口の増加数及び増加率：
出生中位〜人口置換水準到達（死亡中位）推計

期　間	人口増加数（1,000人）				年平均増加率（％）			
	総　数	0〜14歳	15〜64歳	65歳以上	総　数	0〜14歳	15〜64歳	65歳以上
平成 27〜28 (2015〜2016)	-257	-174	-800	717	-0.20	-1.09	-1.04	2.12
28〜29 (2016〜2017)	-305	-183	-700	578	-0.24	-1.16	-0.92	1.67
29〜30 (2017〜2018)	-355	-174	-624	443	-0.28	-1.12	-0.82	1.26
30〜31 (2018〜2019)	-404	-178	-535	309	-0.32	-1.16	-0.71	0.87
31〜32 (2019〜2020)	-448	-160	-564	276	-0.36	-1.05	-0.76	0.77
32〜33 (2020〜2021)	-489	-175	-508	194	-0.39	-1.16	-0.69	0.54
33〜34 (2021〜2022)	-526	-198	-420	92	-0.42	-1.33	-0.57	0.25
34〜35 (2022〜2023)	-560	-218	-447	105	-0.45	-1.48	-0.61	0.29
35〜36 (2023〜2024)	-590	-207	-502	120	-0.48	-1.43	-0.69	0.33
36〜37 (2024〜2025)	-617	-204	-480	67	-0.50	-1.43	-0.67	0.18
37〜38 (2025〜2026)	-641	-206	-469	34	-0.52	-1.47	-0.65	0.09
38〜39 (2026〜2027)	-663	-183	-516	35	-0.54	-1.32	-0.72	0.10
39〜40 (2027〜2028)	-685	-181	-568	65	-0.56	-1.32	-0.80	0.18
40〜41 (2028〜2029)	-705	-149	-640	84	-0.58	-1.11	-0.91	0.23
41〜42 (2029〜2030)	-725	-141	-754	170	-0.60	-1.06	-1.08	0.46
42〜43 (2030〜2031)	-745	-184	-401	-160	-0.63	-1.39	-0.58	-0.43
43〜44 (2031〜2032)	-764	-166	-796	197	-0.65	-1.27	-1.16	0.53
44〜45 (2032〜2033)	-783	-149	-819	185	-0.67	-1.16	-1.21	0.50
45〜46 (2033〜2034)	-801	-134	-877	210	-0.69	-1.05	-1.31	0.56
46〜47 (2034〜2035)	-817	-122	-920	224	-0.70	-0.97	-1.40	0.60
47〜48 (2035〜2036)	-833	-113	-988	268	-0.72	-0.90	-1.52	0.71
48〜49 (2036〜2037)	-848	-106	-1,049	307	-0.74	-0.86	-1.64	0.81
49〜50 (2037〜2038)	-861	-102	-1,092	333	-0.76	-0.83	-1.74	0.87
50〜51 (2038〜2039)	-873	-100	-1,065	293	-0.77	-0.82	-1.72	0.76
51〜52 (2039〜2040)	-883	-101	-971	189	-0.79	-0.84	-1.60	0.49
52〜53 (2040〜2041)	-891	-103	-900	112	-0.80	-0.86	-1.50	0.29
53〜54 (2041〜2042)	-897	-107	-824	34	-0.82	-0.90	-1.40	0.09
54〜55 (2042〜2043)	-901	-110	-785	-6	-0.83	-0.94	-1.35	-0.01
55〜56 (2043〜2044)	-904	-114	-729	-61	-0.83	-0.98	-1.27	-0.15
56〜57 (2044〜2045)	-904	-117	-694	-93	-0.84	-1.02	-1.23	-0.24
57〜58 (2045〜2046)	-904	-120	-638	-146	-0.85	-1.05	-1.14	-0.37
58〜59 (2046〜2047)	-902	-122	-628	-152	-0.85	-1.08	-1.14	-0.39
59〜60 (2047〜2048)	-900	-124	-631	-145	-0.86	-1.11	-1.16	-0.37
60〜61 (2048〜2049)	-897	-125	-617	-155	-0.87	-1.14	-1.14	-0.40
61〜62 (2049〜2050)	-895	-127	-581	-188	-0.87	-1.16	-1.09	-0.49
62〜63 (2050〜2051)	-894	-128	-537	-229	-0.88	-1.19	-1.02	-0.60
63〜64 (2051〜2052)	-894	-129	-523	-243	-0.88	-1.21	-1.00	-0.64
64〜65 (2052〜2053)	-895	-129	-497	-269	-0.89	-1.23	-0.96	-0.71
65〜66 (2053〜2054)	-898	-129	-467	-301	-0.90	-1.25	-0.91	-0.80
66〜67 (2054〜2055)	-901	-129	-450	-323	-0.92	-1.26	-0.89	-0.86
67〜68 (2055〜2056)	-906	-128	-440	-339	-0.93	-1.26	-0.88	-0.92
68〜69 (2056〜2057)	-913	-126	-456	-331	-0.95	-1.26	-0.91	-0.90
69〜70 (2057〜2058)	-920	-123	-453	-343	-0.96	-1.25	-0.92	-0.94
70〜71 (2058〜2059)	-927	-121	-489	-318	-0.98	-1.24	-1.00	-0.88
71〜72 (2059〜2060)	-935	-118	-510	-308	-1.00	-1.22	-1.05	-0.86
72〜73 (2060〜2061)	-942	-114	-507	-322	-1.01	-1.20	-1.06	-0.91
73〜74 (2061〜2062)	-949	-111	-523	-315	-1.03	-1.18	-1.10	-0.90
74〜75 (2062〜2063)	-954	-107	-537	-311	-1.05	-1.15	-1.14	-0.89
75〜76 (2063〜2064)	-958	-103	-531	-324	-1.06	-1.12	-1.15	-0.94
76〜77 (2064〜2065)	-960	-99	-539	-322	-1.08	-1.09	-1.18	-0.94

10月1日〜9月30日の期間について. 平成27(2015)年は, 総務省統計局『平成27年国勢調査　年齢・国籍不詳をあん分した人口(参考表)』による.

参考表D-6 総数, 年齢3区分(0～14歳, 15～64歳, 65歳以上)別総人口の増加数及び増加率：
出生中位～人口置換水準到達（死亡中位）推計

期　間	人口増加数（1,000人）				年平均増加率（％）			
	総　数	0～14歳	15～64歳	65歳以上	総　数	0～14歳	15～64歳	65歳以上
平成 77～78 (2065～2066)	-962	-91	-523	-348	-1.09	-1.01	-1.15	-1.03
78～79 (2066～2067)	-962	-82	-517	-363	-1.10	-0.93	-1.16	-1.08
79～80 (2067～2068)	-959	-74	-495	-390	-1.11	-0.84	-1.12	-1.18
80～81 (2068～2069)	-952	-66	-485	-401	-1.12	-0.76	-1.11	-1.22
81～82 (2069～2070)	-942	-59	-458	-425	-1.12	-0.69	-1.06	-1.31
82～83 (2070～2071)	-929	-53	-464	-412	-1.12	-0.62	-1.08	-1.29
83～84 (2071～2072)	-913	-48	-478	-388	-1.11	-0.56	-1.13	-1.23
84～85 (2072～2073)	-895	-43	-492	-361	-1.10	-0.50	-1.17	-1.16
85～86 (2073～2074)	-876	-38	-479	-359	-1.09	-0.45	-1.16	-1.17
86～87 (2074～2075)	-855	-34	-474	-347	-1.07	-0.41	-1.16	-1.14
87～88 (2075～2076)	-834	-30	-476	-327	-1.06	-0.36	-1.18	-1.09
88～89 (2076～2077)	-813	-27	-454	-331	-1.04	-0.32	-1.14	-1.12
89～90 (2077～2078)	-792	-24	-453	-314	-1.03	-0.28	-1.15	-1.07
90～91 (2078～2079)	-772	-21	-423	-328	-1.01	-0.25	-1.08	-1.13
91～92 (2079～2080)	-753	-18	-415	-320	-1.00	-0.21	-1.07	-1.12
92～93 (2080～2081)	-735	-19	-452	-265	-0.98	-0.22	-1.18	-0.93
93～94 (2081～2082)	-718	-21	-427	-271	-0.97	-0.25	-1.13	-0.96
94～95 (2082～2083)	-703	-23	-403	-277	-0.96	-0.28	-1.08	-1.00
95～96 (2083～2084)	-689	-24	-380	-284	-0.95	-0.30	-1.03	-1.03
96～97 (2084～2085)	-676	-26	-361	-289	-0.94	-0.32	-0.99	-1.06
97～98 (2085～2086)	-664	-27	-345	-292	-0.93	-0.33	-0.95	-1.08
98～99 (2086～2087)	-653	-28	-331	-294	-0.92	-0.34	-0.92	-1.10
99～100 (2087～2088)	-642	-28	-320	-294	-0.92	-0.34	-0.90	-1.11
100～101 (2088～2089)	-633	-28	-312	-293	-0.91	-0.34	-0.89	-1.12
101～102 (2089～2090)	-623	-27	-306	-290	-0.91	-0.34	-0.88	-1.12
102～103 (2090～2091)	-614	-26	-301	-286	-0.90	-0.33	-0.87	-1.12
103～104 (2091～2092)	-604	-25	-298	-281	-0.90	-0.31	-0.87	-1.11
104～105 (2092～2093)	-595	-23	-295	-277	-0.89	-0.29	-0.87	-1.11
105～106 (2093～2094)	-585	-21	-292	-272	-0.88	-0.26	-0.87	-1.10
106～107 (2094～2095)	-575	-18	-288	-268	-0.87	-0.23	-0.86	-1.10
107～108 (2095～2096)	-564	-15	-284	-265	-0.87	-0.20	-0.86	-1.10
108～109 (2096～2097)	-552	-12	-279	-261	-0.86	-0.15	-0.85	-1.09
109～110 (2097～2098)	-540	-9	-273	-258	-0.84	-0.11	-0.84	-1.09
110～111 (2098～2099)	-528	-5	-268	-255	-0.83	-0.06	-0.83	-1.09
111～112 (2099～2100)	-515	-1	-261	-252	-0.82	-0.01	-0.82	-1.09
112～113 (2100～2101)	-501	3	-255	-249	-0.80	0.04	-0.80	-1.09
113～114 (2101～2102)	-488	7	-249	-246	-0.79	0.09	-0.79	-1.09
114～115 (2102～2103)	-474	11	-242	-242	-0.77	0.14	-0.78	-1.08
115～116 (2103～2104)	-460	14	-235	-239	-0.75	0.18	-0.76	-1.08
116～117 (2104～2105)	-446	18	-228	-236	-0.74	0.22	-0.74	-1.08
117～118 (2105～2106)	-432	21	-220	-233	-0.72	0.26	-0.72	-1.08
118～119 (2106～2107)	-419	24	-212	-230	-0.70	0.30	-0.70	-1.08
119～120 (2107～2108)	-405	26	-203	-228	-0.68	0.32	-0.68	-1.07
120～121 (2108～2109)	-392	28	-194	-225	-0.67	0.35	-0.65	-1.07
121～122 (2109～2110)	-379	29	-185	-223	-0.65	0.37	-0.62	-1.08
122～123 (2110～2111)	-365	31	-175	-221	-0.63	0.38	-0.59	-1.08
123～124 (2111～2112)	-352	31	-165	-219	-0.61	0.39	-0.56	-1.08
124～125 (2112～2113)	-339	32	-154	-217	-0.59	0.39	-0.53	-1.08
125～126 (2113～2114)	-326	32	-143	-215	-0.57	0.39	-0.49	-1.08
126～127 (2114～2115)	-313	32	-131	-214	-0.55	0.39	-0.45	-1.09

10月1日～9月30日の期間について.

表D-7 総数, 年齢3区分(0〜14歳, 15〜64歳, 65歳以上)別総人口の増加数及び増加率(5年):
　　　　出生中位〜人口置換水準到達（死亡中位）推計

期　　間	人口増加数　(1,000人)				年平均増加率　（%）			
	総　　数	0〜14歳	15〜64歳	65歳以上	総　　数	0〜14歳	15〜64歳	65歳以上
平成 27〜32 (2015〜2020)	-1,770	-870	-3,224	2,324	-0.28	-1.12	-0.85	1.34
32〜37 (2020〜2025)	-2,781	-1,002	-2,357	579	-0.45	-1.37	-0.64	0.32
37〜42 (2025〜2030)	-3,419	-861	-2,947	389	-0.56	-1.25	-0.84	0.21
42〜47 (2030〜2035)	-3,909	-755	-3,812	657	-0.67	-1.17	-1.13	0.35
47〜52 (2035〜2040)	-4,297	-521	-5,165	1,389	-0.76	-0.85	-1.64	0.72
52〜57 (2040〜2045)	-4,497	-552	-3,932	-13	-0.82	-0.94	-1.35	-0.01
57〜62 (2045〜2050)	-4,498	-617	-3,095	-786	-0.86	-1.11	-1.13	-0.40
62〜67 (2050〜2055)	-4,482	-644	-2,475	-1,364	-0.90	-1.23	-0.96	-0.72
67〜72 (2055〜2060)	-4,601	-615	-2,347	-1,639	-0.96	-1.25	-0.95	-0.90
72〜77 (2060〜2065)	-4,763	-533	-2,637	-1,593	-1.05	-1.15	-1.13	-0.92

10月1日〜9月30日の期間について. 平成27(2015)年は, 総務省統計局『平成27年国勢調査　年齢・国籍不詳をあん分した人口(参考表)』による.

参考表D-7 総数, 年齢3区分(0〜14歳, 15〜64歳, 65歳以上)別総人口の増加数及び増加率(5年):
　　　　　出生中位〜人口置換水準到達(死亡中位)推計

期　　間	人口増加数 (1,000人)				年平均増加率 (%)			
	総　数	0〜14歳	15〜64歳	65歳以上	総　数	0〜14歳	15〜64歳	65歳以上
平成 77〜82 (2065〜2070)	−4,777	−373	−2,478	−1,926	−1.11	−0.85	−1.12	−1.17
82〜87 (2070〜2075)	−4,468	−216	−2,386	−1,866	−1.10	−0.51	−1.14	−1.20
87〜92 (2075〜2080)	−3,962	−119	−2,222	−1,621	−1.03	−0.29	−1.12	−1.10
92〜97 (2080〜2085)	−3,521	−112	−2,023	−1,386	−0.96	−0.27	−1.08	−1.00
97〜102 (2085〜2090)	−3,215	−137	−1,614	−1,464	−0.92	−0.34	−0.91	−1.11
102〜107 (2090〜2095)	−2,973	−114	−1,474	−1,384	−0.89	−0.29	−0.87	−1.11
107〜112 (2095〜2100)	−2,699	−42	−1,365	−1,292	−0.84	−0.11	−0.84	−1.09
112〜117 (2100〜2105)	−2,369	53	−1,209	−1,212	−0.77	0.13	−0.77	−1.08
117〜122 (2105〜2110)	−2,027	127	−1,015	−1,140	−0.68	0.32	−0.67	−1.08
122〜127 (2110〜2115)	−1,696	157	−767	−1,086	−0.59	0.39	−0.53	−1.08

10月1日〜9月30日の期間について.

表D-8 出生，死亡及び自然増加の実数ならびに率（総人口）：出生中位〜人口置換水準到達（死亡中位）推計

年　　次	実　数（1,000人）			率（人口1,000対）		
	出　生	死　亡	自然増加	出　生	死　亡	自然増加
平成 28（2016）	992	1,312	-320	7.8	10.3	-2.5
29（2017）	968	1,338	-371	7.6	10.6	-2.9
30（2018）	944	1,364	-421	7.5	10.8	-3.3
31（2019）	921	1,390	-469	7.3	11.0	-3.7
32（2020）	902	1,414	-512	7.2	11.3	-4.1
33（2021）	886	1,438	-552	7.1	11.5	-4.4
34（2022）	872	1,460	-589	7.0	11.7	-4.7
35（2023）	860	1,482	-622	7.0	12.0	-5.0
36（2024）	851	1,502	-651	6.9	12.2	-5.3
37（2025）	844	1,522	-678	6.9	12.4	-5.5
38（2026）	838	1,540	-701	6.9	12.6	-5.8
39（2027）	834	1,557	-723	6.9	12.8	-6.0
40（2028）	829	1,573	-744	6.9	13.1	-6.2
41（2029）	824	1,589	-765	6.9	13.3	-6.4
42（2030）	818	1,603	-785	6.9	13.5	-6.6
43（2031）	811	1,616	-805	6.9	13.7	-6.8
44（2032）	805	1,629	-824	6.8	13.8	-7.0
45（2033）	797	1,640	-843	6.8	14.0	-7.2
46（2034）	790	1,650	-861	6.8	14.2	-7.4
47（2035）	782	1,659	-877	6.8	14.4	-7.6
48（2036）	774	1,666	-892	6.8	14.6	-7.8
49（2037）	766	1,672	-906	6.7	14.7	-8.0
50（2038）	758	1,676	-918	6.7	14.9	-8.1
51（2039）	750	1,679	-928	6.7	15.0	-8.3
52（2040）	742	1,679	-937	6.7	15.1	-8.4
53（2041）	734	1,678	-944	6.7	15.2	-8.6
54（2042）	725	1,674	-949	6.6	15.3	-8.7
55（2043）	717	1,669	-952	6.6	15.4	-8.8
56（2044）	708	1,662	-953	6.6	15.5	-8.9
57（2045）	700	1,652	-953	6.6	15.5	-9.0
58（2046）	691	1,642	-951	6.5	15.6	-9.0
59（2047）	682	1,631	-949	6.5	15.6	-9.1
60（2048）	673	1,619	-946	6.5	15.6	-9.1
61（2049）	664	1,608	-944	6.5	15.6	-9.2
62（2050）	655	1,596	-942	6.4	15.7	-9.2
63（2051）	646	1,586	-940	6.4	15.7	-9.3
64（2052）	637	1,577	-940	6.4	15.7	-9.4
65（2053）	629	1,570	-941	6.3	15.8	-9.5
66（2054）	621	1,564	-944	6.3	15.9	-9.6
67（2055）	613	1,561	-947	6.3	16.0	-9.7
68（2056）	607	1,559	-952	6.3	16.1	-9.9
69（2057）	600	1,558	-958	6.3	16.3	-10.0
70（2058）	594	1,559	-965	6.3	16.5	-10.2
71（2059）	588	1,561	-972	6.3	16.6	-10.4
72（2060）	583	1,562	-979	6.3	16.8	-10.5
73（2061）	577	1,563	-986	6.3	17.0	-10.7
74（2062）	572	1,564	-992	6.3	17.2	-10.9
75（2063）	567	1,563	-996	6.3	17.4	-11.1
76（2064）	562	1,561	-999	6.3	17.5	-11.2
77（2065）	557	1,557	-1,000	6.3	17.7	-11.4

日本における外国人を含む．

参考表D-8 出生，死亡及び自然増加の実数ならびに率（総人口）：出生中位〜人口置換水準到達（死亡中位）推計

年　　次	実　　数　（1,000人）			率　（人口1,000対）		
	出　　生	死　　亡	自然増加	出　　生	死　　亡	自然増加
平成 78 (2066)	557	1,559	−1,002	6.4	17.9	−11.5
79 (2067)	557	1,557	−1,001	6.5	18.1	−11.6
80 (2068)	557	1,552	−996	6.5	18.2	−11.7
81 (2069)	556	1,544	−988	6.6	18.3	−11.7
82 (2070)	556	1,532	−976	6.7	18.4	−11.7
83 (2071)	555	1,517	−962	6.7	18.4	−11.7
84 (2072)	554	1,499	−945	6.8	18.4	−11.6
85 (2073)	552	1,479	−927	6.9	18.4	−11.5
86 (2074)	551	1,457	−906	6.9	18.3	−11.4
87 (2075)	550	1,435	−885	7.0	18.2	−11.2
88 (2076)	548	1,411	−863	7.0	18.1	−11.1
89 (2077)	546	1,388	−842	7.1	18.0	−10.9
90 (2078)	544	1,365	−821	7.1	17.9	−10.7
91 (2079)	542	1,343	−801	7.2	17.8	−10.6
92 (2080)	540	1,321	−782	7.2	17.7	−10.4
93 (2081)	538	1,302	−764	7.3	17.6	−10.3
94 (2082)	536	1,283	−747	7.3	17.5	−10.2
95 (2083)	533	1,266	−732	7.3	17.4	−10.1
96 (2084)	531	1,249	−718	7.4	17.3	−10.0
97 (2085)	529	1,235	−705	7.4	17.3	−9.9
98 (2086)	528	1,221	−693	7.5	17.3	−9.8
99 (2087)	526	1,208	−682	7.5	17.3	−9.7
100 (2088)	525	1,196	−672	7.6	17.2	−9.7
101 (2089)	523	1,185	−662	7.6	17.2	−9.6
102 (2090)	523	1,175	−652	7.7	17.2	−9.6
103 (2091)	522	1,165	−643	7.7	17.2	−9.5
104 (2092)	521	1,155	−633	7.8	17.3	−9.5
105 (2093)	521	1,145	−624	7.9	17.3	−9.4
106 (2094)	522	1,135	−614	7.9	17.3	−9.3
107 (2095)	522	1,125	−603	8.0	17.3	−9.3
108 (2096)	523	1,115	−592	8.1	17.3	−9.2
109 (2097)	524	1,105	−580	8.2	17.2	−9.1
110 (2098)	526	1,094	−568	8.3	17.2	−8.9
111 (2099)	528	1,083	−555	8.4	17.2	−8.8
112 (2100)	530	1,072	−542	8.5	17.2	−8.7
113 (2101)	532	1,060	−528	8.6	17.1	−8.5
114 (2102)	534	1,049	−515	8.7	17.1	−8.4
115 (2103)	536	1,037	−501	8.8	17.0	−8.2
116 (2104)	539	1,026	−487	8.9	16.9	−8.0
117 (2105)	541	1,014	−473	9.0	16.9	−7.9
118 (2106)	543	1,003	−459	9.1	16.8	−7.7
119 (2107)	546	991	−446	9.2	16.7	−7.5
120 (2108)	548	980	−432	9.3	16.6	−7.3
121 (2109)	550	968	−418	9.4	16.6	−7.2
122 (2110)	552	957	−405	9.5	16.5	−7.0
123 (2111)	554	946	−392	9.6	16.4	−6.8
124 (2112)	556	934	−379	9.7	16.3	−6.6
125 (2113)	558	923	−366	9.8	16.2	−6.4
126 (2114)	560	912	−353	9.9	16.1	−6.2
127 (2115)	562	902	−340	10.0	16.0	−6.0

日本における外国人を含む．

定価は表紙に表示してあります。

平成 30 年 4 月 10 日　発行

日本の将来推計人口

―平成29年推計の解説および条件付推計―

編　集　国立社会保障・人口問題研究所
　　　　〒100-0011　東京都千代田区内幸町 2 － 2 － 3
　　　　　　　　　　　　　　　日比谷国際ビル 6 階
　　　　☎ 03(3595)2984

発　行　一般財団法人　厚生労働統計協会
　　　　〒103-0001　東京都中央区日本橋小伝馬町 4 － 9
　　　　　　　　　　　　　　小伝馬町新日本橋ビルディング 3 階
　　　　☎ 03(5623)4123　http://www.hws-kyokai.or.jp/

印　刷　大和綜合印刷株式会社

乱丁、落丁本は交換します。